罗平汉 ／ 著

# 决 胜
## 解放战争何以胜利

生活·讀書·新知 三联书店

Copyright © 2022 by SDX Joint Publishing Company.
All Rights Reserved.

本作品版权由生活·读书·新知三联书店所有。
未经许可,不得翻印。

**图书在版编目(CIP)数据**

决胜:解放战争何以胜利/罗平汉著.—北京:
生活·读书·新知三联书店,2022.9 (2025.4 重印)
ISBN 978-7-108-07484-3

Ⅰ.①决… Ⅱ.①罗… Ⅲ.①第三次国内革命战争-研究
Ⅳ.①K266.07

中国版本图书馆 CIP 数据核字(2022)第 148620 号

| 责任编辑 | 唐明星 |
| 装帧设计 | 康　健 |
| 责任校对 | 曹忠苓 |
| 责任印制 | 卢　岳 |
| 出版发行 | 生活·讀書·新知 三联书店 |
| | (北京市东城区美术馆东街 22 号 100010) |
| 网　　址 | www.sdxjpc.com |
| 经　　销 | 新华书店 |
| 印　　刷 | 河北松源印刷有限公司 |
| 版　　次 | 2022 年 9 月北京第 1 版 |
| | 2025 年 4 月北京第 5 次印刷 |
| 开　　本 | 635 毫米 × 965 毫米　1/16　印张 19.25 |
| 字　　数 | 214 千字 |
| 印　　数 | 27,001-30,100 册 |
| 定　　价 | 59.00 元 |

(印装查询:01064002715;邮购查询:01084010542)

# 目 录

前言："我欲如何，即可如何"？　1

一　"我们是能够战胜蒋介石的"　5
二　蒋介石给国民党打上的死结　23
三　"建立联合政府的主张是正确的"　49
四　"为全国和平而奋斗"　74
五　"东北为我势所必争"　98
六　集中优势兵力，各个歼灭敌人　119
七　"用蒋介石的骨头熬蒋介石的油"　140
八　"小米加步枪"打败"飞机加大炮"　164
九　"英明的统帅方法和作风"　183
十　"补充的都是俘虏兵"　212
十一　"政策和策略是党的生命"　225
十二　"我们要消灭敌人，有两种战争"　258
十三　国民党的不治之症　284

结语：得民心者得天下　297

# 前言:"我欲如何,即可如何"?

1946年6月下旬,国民党军队大举进攻鄂豫边境的中原解放区,接着又向其他解放区大举进犯,全面内战由此爆发。

当时,从实力对比上,国民党似乎要比共产党强大得多。全面内战爆发前,国民党军队总兵力达到430万人,计有陆军86个军(整编师)248个师(整编旅)200万人,非正规部队74万人,特种兵36万人,后勤、后方机关和军事院校101万人,另有海军、空军19万人,各种舰艇百余艘,各种飞机数百架。而人民解放军总数不过为127万人,其中野战部队为24个纵队(相当于国民党军队的军或整编师)又11个旅61万人,地方部队66万人,特种兵只有炮兵1个旅、14个团、17个营、38个连,没有海军、空军。

全面内战爆发之初,蒋介石信心满满地说:"比较敌我的实力,无论就哪一方面而言,我们都占有绝对的优势,军队的装备、作战的技术和经验,匪军不如我们,尤其是空军、战车以及后方交通运输工具,如火车、轮船、汽车等,更完全是我们国军所独有,一切军需补给,如粮秣弹药等,我们也比匪军丰富十倍,重要的交通据点、大都市和工矿的资源,也完全控制在我们的手中。""一切可能之条件,皆操之在我,我欲如何,即可如何。"[1]蒋介石之所以一意孤行坚持要打内战，就认为他在军事上占了优势，可以速战速决结束战争。他曾声称只要三个月到六个月，他就可以取得胜利。

战争实际的结果，到1947年初，蒋介石的全面进攻就遭受失败，不得不转入所谓重点进攻；全面内战爆发仅一年，人民解放军就转入战略进攻；到1948年6月底，经过两年的作战，人民解放军的总兵力，已由原来的127万人发展到280万人，同国民党军总兵力的对比，已从战争开始时的1∶3.37变为1∶1.3。随后经过著名的辽沈、淮海、平津三大战役，解放了长江中下游以北的广大地区；到1949年9月底，除西南和广东、广西部分地区外，全国大陆绝大部分地区获得了解放。中国共产党只用了三年时间就从根本上打败了国民党，取得了解放战争的彻底胜利。

对于解放战争的研究，成果可谓汗牛充栋，各种著述对战争的进程与过程的描述已十分详尽，对中国共产党为什么成功、国民党为何失败的论述也颇为不少，但各类研究成果似乎是史实梳理与述说者为多，而从横向方面做总体探讨的尚少。这本小册子试图就此做点努力，不过，其中的分析很可能并不到位且不全面。笔者这样说，并不是自谦。因为每个人的学识都有限，任何历史问题的研究，都只可能依照研究者理解，对历史现象作出自己认为合理的解释，而这种解释是否真正合乎历史本意，并不是一件容易的事情。还有，任何历史事件的发生都是各种因素合力的结

---

[1] 秦孝仪主编：蒋介石《思想言论总集》卷22，（台北）中国国民党中央委员会党史委员会1984年编印，第135页。

果,要把这些因素在历史进程的作用都表达出来,同样很难,更何况每个研究者占有的资料有不同,分析问题的视界也会各异。但无论如何,笔者最想表达的是:在中国革命的岁月里,有有形的战线和无形的战线,有许多知名的英雄和无名的英雄,他们为中国革命的胜利都作出了巨大的贡献,值得后人永远敬仰。

## 一 "我们是能够战胜蒋介石的"

全面内战爆发之时,对于中国共产党来说,能不能打赢这场蒋介石强于自己的战争,成为摆在全党面前一个极为重要的问题。

1946年6月28日,中共中央向各中央局发出关于时局近况的通报,介绍内战的形势及国内外舆论的反映,明确指出:"我解放区自日本投降后十个月以来,比较日本投降以前发生了如下各项变化:第一,地区扩大了两倍至三倍,特别是创造了东北战略区域,这是过去没有的;第二,人口增加一倍半,现在有人口一万万三千万,而在去年八月以前,一面负担人口实际上只有五千万左右;第三,军队主力由分散变为集中,技术条件提高了,我军开始能攻城,能守城;第四,解决了或正在解决土地问题,农村面目改观,根据地更加巩固,干部信心提高;第五,没有了日本人,代替日本人位置的中国反动军队,不管美国怎样帮助,总比日军战斗力要差。"[1]也正是因为有国民党军"比日军战斗力要差"的基本判断,所以相信这场战争将是艰苦的、长期的,但又是能够胜利的。

---

[1] 中共中央文献研究室、中央档案馆:《建党以来重要文献选编(1921—1949)》第23册,中央文献出版社2011年版,第324—325页。

7月20日，毛泽东就在一份党内指示中明确指出："蒋介石虽有美国援助，但是人心不顺，士气不高，经济困难。我们虽无外国援助，但是人心归向，士气高涨，经济亦有办法。因此，我们是能够战胜蒋介石的。全党对此应当有充分的信心。"[1]同年8月6日，毛泽东和美国记者安娜·路易斯·斯特朗的谈话中，斯特朗问毛泽东："共产党能支持多久？"毛泽东回答说："就我们自己的愿望说，我们连一天也不愿意打。但是如果形势迫使我们不得不打的话，我们是能够一直打到底的。"就在这次谈话中，他提出了"一切反动派都是纸老虎"的著名论断，强调"从长远的观点看问题，真正强大的力量不是属于反动派，而是属于人民"[2]。人民解放战争的胜利，充分验证了毛泽东的这个论断的正确。

1946年7月至10月，蒋介石向各解放区发动全面进攻，占领解放区县城以上城市153座，其中还包括晋察冀解放区首府张家口、华中解放区首府淮阴，解放军只收复或占领了48座县城，两者相较，解放区丢失了105座县城以上的城市和大片土地。但是，这四个月中解放军消灭了国民党军30万人，其中起义、被俘和死伤的各占一半；解放军损失约12万人，其中负伤为9万人。解放军和国民党军的损失是1∶2.4。解放军的负伤人员大多治愈后归队。更重要的是国民党军被俘人员中，后来大多参加了解放军，成为解放军战士，而解放军中被俘人员很少，仅占人员损失的3%，且被俘人员中极少有参加国民党军的。因此，战争

---

[1]《毛泽东选集》第四卷，人民出版社1991年版，第1187页。

[2]《毛泽东选集》第四卷，人民出版社1991年版，第1192、第1195页。

之初解放军虽然失去了部分城市，但歼灭了国民党大量的有生力量，这也证明只要坚持下去，战争是能够最终取得胜利的。

蒋介石在其战略思维中，十分看重城市和交通线的作用。他一再强调："无都市即无政治基础，无交通就无政治命脉。""最要紧的莫过于交通，而要控制交通就先要控制城市。"他认为解放军不能占都市是个"致命弱点"。因此，他发动全面内战时的基本指导思想是：第一步要占领解放区的重要城市和交通据点；第二步纵横延伸，控制全部交通线，迫使共产党变成"流寇"，以便一一"清剿"。1946年10月11日，国民党军占领了张家口这个晋察冀解放区的最大城市，蒋介石认为他的战争已取得重大胜利，于是当天宣布将于11月12日召开所谓"国民大会"，制定"宪法"，并要中国共产党和中国民主同盟派出代表与会，遭到中共的断然拒绝和民盟的抵制。11月11日，蒋介石为争取民盟等第三方面，又宣布大会延期三天举行，但民盟不为所动。11月15日，国民党一手包办的"国民大会"在南京举行。这表明蒋介石彻底关闭国共和谈的大门，通过谈判的方式实现国内和平之路已被蒋介石彻底堵死，中共方面原来设想的大打半年之后实现国内和平已经没有可能，只有用战争的方式从根本上打倒蒋介石集团，才能真正实现中国人民盼望已久的和平。

11月18日，中共中央发出关于蒋介石召开伪国大和准备进攻延安给各中央局的指示。其中指出："中国人民坚决反对蒋介石一手包办的分裂的国民大会，此会开幕之日，即蒋介石集团开始自取灭亡之时。蒋介石军队在被我歼灭了三十五个旅之后，在其进攻能力快要枯竭之时，即使用突袭方法，占领延安，亦无损于人民解放战争胜利的大局，挽救不了蒋介石灭亡的前途。总之,蒋介石自走绝路,开'国大'、打延安两着一做,他的一切欺骗全被揭破,这是有利于人民解放战争的发展的。"[1]这是中共中央第一次将"自卫战争"改称为"人民解放战争"。自卫战争是防御性的,是国民党军进攻解放区而不得不自卫;解放战争则表明不但要进行防御,而且还要开展进攻,解放被国民党统治的地区,进而实现全中国的解放。

1945年中共七大之后的一段时间,中共中央一再强调对蒋介石的政策是"洗脸"而不是"砍头",即逼迫蒋介石改变某些政策而不是将其推翻。毛泽东在七大的口头政治报告中对此说得很清楚:"直到今天,我们还是请他洗脸,不割他的头。我们开这个会,不是决定割头!这个头割不得!还是执行'洗脸政策',请他修改他那个错误政策。至于他洗不洗?还要看,今天他不洗,到明天洗不洗呢?那很难说。年纪大的老人不爱洗脸,老同志不要怪我,委员长也很老,他不洗的可能性比洗的可能性大,或许稍微抹一下做个样子,也许连抹都不抹,弄得满头大汗,乌烟瘴气。"[2]他还说:"我们一方面是尖锐的批评,另一方面还要留有余地。这样就可以谈判、合作,希望他们改变政策。"[3]1946年11月18日起,中共中央对通过"洗脸"使蒋介石转变不再抱任何希望,而是决心对其实行"砍头",彻底推翻其反动统治。

三天后,中共中央召开会议,由南京返回延安的周恩来报告国共谈判情况和国民党统治区情况。毛泽东在讲话中指出:"中

---

[1]《毛泽东选集》第四卷,人民出版社1991年版,第1219—1220页。

[2]《毛泽东文集》第三卷,人民出版社1996年版,第312页。

[3]同上书,第325页。

国人民中间以及我们党内都有打不打的问题,但这个问题现在是解决了,剩下的问题便是胜不胜。现在揭破蒋的阴谋、清除和平幻想已退为第二位的问题,第一个问题就是要建立坚定的胜利的信心。"由于蒋介石铁了心坚持打内战,原来设想的经过半年时间打痛蒋介石,使其回到和平的轨道可能性已不存在。因此,坚定战争胜利的信心就十分重要。在这次讲话中,毛泽东在分析国际国内的有利形势后又说:"现在是否提打倒蒋介石?做此工作而不提此口号,口号仍是一月十三日停战位置与政协决议。而且消灭他三十五个旅以后,美国还会加强援助,新的困难又会来,因此不但要准备三年到五年,还要准备十年到十五年。一方面要藐视他们,非此不足以长自己志气,灭他人威风;而另一方面要重视他们,每一仗都要谨慎。"[1]刘少奇也在讲话中说,打的方针是定了的,但不提打倒蒋介石的口号,是保持1月13日停战位置和政协决议。从国际国内分析,胜利是可能的,但要经过较长的困难时期,要提倡克服困难。[2]这是中共中央第一次在内部明确提出打倒蒋介石的问题,但对外还没有公开提出打倒蒋介石的口号。

在1946年11月至1947年2月的四个月作战中,人民解放军又歼灭国民党军41万人。特别是在1947年1月的鲁南战役中,解放军一次歼灭国民党军两个师部、5个旅共计5万余人;同年2月,又在莱芜战役中歼灭国民党第二绥靖区所属7个师

---

[1] 中共中央文献研究室:《毛泽东年谱(1893—1949)》修订本(下),中央文献出版社2013年版,第151页。

[2] 中共中央文献研究室:《刘少奇年谱》增订本第二卷,中央文献出版社2018年版,第225页。

（旅）共计7万余人，并开创了歼灭敌集团军的先例。国民党军虽然在这4个月中占领了解放区87座城市，但解放军也收复或占领了87座城市。到这时，国民党向解放区的全面进攻已经被打破，能不能打败蒋介石的问题已经开始明朗。

1947年2月1日，中共中央政治局在延安召开会议，讨论并通过毛泽东为中共中央起草的《迎接中国革命的新高潮》的党内指示。指示强调：目前各方面情况显示，中国时局将要发展到一个新的阶段。这个新的阶段，即是全国范围的反帝反封建斗争发展到新的人民大革命的阶段。现在是它的前夜。中国共产党的任务是为争取这一高潮的到来及其胜利而斗争。指示认为："解放区人民解放军的胜利和蒋管区人民运动的发展，预示着中国新的反帝反封建斗争的人民大革命毫无疑义地将要到来，并可能取得胜利。"[1]毛泽东在讲话中提出：革命胜利的时间，还要准备相当长，五年到十五年。[2]

第二天，刘少奇在对保卫延安的部队讲话时也说，蒋介石的正规军246个旅，投入了218个旅用于进攻解放区。现在已经被消灭了57个旅，再打一年半，蒋介石就会倒，全国性的革命高潮即将到来，在二三年内取得全国性的胜利是有可能的。[3]

1947年3月起，在全面进攻中遭到失败的蒋介石，被迫转向山东和陕北两个解放区进行重点进攻。3月13日，国民党军胡

---

[1]《毛泽东选集》第四卷，人民出版社1991年版，第1212页。

[2] 中共中央文献研究室：《毛泽东传（1893—1949）》，中央文献出版社1996年版，第789页。

[3] 中共中央文献研究室：《刘少奇年谱》增订本第二卷，中央文献出版社2018年版，第234页。

宗南集团15个旅14万人分兵两路进攻延安。3月18日，毛泽东和中共中央从工作生活了11年之久的延安撤离。4月11日，即蒋介石发动四一二反革命政变20年之际，新华社发表《中国人民伟大斗争的二十年（为四一二惨案二十周年纪念作）》的社论，强调"二十年的过程，一步一步证明中国共产党见解的正确，证明蒋介石统治集团的反动性，又证明其脆弱性"。"如果蒋介石反动集团，以往是'坏事做完，好话说尽'；那末到了现在，这个反动集团是走到这样穷途末路：以致连好话也说不出什么了。"毛泽东在修改时特地加写了这样一段话："过去的二十年是中国人民伟大斗争的二十年。这个斗争快要结束了，这就是蒋介石反动统治的灭亡。因为蒋介石要灭亡中国人民，因此中国人民必然团结起来灭亡蒋介石。"[1]这是抗日战争胜利之后，中共中央第一次公开号召灭亡蒋介石反动统治。

1947年7月，以晋冀鲁豫野战军强渡黄河千里挺进大别山为标志，人民解放军由战略防御转入战略进攻，战争形势日益朝着有利于中国共产党的方向发展。在这种情况下，毛泽东以其战略家的眼光开始预计战争的进程，并首次作出了五年解决国共战争问题的估计。1947年7月21日至23日，中共中央在陕北靖边县的小河村召开扩大会议，毛泽东在分析形势时提出：对蒋介石的斗争，计划用五年（从1946年7月算起）解决，看过去这一年的作战成绩是有可能的。说五年，用不着讲出来，还是讲准备长期奋斗，五年到十年甚至十五年。不像蒋介石那样，先说几个

---

[1] 中共中央文献研究室：《毛泽东年谱（1893—1949）》修订本（下），中央文献出版社2013年版，第181页。

月消灭我们,不能实现又说再过几个月,到了现在又说战争才开始。[1]这是中共领导人第一次明确提出用五年或者更长的时间打倒蒋介石。

同年9月11日,新华社发表《人民解放军大举反攻》的社论,公开提出"打倒蒋介石"的口号。社论指出:"打倒蒋介石才有和平,打倒蒋介石才有饭吃,打倒蒋介石才有民主,打倒蒋介石才有独立,已经是中国人民的常识了。""再打一年、两年,蒋介石匪帮就离全军覆灭不远了。"[2]

同年9月28日,周恩来在为中共中央直属单位干部、战士所作的关于时局问题的报告中,对为什么此前不提"打倒蒋介石"而此时提出这样的口号做了解释。他说:"在去年七月就提出打倒蒋介石,行不行?还不行。当时提的口号是武装自卫,还不能公开提出打倒蒋介石的口号,因为当时主客观条件还不具备。蒋介石号称四百万军队,这么多部队,一下子不容易打倒。""大打起来后,在人民中,民族资产阶级、小资产阶级,以及其他一部分中间分子,不是都与我们的想法相同,还有很多人以为是谁也消灭不了谁。如果我们那时就提出打倒蒋介石,他们会不相信,不接受。同时,去年蒋介石刚开始大打,我们如提出'打倒蒋介石',他就会反过来说共产党要打他,进攻他。如果我们把自卫口号变成进攻口号,那么就成为国共两方面都要进攻,就抵消了。我们说自卫,就是抵制他的进攻。"

---

[1]《毛泽东年谱(1893—1949)》下卷,第207页;《胡乔木回忆毛泽东》,人民出版社1994年版,第497页。

[2]《人民解放军大举反攻》,《人民日报》1947年9月14日。

报告中，周恩来进一步指出："一年自卫战争的结果，就是蒋介石的军队承认不能消灭我们，而且他们是要失败的。在人民中，去年下半年还有许多人不相信蒋必败、我必胜，但自今年山东等地胜利以后就相信了。这是一个发展，这个发展很快，仅仅一年，变化就这样大。因此，经过一年战斗取得的胜利，我们有根据有把握地在'七七'口号中提出，要坚决、彻底、干净、全部地消灭一切蒋介石进犯军。九月又提出大反攻，提出打倒蒋介石的口号，对这个口号，人民已经能够接受了。""一方面，我们已用事实证明给老百姓看，我们有力量打倒蒋介石；另一方面，老百姓也不要蒋介石，就连上层分子（除了少数反动集团外）、中产阶级也不想给蒋介石抬轿子了，也要推翻他了。所以，这个时候提出打倒蒋介石正合时宜。"[1]

基于形势的变化，也基于鼓舞全国人民同国民党反动派斗争的信心，1947年10月10日，即南京政府的国庆日这一天，中共中央公布《中国人民解放军宣言》（即"双十宣言"），强调"整个敌我形势，和一年前比较，业已起了基本上的变化"，"本军作战目的，迭经宣告中外，是为了中国人民与中华民族的解放。而在今天，则是实现全国人民的迫切要求，打倒内战祸首蒋介石，组织民主联合政府，借以达到解放人民与民族的总目标。"并且明确提出了"打倒蒋介石，解放全中国"的口号，公开号召："联合工农兵学商各被压迫阶级、各人民团体、各民主党派、各少数民族、各地华侨和其他爱国分子，组成民族统一战线，打倒蒋介

---

[1]《周恩来选集》上卷，人民出版社1980年版，第273—275页。

石独裁政府,成立民主联合政府。"[1]

1947年12月,中共中央在陕北米脂县的杨家沟召开扩大会议(史称十二月会议)。毛泽东在向会议提交的书面报告《目前形势和我们的任务》中提出:"中国人民的革命战争,现在已经达到了一个转折点。这即是中国人民解放军已经打退了美国走狗蒋介石的数百万反动军队的进攻,并使自己转入了进攻。""现在,战争主要地已经不是在解放区内进行,而是在国民党统治区内进行了,人民解放军的主力已经打到国民党统治区域里去了。中国人民解放军已经在中国这一块土地上扭转了美国帝国主义及其走狗蒋介石匪帮的反革命车轮,使之走向覆灭的道路,推进了自己的革命车轮,使之走向胜利的道路。这是一个历史的转折点。这是蒋介石的二十年反革命统治由发展到消灭的转折点。这是一百多年以来帝国主义在中国的统治由发展到消灭的转折点。"[2]毛泽东在会议的讲话中还说,从现在到明年一年内,国内形势还会有很大变化,有利于我们。革命的长征已经到了高潮,将来还会更高。高潮主要表现在战争的胜利,但战争仍是长期的,这样大的国内敌人和美帝国主义,不会甘心于失败的。战争还要准备四五年,也可能还要长些。[3]

十二月会议后,毛泽东多次同特地从华东解放区前来与会的陈毅谈话。毛泽东指出,1947年发生了根本变化,可以说是一个伟大的事变。敌我双方的形势都有了根本的改变。政治方面,人

---

[1]《毛泽东选集》第四卷,人民出版社1991年版,第1256页。
[2]《毛泽东选集》第四卷,人民出版社1991年版,第1243—1244页。
[3]《胡乔木回忆毛泽东》,人民出版社1994年版,第512页。

心动向完全改变，人心向我，把希望寄托在共产党身上，对蒋介石深恶痛绝。孤立蒋介石是长期的斗争，也是长期没有解决的问题，现在解决了。二十年来中国共产党长期处于防御、被"围剿"地位，1947年7月，历史上第一次转入进攻。战争初期是自卫性质，那时的方针是迟滞内战；现在是要消灭蒋介石，已不是自卫性质。1948年蒋介石将更加困难。1948年再搞一年，可以有根据地说，更大的胜利一定要来的。战争不应使其间断，要一直进行到底，不使敌人有休息机会。如蒋介石见大势已去，说要下野，金蝉脱壳，移花接木，想借此得到休息的机会，以图卷土重来，预见到这种情况，宣传上要予以揭露。要向群众说清楚，不是消灭蒋介石个人，而是要消灭蒋介石集团及其阶级。以前只能讲"有利于我"，现在可以讲"胜利到手"。在日本投降时，我们还是一则以喜，一则以惧。喜的是日本投降了，惧的是优势问题未解决，东西得的少，蒋介石强大，严重的内战临在头上，成败两个可能还在斗争。现在好了，我们的优势已经确定了，这不是估计，而是事实。[1]

1948年3月20日，毛泽东在《关于情况的通报》中又指出："今后我军占地日广，国民党军兵源粮源日益缩小，估计再打一个整年，即至明年春季的时候，敌我两军在数量上可能达到大体上平衡的程度。我们的方针是稳扎稳打，不求速效，只求平均每个月消灭国民党正规军八个旅左右，每年消灭敌军约一百个旅左右。事实上，从去年秋季以后，超过了这个数目；今后可能有更大的

---

[1] 中共中央文献研究室：《毛泽东年谱（1893—1949）》修订本（下），中央文献出版社2013年版，第274—275页。

超过。五年左右（一九四六年七月算起）消灭国民党全军的可能性是存在的。"[1] 首次向党内公布了五年打倒国民党的时间表。通报进一步提出："本年内，我们不准备成立中央人民政府，因为时机还未成熟。在本年蒋介石的伪国大开会选举蒋介石当了总统，他的威信更加破产之后，在我们取得更大胜利，扩大更多地方，并且最好在取得一二个头等大城市之后，在东北、华北、山东、苏北、河南、湖北、安徽等区连成一片之后，便有完全的必要成立中央人民政府。其时机大约在一九四九年。"[2] 这对新中国成立的时间有了明确的时间进度。

虽然中共中央并不打算在1948年成立中央人民政府，但随着战争形势的日益向前发展，还是开始了执政全国的准备工作。1948年3月，刘少奇在中央工委会议上说：目前的形势是准备和争取全国的胜利，不应只在口头上、思想上、精神上来准备，而且要在组织上、政策上、干部上、机构上、具体办法上来准备。[3] 4月30日，中共中央发布纪念"五一"劳动节的口号，其中最引人注目的是发出了"各民主党派、各人民团体、各社会贤达迅速召开政治协商会议，讨论并实现召集人民代表大会，成立民主联合政府"的号召。这一号召立即得到了全国各民主党派、各民主人士和海外华侨的拥护。此后，在国民党统治区和香港等地的民主人士，陆续北上进入解放区。

到1948年6月底，经过两年的作战，人民解放军的总兵力，

---

[1]《毛泽东选集》第四卷，人民出版社1991年版，1302—1303页。
[2]《毛泽东选集》第三卷，人民出版社1991年版，第1299页。
[3] 中共中央文献研究室：《刘少奇年谱》下卷，中央文献出版社1996年版，第142页。

已由原来的127万人发展到280万人，同国民党军总兵力的对比，已从战争开始时的1∶3.37，变为1∶1.3，并且经过新式整军运动士气高涨；武器装备也得到极大改善，建立了以炮兵为代表的较强大的特种兵，已经具备攻坚作战能力。全国解放区的面积已达到135.5万平方公里，占全国面积的24.5%；人口1.68亿，占全国人口的37%，在广大的老区、半老区已经完成了土地改革。为此，中共中央和毛泽东判断，再过三年左右就可从根本上打倒蒋介石了。7月18日，中共中央在《关于揭破敌人的和平阴谋的指示》中指出："依据过去两年的作战成绩，加上今后的更大努力，执行正确的军事政治经济文化各项政策，大约再打三年左右，就可以从根本上消灭中国的反动势力，在全国范围内建立人民民主共和国，我们自己及全国人民就可以永远过和平自由幸福的生活了。"[1]

这个指示是中共中央对内宣布的建立新中国的时间表。同年7月30日，新华社发表《人民解放战争两周年的总结和第三年的任务》的社论，则公开宣布再过三四年即可解放全中国。社论说："中国人民虽然已经在广大的地区内，彻底消灭了反动势力，但是反动势力仍然在另外的广大地区内存在，而且他们在美国帝国主义援助之下，仍然还有他们一定的力量，并继续压迫那里的人民；因此，中国人民的革命只能是逐步地胜利，敌人的阵地只能一个一个地被夺取，反动势力只能是一部分一部分地被消灭；因此，中国人民还必须准备继续作几年的艰苦奋斗，至少还要准

---

[1] 中共中央档案馆：《中共中央文件选集》第17册，中共中央党校出版社1992年版，第253页。

备拿三四年时间去作这种艰苦斗争，才能最后解放全中国，并在民主基础上统一全中国。"[1]

1948年9月8日至13日，中共中央政治局在西柏坡召开会议（即九月会议）。毛泽东在分析国际国内形势后指出："我们的战略方针是打倒国民党，战略任务是军队向前进、生产长一寸、加强纪律性，由游击战争过渡到正规战争，建军五百万，歼敌正规军五百个旅，五年左右根本上打倒国民党。"[2]这里所说的五年左右打倒国民党，是从1946年全面内战爆发后算起的，预计到1951年中便可以完成消灭国民党军主力的任务。对于这一问题，毛泽东在为会议作结论时又补充说，所谓蒋政权就是表现在他的军队上，我们一时打不到江南去也不要紧，蒋的力量80%在江北，消灭了他的力量，也就算把他打倒了。[3]

在九月会议上，周恩来对解放战争五年胜利的问题进行了具体的阐述。他说：预测人民解放战争大约经过五年左右，便可根本取得全国胜利，"的确是根据两年的经验所作的谨慎的估计，很有实现的可能"。"如我第三年给蒋之打击很严重，加之其财经崩溃，内部倾轧，则蒋可能垮得早些，胜利会来得快些。我们也应有此准备。这时可能出现一部分反动派伪装和平，求得喘息，以备再来。出现这种情况，胜利的道路可能会有点曲折，但我们主要的目标仍然是靠武装斗争坚决消灭反动派。也有可能不出现曲折，敌军纷纷崩溃，一部分投降或投机起义。人民拥护我们打

---

[1]《人民解放战争两周年的总结和第三年的任务》，《人民日报》，1948年8月1日。
[2]《毛泽东文集》第五卷，人民出版社1996年版，第133页。
[3]《胡乔木回忆毛泽东》，人民出版社1994年版，第530页。

下去，则也可能一直打下去。""也还有一种可能，即是美帝国主义出兵，并组织日、韩反动势力来战，但派出几十万上百万大批的军队恐怕也不可能，这对世界影响太大，美国不能不顾虑，但我们不能不估计到这种可能。也有可能敌人由此而控制一些大城市，使我们必须组织大的力量去围歼之。由此，胜利到来的时间可能要长一些。""我们要估计到这些，不要胜利太快而无准备，也不要胜利稍迟而不耐烦。我们今天主要的仍然还是争取五年胜利。"[1]

同年10月10日，毛泽东为中共中央起草了《中共中央关于九月会议的通知》，将这次会议的基本情况和决定向全党通报，并且指出："根据过去两年作战的成绩和整个敌我形势，认为建设五百万人民解放军，在大约五年左右的时间内（从一九四六年七月算起）歼敌正规军共五百个旅（师）左右（平均每年一百个旅左右），歼敌正规军、非正规军和特种部队共七百五十万人左右（平均每年一百五十万人左右），从根本上打倒国民党的反动统治，是有充分可能性的。"毛泽东为此做了具体的分析：国民党的军事力量，在1946年7月全面内战爆发之时为430万人，在过去的两年被歼和逃亡309万人，补充244万人，现有365万人。估计今后三年尚能补充300万人，今后三年被歼和逃亡可能达到450万人左右。这样，五年作战结果，国民党的军事力量可能只剩下200万人左右了。人民解放军现有280万人，今后三年准备收容俘虏参加解放军170万人（以占俘虏全数60%计算），动员农民参军200万人，除去消耗，五年作战结果，人民解放军可

---

[1]《周恩来军事文选》第三卷，人民出版社1997年版，第437页。

能接近 500 万人。"如果五年作战出现了这样的结果，就可以说国民党的反动统治已经从根本上被我们打倒了。"为了实现这一任务，必须每年歼敌正规军 100 个旅（师）左右，五年共歼敌正规军 500 个旅（师）左右。这是解决一切问题的关键。解放战争的第一年歼国民党正规军折合成 97 个旅（师），第二年折合成 94 个旅（师），"根据这一情形看来，这样的目标是可能达到并且可能超过的"[1]。

形势的发展比人们的预料还要快。1948 年 9 月 12 日，东北野战军发动规模巨大的辽沈战役，并且进展顺利。10 月 15 日，攻占锦州，歼敌 10 万余人；10 月 19 日，长春国民党守军 4.7 万人投诚；10 月 28 日，全歼敌廖耀湘兵团 10 万余人，取得了全歼东北国民党军的决定性胜利。10 月 31 日，辽沈战役尚未结束，毛泽东就在致林彪、罗荣桓等人的电报中提出："中央九月会议规定五年左右建军五百万，歼敌正规军五百个旅，根本上打倒国民党的任务，因为战争迅速发展，可能提早一年完成。此点你们应有精神准备，从而加速组织准备，并以此种精神教育干部"[2]。11 月 2 日，辽沈战役结束，此役共歼敌 47 万人，使东北全境获得解放。更为重要的是，辽沈战役的胜利使中国的军事形势发生了重大变化，人民解放军不但在质量上早已占有优势，而且在数量上现在也已超过了国民党军队，根本上改变了长期以来敌强我弱的态势，这在中国新民主主义革命史上还是第一次。到这时，人民解放军增至 300 余万人，而国民党的全部军队包括陆海空军、正规军非正规军、作战部队和后勤机关在内，只有 290 万人左右。

---

[1]《毛泽东选集》第四卷，人民出版社 1991 年版，第 1345—1346 页。
[2]《毛泽东文集》第五卷，人民出版社 1996 年版，第 183 页。

11月11日，毛泽东以十分兴奋的心情致电东北野战军司令员林彪、政治委员罗荣桓、参谋长刘亚楼、政治部主任谭政并各中央局、各野战军前委："九月上旬（济南战役前）中央政治局会议时所作的五年左右建军五百万，歼敌五百个正规师，根本上打倒国民党的估计及任务，因为九、十两月的伟大胜利，已经显得是落后了。这一任务的完成，大概只需再有一年左右的时间即可达到了。即是说，国民党已不可能再动员三百万人，我军已不需要再以三年时间（从今年七月算起）歼敌三百个正规师才能达到根本上打倒国民党之目的。我军大约再以一年左右的时间，再歼其一百个师左右即可能达成这一目的。"[1]

11月14日，新华社发表毛泽东撰写的关于中国军事形势的评论，指出："中国的军事形势现已进入一个新的转折点，即战争双方力量对比已经发生了根本的变化。人民解放军不但在质量上早已占有优势，而且在数量上现在也已经占有优势。这是中国革命的成功和中国和平的实现已经迫近的标志。""这是由于四个月内人民解放军在全国各个战场英勇作战的结果，而特别是南线的睢杞战役、济南战役，北线的锦州、长春、辽西、沈阳诸战役的结果。""这样，就使我们原来预计的战争进程，大为缩短。原来预计，从一九四六年七月起，大约需五年左右时间，便可能从根本上打倒国民党反动政府。现在看来，只需从现时起，再有一年左右的时间，就可能将国民党反动政府从根本上打倒了。至于在全国一切地方消灭反动势力，完成人民解放，则尚需较多的时间。敌人是正在迅速崩溃中，但尚需共产党人、人民解放军和全

---

[1]《毛泽东文集》第五卷，人民出版社1996年版，第193—194页。

国各界人民团结一致,加紧努力,才能最后地完全地消灭反动势力,在全国范围内建立统一的民主的人民共和国。"[1]

辽沈战役刚刚结束,从11月6日开始,华东野战军和中原野战军共60万人,在以徐州为中心的淮海战场上与近80万人的国民党军队展开决战,到1949年1月6日战役结束,共歼敌55.5万人,使长江中下游以北的广大地区获得解放,并直接威胁着国民党政府的首都南京。在淮海战场激战正酣之际,东北野战军秘密入关,与华北军区部队共同发动了平津战役,首先解放了新保安、张家口和天津,切断了守敌西窜或南逃的道路,迫使北平守将傅作义同意率所部接受和平改编,此役共歼敌52万人,华北全境基本解放。三大战役的胜利,共歼灭国民党军队154万人,基本上摧毁了国民党赖以维持其反动统治的军事力量,全国解放战争的胜利大局已定。

4月21日,毛泽东和朱德发布向全国进军命令。人民解放军随即发动渡江战役,4月23日,解放国民党反动统治中心南京,宣告统治中国22年的国民党政府的覆灭。接着,人民解放军各路大军分别向中南、西北、西南等地进军,以战斗或和平方式歼灭国民党残敌,解放大片国土。到1949年9月底,除西南和广东、广西部分地区外,全国大陆绝大部分地区获得了解放。从1946年6月底全面内战爆发算起,人民解放军只用三年多一点时间就从根本上推翻了国民党在大陆的统治,取得了人民解放战争的彻底胜利,用历史事实证明"我们是能够战胜蒋介石的"。

---

[1]《中共中央负责人评论中国军事形势》,《人民日报》1948年11月16日。

## 二 蒋介石给国民党打上的死结

国民党为什么在那么短的时间内失去大陆，与共产党为什么能够迅速取得解放战争的胜利，是一个问题的两个方面。其实，从蒋介石发动全面内战的那天起，就决定这场战争他是不可能取得成功的。虽然抗战胜利后的国民党与十年内战时相比，军队人数增多了，装备有了很大改善，蒋介石能实际统治的地区也大为增加，而且还由于第二次世界大战后冷战局面的形成，美国政府明确采取了扶蒋反共政策。但此时的共产党更不是十年内战时的共产党了，不但军队人数和根据地比十年内战时大增，而且经过多年的磨炼已经十分成熟。蒋介石企图用战争的方式解决国共矛盾，只能说高估了自己低估了对手。发动全面内战是蒋介石给国民党打上的死结，这就注定国民党只能有失败的结局。

抗战胜利后的全面内战，是国民党蒋介石集团长期反共政策的必然结果。全民族抗战的过程中，蒋介石一直采取抗日与反共并重的政策。对于蒋介石在抗战的表现，过去常说他是"消极抗日，积极反共"，近年也有研究表明，蒋介石全民族抗战开始之初抗日还算是认真的。当然，蒋介石在抗日的同时反共也是客观事实，而且抗战愈持久反共愈积极。其实，大敌当前，中华民族面临生死存亡，不全力抗日而时刻不忘反共，并时常采取反共举措，本身就严重影响了抗日。

1931年九一八事变之后，日本侵占了整个东北，为了应对全国人民日益高涨的抗日要求，蒋介石的基本政策是"攘外必先安内"。"攘外"在当时主要就是抗日，"安内"包括既要解决共产党问题，也包括解决地方实力派的问题，而解决共产党问题是其"安内"的重中之重。

蒋介石对为何"攘外必先安内"，有其一套逻辑。他曾做过如此解释："日寇敢来侵略我们的土地，甚至公然要来灭亡我们整个国家，就是因为我们国内有土匪的扰乱，不能统一。帝国主义一向是幸灾乐祸、兼弱攻昧、取乱侮亡的，所以我们由内乱而招致外侮，是必然的；反过来说，只要能够正本清源，先将这个心腹之患彻底消除，那末外面的皮肤小病，一定不成问题，现在剿匪就是要来治疗心腹之患。只要剿匪成功，攘外就有把握。再就我们主观的战略来看，现在我们国内没有安定统一，并且有土匪拼命地捣乱，若是在这种情形之下，再谋攘外，那我们就是处于腹背受敌内外夹攻的境地了。"[1] 蒋介石又说："自九一八以后，日本既占东北，又攻上海，取热河，情势一天天更加严重；同时在江西的土匪，也就在这个严重情势之下，借日本帝国主义炮火间接的掩护，竟得休养生息的机会，运用其进战防守的狡谋。我们如从事实牵连的关系来说，日本的侵略，就是土匪所招致的。所以我们要抵抗日本，就先要消灭这个祸根的土匪。"因此，国民党在"当前的责任，第一个乃是剿匪来安内，第二个才是抗日来攘外。要晓得剿匪的工作，实是抗日的前提，要抗日就先要

---

[1] 蒋介石：《革命军的责任是安内攘外》(1933年5月8日)，蒋介石《思想言论总集》卷十一，第66—67页。

剿匪,能剿匪就一定能够抗日"[1]。蒋介石口口声声所说的"匪",指的自然是共产党及其领导的红军。在蒋介石看来,是共产党在内部"捣乱",导致日本以为有机可乘发动对中国的侵略,要抵抗日本的侵略就必须先解决好共产党问题,而他从不反思共产党之所以走上与之对立之路,完全是他采取分共反共政策逼迫的结果。

全民族抗战爆发前后,蒋介石之所以同意国共之间进行第二次合作,就是因为日本帝国主义的大举侵华危及他统治的生死存亡,而在他看来,红军在经历长征之后已经是元气大伤,可以用政治的手段解决共产党问题。蒋介石知道,如果不抗日他终将没有政治前途,他的统治地位也将不保。日本帝国主义不但侵占了中国东北,而且企图占领整个中国。因此,日本帝国主义是中华民族的敌人,也是蒋介石的敌人,因为日本的侵略最终会危及他对中国的统治,他与日本之间有着尖锐的矛盾。

但是,蒋介石既是一个民族主义者,同时又是一个专制主义者、个人独裁者,喜欢唯我独尊、唯我独裁,共产党的存在和地方实力派的强大,都是对他个人专制、个人独裁的严重挑战。在他看来,如果不解决共产党问题与地方实力派尾大不掉的问题,他无法安心去抗日。因此,只要日本不进攻他的核心统治区,他的第一要务是反共。第五次反"围剿"失败后,中央红军被迫进行战略转移即长征,南方其他根据地的主力红军也相继离开原有的根据地,到1935年底,经过长征之后的红军人数大减,

---

[1] 蒋介石:《革命军的责任是安内攘外》,1933年5月8日。蒋介石《思想言论总集》卷十一,第67—68页。

特别是中央红军到达陕北之后剩下7000余人，加上这里原有的陕甘红军与略早于中央红军到达陕北的红二十五军组成的红十五军团，也不过一万多人。蒋介石认为，共产党的力量已严重被削弱，在陕北这个地瘠民穷的地方已难成大的气候。在中央红军到达陕北的同时，日本加紧制造华北事变。1935年11月，日本人指使汉奸殷汝耕在通县（今北京通州区）成立脱离南京中央政府的冀东防共自治委员会（随后改称冀东防共自治政府），并策划成立冀察政务委员会，迫使国民党中央的势力退出华北，随后又策动华北五省的所谓的自治运动，企图使华北五省成为第二个伪满洲国，蒋介石再不做"攘外"准备，全中国都会成为日本的殖民地，他在中国的统治地位也将不保。正是在这样的背景下，他决定用军事和政治两手解决共产党问题，于是从不同的渠道开始与中国共产党接触。

恰好此时，到达陕北的中共中央经过遵义会议之后，已经能够从实际出发制定方针政策，根据国内主要矛盾的变化适时地提出了建立抗日民族统一战线的主张，到1936年下半年更是提出了逼蒋抗日方针，即不再将蒋介石作为必须打倒的敌人而是可以联合的对象，抗日民族统一战线中可以容纳蒋介石在内。但此时的蒋介石消灭共产党企图并没有放弃，反而因为在"追剿"中央红军的过程中加强了对西南地区的控制，1936年夏他又成功地解决了两广事变，使用军事挤压和经济收买的办法，彻底搞垮了广东军阀陈济棠，也使自蒋南京国民政府成立以来一直与蒋分庭抗礼的李宗仁、白崇禧为首的新桂系俯首称臣，蒋介石更加迷信用武力能够消灭共产党和红军。因此，1936年10月红一方面军与红二、红四方面军会师后，蒋介石就调集大军对红军进行"围剿"，并亲自前往西安督促张学良、杨虎城加紧对陕北红军的进攻。由于张、杨已接受中国共产党提出的抗日民族统一战线的主张，不但反对再进攻红军，而且发动兵谏，扣押了蒋介石等人，并电邀共产党派代表共同处理西安事变。这时的蒋介石，一方面身陷囹圄，如果不答应张、杨及共产党提出的停止内战、共同抗日要求，连人身自由都不可得；另一方面他的思想意识里毕竟还有爱国的一面，意识到如果不抗日的严重后果，不得不接受张、杨及中共的主张，同意第二次国共合作共同抗日。西安事变标志着全国性的抗日民族统一战线初步形成，国共开始了第二次合作。西安事变半年后，日本发动了卢沟桥事变；随后，又发动了八一三事变。日本对华北特别是长江下游的进攻，已经直接关乎南京国民党政权的生死存亡，蒋介石也终于下决心全面抵抗。

全民族抗战爆发之初，蒋介石对抗战还是比较积极的，统率国民党军队与日军进行一系列的会战，延缓了日军的侵略步伐，打破了日军短期内占领整个中国的企图。但是，蒋介石的抗日固然在一定程度上出自他内心的爱国情感，更主要是中国共产党逼蒋抗日的结果和形势使然，而不能按照他原来的"攘外必先安内"方针实现的。在他决定"攘外"即抗日之时，"安内"仅基本上解决了地方实力派的问题，因而在抗战的同时如何解决共产党问题，一直是他的一块心病。

全民族抗战爆发后，蒋介石之所以同意红军改编，一方面出于抗战需要共产党的配合，另一方面是他觉得共产党的军队不过是区区数万人，使之开赴前线对日作战，可借日本人之手消灭或至少削弱共产党。当时，由南方游击队改编而成的新四军基本上没有后方，作为红军主力改编而成的八路军的后方基地的陕甘宁边区不过一百多万人口，建立根据地之后经过多次"扩红"，后备兵源已是甚少，在蒋介石看来，八路军、新四军在抗战中即使不被日本人消灭，也会自生自灭，成不了什么气候。可是，由于共产党采取敌进我退的方针，开展广泛的敌后游击战，进入敌后竟如鱼得水，通过分散游击相继建立敌后抗日根据地，很快有了立足之地，同时也使八路军、新四军迅速发展壮大。从1937年9月到1938年10月一年多的时间，八路军就由原来的几万人发展到15.6万人，新四军也由原来的1万余人发展到2.5万人。到1938年底，全国共产党员的人数发展到了50余万人。与此同时，共产党的影响也迅速扩大。这是蒋介石没有想到的，也是他不愿意看到的。

1938年10月，日军占领广州、武汉。这时，经过一年多的全面侵华战争，日军侵占华北、长江南北和华南的主要城市和交通干线，但这些地方的广大农村仍控制在以八路军、新四军为主的中国军队手中，形成了广大的敌后战场，牵制了日军大量的兵力。随着战局的扩大、战线的延长，日军兵力有限，无力在正面战场向中国西南、西北腹地发动大举进攻，敌我双方开始处在僵持状态，抗日战争进入战略相持阶段。由于国民党政府在战略防御阶段坚持片面抗战方针，与日军进行大规模的阵地作战，消耗了大量的人力物力，失去了大片国土，被迫退守西南、西北地区以求生存，而中国共产党领导的敌后抗日根据地不断发展壮大，严重影响到日军占领区的巩固，牵制了日军大量的兵力。从这时起，日本侵华政策发生了重大变化，在正面战场上停止了大的战略进攻，渐次将主要兵力用于对付敌后战场的八路军和新四军，对国民党政府则采取政治诱降为主、军事打击为辅的方针。

在这种情况下，蒋介石的内外政策也开始发生变化，虽然他继续主张抗战,但惧怕共产党在抗战中发展壮大,开始转向抗日与反共并举。这个变化的标志就是1939年1月国民党召开的五届五中全会。蒋介石在全会的开会词中虽然也强调:"我们今天唯有全力决战,以必死之心来抗战,战到达成目的之日为止。要知道降是生中求死,决无侥幸生之望,战则死中求生,且有必生之道。"[1]可是,他在会上作的《唤醒党魂,发扬党德,巩固党基》的报告和《整顿党务之要点》的讲话中,却又大讲与共产党斗争的问题。说什么"我们对中共不好像十五、十六年(指1926、1927年——引者)那样,而应采取不打它,但也不迁就它,现在对它要严正—管束—教训—保育—现在要溶共—不是容共。它如能取消共产主义我们就容纳它","共产党是讲斗争的,你见他就怕,他格外要得寸进尺。正着了他的希望。假如你拿出了有进无退的革命办法,来对付他,他便赶快缩回去了。"[2]蒋介石原来的意图是通过第二次国共合作,实现其"溶共"目标,即将共产党溶化到国民党,而不是容纳共产党,所以他一再鼓吹所谓"一个主义""一个政党""一个领袖"。一年多的全民族抗战表明,共产党不但溶化不了,反而在抗战中力量迅速发展,既然溶化不了共产党就只能限制共产党了。这次会议通过的《整理党务》的决议和原则上通过的《限制异党活动办法》等反共文件,确定了"溶共、防共、限共"实际反共的方针。为执行此方针,国民党专门设置了"防共委员会"。

---

[1] 荣孟源主编:《中国国民党历次代表大会及中央全会资料》(下),光明日报出版社1985年版,第534页。
[2] 转引自杨奎松:《国民党的"联共"与"反共"》,广西师范大学出版社2012年版,第470—471页。

在经过一系列的准备与策划之后，蒋介石终于按捺不住，认为可以向共产党动手了，于1939年底和1940年初制造了第一次反共高潮。在陕甘宁、晋西北、晋冀鲁豫等地，挤占蚕食抗日根据地，向八路军发动武装进攻。中国共产党制定了发展进步势力、团结中间势力、反对顽固势力的基本政策，在与顽固派的斗争中，利用矛盾、争取多数、反对少数、各个击破，坚持有理、有利、有节原则，采取"人不犯我，我不犯人，人若犯我，我必犯人"的自卫立场，打退了此次反共高潮。

蒋介石在华北地区的挑衅未能得逞后，遂将反共摩擦的重点转向华中地区。1941年初，国民党顽固派将从皖南移师北上的新四军军部及所属皖南部队共9000余人包围攻击，致使全军除2000余人突围外，大部被俘、失散或牺牲，军长叶挺被扣，政治部主任袁国平牺牲，副军长项英、副参谋长周子昆在突围时被叛徒杀害，使第二次反共高潮达到了顶点。蒋介石原本以为他制造了皖南事变，会换取日本停止对他的进攻，可日军却利用他全力反共之际，发动豫南战役。为此，中国共产党采取政治攻势、军事守势的方针，与之进行了坚决的斗争，重建了新四军军部，任命陈毅为代军长，刘少奇为政治委员。大敌当前，国民党顽固派的倒行逆施，遭到了全国人民、中间人士、国民党内正义之士和国际舆论的谴责与反对，蒋介石不得不对反共活动有所收敛。这年3月初召开的第二届国民参政会上，蒋介石表示："以后再亦决无剿共的军事。"3月14日，蒋介石约请周恩来面谈，答应提前解决国共间的若干问题。至此，第二次反共高潮被打退。

皖南事变后，蒋介石的反共活动一度有所收敛。不是蒋介石不想解决共产党问题，而是这时大敌当前，如果他冒天下之大不毽悍然进一步扩大内战,就会众叛亲离。但是,蒋介石的反共本质不会改变。1943年春,他署名出版《中国之命运》一书,鼓吹法西斯主义,公开反对共产主义和自由主义。这年5月,共产国际宣布解散,国民党借机鼓吹"解散共产党""取消陕甘宁边区",并且秘密调集重兵准备对陕甘宁边区进行"闪击",掀起第三次反共高潮。但是,这一次反共高潮,蒋介石是有战争的准备而无大规模战争的行动,终致胎死腹中。至于第三次反共高潮被打退的原因,许多著述认为是"由于中国共产党的揭露、声讨和全国人民的反对,以及国际舆论的谴责"[1]。当时,具体负责实施"闪击"陕甘宁边区作战计划的是国民党第八战区副司令长官兼第34集团军总司令胡宗南,中共秘密党员熊向晖在其身边任机要秘书,熊向晖将胡的作战计划通过八路军驻西安办事处报告了中共中央,于是,中共中央一方面做军事准备,另一方面通过各种方式揭穿蒋介石的密谋,使蒋介石不得不改变计划。

在这之后,蒋介石暂时放弃了武力解决共产党问题的不切实际的想法。1943年9月召开的国民党第五次中央执行委员会第十一次全会上,蒋介石作了发言,制止极右翼以武力解决共产党问题的提议。他在会上说:"我认为,首先,我们要清楚地认识到,中国共产党问题是个纯粹的政治问题,应以政治方式加以解决。这必须成为本次全会解决这一问题的指导原则。"[2]对于其中的原因,有学者认为:"只要中日战争在继续,便不会爆发全面内

---

[1] 中共中央党史研究室:《中国共产党历史》第一卷(1921—1949)下册,中共党史出版社2002年版,第635页。

[2]〔美〕邹谠:《美国在中国的失败(1941—1950)》,上海人民出版社1997年版,第145—146页。

战。在许多地方,日军使国民党军的主力与共产党的根据地分割开来。主要的例外是陕甘宁边区,尽管它仍然是共产党运动的政治中心,但是与华北和华东的其他共产党根据地相比,它正在迅速地失去军事上的重要性。即使向它发动一次成功的进攻也不会使国民党人得到太多的军事优势。另一方面,在反对外国侵略者的生死斗争中把一个国家完全一分为二,对国民党人来说在政治上是极为不利的。"[1]蒋介石发动第三次反共高潮时,中共方面军事已做好了准备,不可能有第二次皖南事变发生;何况皖南事变中新四军受到了一些损失,但蒋介石在政治上失分甚多,总体上是得不偿失。

蒋介石之所以不敢在抗战还没有胜利之前大打内战,用战争的方式解决共产党问题,非不想而是不能也。蒋介石侍从室第六组组长唐纵有写日记的习惯,而且每周会写几段总结性的"反省录"。他在此间所写的"反省录"说:"中央为击破共产党此种阴谋计划,其对策有二:(一)乘抗战有利之时期,先行摧毁共产党之根据地与野战军,使无捣乱之武力。(二)在抗战期间,容忍宽大,俟战争结束后,再举兵讨伐,不难荡平。""在抗战期间,摧毁共产党之根据地易,而击溃其武力难。""假如抗战期间不用兵,共产党实力坐大,危险愈甚。在战后举兵讨伐,可能又须相当时间之围剿。""抗战结束,而战争不能结束。在抗战时对共党作战,容易失去国际同情,在抗战后对共党作战,容易

---

[1]〔美〕邹谠:《美国在中国的失败(1941—1950)》,上海人民出版社1997年版,第145—146页。

招致苏联之干涉。"[1]唐纵虽然职位不是很高，但属于蒋介石身边的人，他的这个分析反映出蒋介石抗战后期对中国共产党的基本态度。

由于各种原因，蒋介石挑起的第三次反共高潮最终没有发展成为大规模的内战，但此时的蒋介石对"中共问题苦思甚切，以其关于各方面甚复杂而重要，不容丝毫疏忽也"[2]。大敌当前，除了日本人希望他打内战外，没有哪种政治力量支持他的内战政策，尽管他对共产党如鲠在喉，但也不得不打消用军事手段解决共产党问题的想法。

但是，如何消灭共产党始终是蒋介石心中一个挥之不去的大问题，在他看来，这个问题甚至比打败日本人还重要，因为他发动第三次反共高潮之时，中日战争形势已经明朗，日本的战败已是时间问题。1945年5月，在中国共产党召开七大的同时，国民党召开了六大。国民党六大通过的《关于党务报告之决议案》等文件，一方面重申要用政治方式解决共产党问题，另一方面充满了对共产党的偏见与仇视，说什么"多年来共产党乘敌寇深入之际，破坏抗战，袭击国军，在各地对本党同志横施残害，在言论上对本党横加诬蔑，大会对此深表痛惜。唯本党为国家负责之党，为抗战胜利与国家民族之利益计，仍应一致接受总裁政治解决之方针，以期共产党能改弦易辙，不致陷国家于危难"[3]。大会

---

[1] 唐纵:《在蒋介石身边八年》，群众出版社，1991年版，第377页。
[2] 转引自杨奎松:《国民党的"联共"与"反共"》，广西师范大学出版社2012年版，第557页。
[3] 荣孟源主编:《中国国民党历次代表大会及中央全会资料》（下），光明日报出版社1985年版，第920页。

通过的《本党同志对中共问题之工作方针》又说:"本党本团结抗战之精神,数年以来对中共问题坚立以政治方式力求解决,今后自仍应本此既定方针,继续努力。唯根据中共问题之总报告,中共一贯坚持其武装割据,借以破坏抗战,致本党委曲求全、政治解决之苦心,迄无成效,而本党同志在各地艰苦奋斗惨遭中共残害,书不胜书。追溯往事,能无愤慨?乃中共最近更变本加厉,提出联合政府口号,并阴谋制造其所谓'解放区人民代表会议',企图颠覆政府,危害国家。凡我同志均应提高警觉,发挥革命精神努力奋斗,整军肃政,加强力量,使本党政治解决之方针得以贯彻。"[1]

国民党六大闭幕后的第二天,蒋介石对参加大会的军队代表讲话。他说:"共产党执迷不悟,别有用心,蓄意要破坏统一,背叛国家。他们以为如果不乘此时机彻底消灭本党和我们革命的武力,就不能达到其夺取政权赤化中国的阴谋。""大家都知道,共产党的武力和国家比较起来是不可同日而语的。他现在号称有多少正规军,多少游击队,占领多少地区,其实都是乌合之众,不堪一击。"[2]毛泽东在中共七大所作的《论联合政府》的书面报告就此评论说:"迄今为止,国民党内的主要统治集团,坚持着独裁和内战的反动方针。""国民党主要统治集团现在正在所谓'召开国民大会'和'政治解决'的烟幕之下,偷偷摸摸地进行其内战的准备工作。如果国人不加注意,不去揭露它的阴谋,阻

---

[1] 荣孟源主编:《中国国民党历次代表大会及中央全会资料》(下),光明日报出版社1985年版,第921页。
[2] 秦孝仪主编:蒋介石《思想言论总集》卷21,(台北)中国国民党中央委员会党史委员会1984年编印,第138页。

止它的准备,那末,会有一个早上,要听到内战的炮声的。"[1]

中共七大和国民党六大之际,日本帝国主义的败局已定。1945年8月6日和9日,美国向日本的广岛和长崎各投了一颗原子弹。8月8日,苏联对日宣战,派遣苏联红军进入中国东北境内作战。这对加速日本投降起到了重要作用。8月9日,日本政府决定接受规定日本必须立即无条件投降的《波茨坦公告》。8月14日,日本政府正式照会中、美、英、苏四国政府,表示接受《波茨坦公告》。8月15日,日本天皇裕仁以广播《终战诏书》的形式,向公众宣布无条件投降。经过十四年艰苦卓绝的抵抗,中国即将迎来抗日战争的彻底胜利。

如果说,在没有打败日本侵略者之前,蒋介石还不得不采取抗日与反共并重的方针,那么,随着日本的战败,解决共产党问题就成了他的头等大事。经过抗日战争,在共产党领导的人民军队得到大发展的同时,蒋介石的军事力量也有了很大的发展。尤其是抗战后期国民党军队接收大量的美式装备,军队的现代化水平有了很大的提高,他坚信有能力用战争的方式解决共产党问题。

但是,由于抗战过程中国民党退守西南,其主力部队远离共产党领导的抗日根据地。本来在战略相持阶段,国民党在敌后有相当数量的部队进行游击,但这些游击部队主要为了在敌后与共产党领导的军队争地盘、闹摩擦,由于远离后方又得不到人民支持,无法建立巩固的敌后根据地,因而不是溃散就投降日伪摇身一变成为汉奸部队。对于突然到来的抗战胜利,蒋介石并无准备,他要打内战,必须把他远在大后方的大批部队运送到东北、

---

[1]《毛泽东选集》第三卷,人民出版社1991年版,第1051页。

华北、华中地区去，虽有美国的帮助，但大批部队的运送毕竟不是短期能做到的。正如美国总统杜鲁门在其回忆中所说的："蒋介石的权力只及于西南一隅，华南和华东仍被日本占领着。长江以北则连任何一种中央政府的影子也没有。""事实上，蒋介石甚至连再占领华南都有极大的困难。要拿到华北，他就必须同共产党人达成协议，如果他不同共产党人及俄国人达成协议，他就休想进入东北。由于共产党人占领了铁路线中间的地方，蒋介石要想占领东北和中南就不可能。"[1]于是，蒋介石决定来个缓兵之计，电邀毛泽东去重庆谈判，"共定大计"。

1945年8月11日，前文提到的唐纵撰写了一份日本投降后国民党对有关问题的处置意见，交给了蒋介石侍从室第二处主任陈布雷，其中提出："中央表示统一团结战后建设之殷望，并重申召集国民大会实施宪政之诺言，同时表示希望中共领袖来渝共商进行。如毛泽东果来则可使其就范；如共不来，则中央可以昭示宽大于天下，而中共将负破坏统一之责。"[2]其实这个想法唐纵早已有之。1944年2月，他就向陈布雷建议："表示欢迎毛泽东来渝商谈，果来，于我有利，不来，于我亦有利。"[3]这确实是一个比较阴毒之计，毛泽东来不来重庆都有利于蒋介石。至于是蒋介石接受了唐纵的建议，还是他自己早有这个主意并不好说，但蒋介石果然于8月14、20日和23日连发三封电报给延安，措辞一封比一封恳切。国民党的基本判断是毛泽东不会来重庆谈

---

[1]《杜鲁门回忆录》第2卷，世界知识出版社1965年版，第70—71页。

[2] 唐纵：《在蒋介石身边八年：侍从室高级幕僚唐纵日记》，群众出版社1991年版，第688页。

[3] 同上书，第415页。

判。国民党《中央日报》总主笔,也是蒋介石《中国之命运》一书的具体操刀者陶希圣说:"我们明知共产党不会来渝谈判,我们在假戏真做,制造空气。"直到8月24日,蒋介石发给延安的第三封电报由国民党中央通讯社发布后,国民党《中央日报》总编辑陈训悆仍说:"这是官样文章","假戏真做就要做到底。"[1]

中国有句古话:"来而不往非礼也。"在这种情况下,明知蒋介石和谈是假内战是真,但毛泽东还是决定亲往重庆与蒋介石谈判。8月23日,毛泽东主持中共中央政治局扩大会议,详细地分析国内外形势,说明中国共产党在新的环境下所采取的方针和对策。毛泽东说:"蒋介石要消灭共产党的方针没有改变,也不会改变。他所以可能采取暂时的和平是由于上述各种条件的存在,他还需要医好自己的创伤,壮大自己的力量,以便将来消灭我们。我们应当利用他这个暂时和平时期。"[2]毛泽东同时认为,内战的威胁是存在着的,但国民党还有很大的困难,至少在年内不会有大内战,故和平是可能的,要准备有所让步以取得合法地位,利用国会讲坛去进攻。我们需要有一个时期来教育人民,来锻炼我们自己。[3]会议决定派毛泽东、周恩来、王若飞去重庆与国民党谈判。

8月28日,毛泽东来到重庆。在重庆谈判过程中,蒋介石罔顾中共及其领导的人民武装为抗战胜利所作的贡献,拒绝承认解

---

[1] 中共重庆市委党史研究室等:《重庆谈判纪实》(增订本),重庆出版社1983年版,第417、419页。
[2] 《毛泽东文集》第四卷,人民出版社1996年版,第6页。
[3] 中共中央文献研究室:《毛泽东年谱(1893—1949)》修订本(下),中央文献出版社2013年版,第11页。

放区的合法地位。谈判期间,蒋介石提出的条件是:"(一)不得于现在政府法统之外来谈改组政府问题。(二)不得分期或局部解决、必须现时整个解决一切问题。(三)归结于政令、军令之统一,一切问题,必须以此为中心也。"[1]在蒋介石看来,如果中共方面能够接受这些条件固然好,果能这样,他日思夜想的共产党问题也就得以解决,这自然是他所需要的。如果中共方面不接受这些条件亦无妨,他既可赢得时间,也可给中共方面扣上违背"政令、军令统一"的帽子,为其打内战提供借口。

9月3日,周恩来、王若飞向国民党方面递交了中共方面的11条意见:(一)在和平、民主、团结基础上实现全国的统一,建设独立、自由和富强的新中国,彻底实现三民主义。(二)拥护蒋先生,承认蒋先生在全国的领导地位。(三)承认国共两党及抗日党派的平等合法地位,确立长期合作、和平建国方针。(四)承认解放区部队及地方政权在抗日战争中的功绩和合法地位。(五)严惩汉奸,解散伪军。(六)重划受降地区,解放区抗日军队参加受降工作。(七)停止一切武装冲突,各部暂留原地待命。(八)实现政治民主化,军队国家化,党派平等合法。(九)政治民主化的必要办法:由国民政府召集各党派及无党派代表人物的政治会议,各党派参加政府,重选国民大会;由中共推荐陕甘宁边区及热河、察哈尔、河北、山东、山西五省省府主席,绥远、河南、江苏、安徽、湖北、浙江、广东及东北十省副主席,北平、天津、开封、上海四个特别市副市长;推行地方自治,实行普选。

---

[1] 中共重庆市委党史研究室等:《重庆谈判纪实》(增订本),重庆出版社1983年版,第306页。

（十）军队国家化的必要办法：公平合理地整编全国军队，确定分期实施计划；解放区部队编成16个军48个师，驻地集中于淮河流域及陇海路以北地区；中共及地方军事人员，参加军委会及其他各部的工作；设立北平行营及北方政治委员会，任中共人员为主任。（十一）党派平等的必须办法：释放政治犯，取消一切不合理禁令，取消特务等。这些本是公平合理的要求，却遭到了蒋介石的百般拒绝。

9月4日，蒋介石将其自拟的《对中共谈判要点》交国民党谈判代表张群、王世杰、张治中、邵力子，要他们拟具对中共9月3日所提方案的复案。蒋自拟要点如下：一、中共军队之编组，以12个师为最高限度。二、承认解放区，绝对行不通。三、拟将原国防最高委员会改组为政治会议，由各党派人士参加。四、原当选之国民大会代表，仍然有效，可酌量增加名额。[1]可以说与中共方面提出的要求南辕北辙。

为了表示推进国内和平的诚意，避免战争，中共方面决定作较大让步。9月19日，周恩来、王若飞向国民党代表提出了一个新方案，其要点是：一、关于国共军队的比例，共方愿让步到1与6之比。如国民党方面缩编为120个师，共方应为20个师；国民党方面缩编为60个师，则共方应为10个师。二、关于军队、军队驻地和解放区，第一步，共方将海南岛、广东、浙江、苏南、皖南、湖北、湖南、河南八个地区之军队撤退，集中于苏北、皖北及陇海路以北地区。第二步，再将苏北、皖北、豫北地区之

---

[1] 中共中央文献研究室编：《毛泽东年谱（1893—1949）》修订本（下），中央文献出版社2013年版，第21页。

军队撤退。将共方所有军队集中驻于山东、河北、察哈尔、热河与山西之大部分,绥远之小部分,及陕甘宁边区七个地区。解放区随军队驻地之调整而合并。山东、河北、察哈尔、热河与陕甘宁边区之主席,山西、绥远两省之副主席,天津、北平、青岛三个特别市之副市长,由共方推荐。对中共的新方案要点,国民党方面仍认为违背"军令统一"不予接受,并指责中共分裂。

就在重庆谈判之时,蒋介石仍念念不忘消灭共产党,对共产党充满敌意。他在9月17日的日记中写道:"据岳军(即张群——引者)言周恩来向其表示,前次毛所对余言,可减少其提军额之半数者,实乃指其四十八师之数,已照共压总数减少一半之意也。果尔,则'毛共'诚不可与言矣!以当时彼明言减少半数为二十八师之数字也,其无信不诚,有如此者。"9月20日的日记中又写道:"目前最重大的问题,为'毛共'问题,国家存亡,革命成败,皆在于此。"9月27日的日记中给中共列举一系列的罪名,诸如"盗抗战之名义,而行破坏抗战之事实""借民主之美名,而施阶级独裁之阴谋"等等。[1]

中共方面自然清楚蒋介石的底细,知晓其谈判是假,企图消灭共产党是真。正如9月13日中共中央书记处在给各中央局、分局和区党委关于重庆谈判情况的通知中所说的,"国党毫无诚意,双方意见相距甚远","蒋表面上对毛周王招待很好,在社会上造成政府力求团结的气象。实际上对一切问题不放松削弱以至消灭我的方针,并利用全国人民害怕与反对内战心理,利用其合

---

[1] 中共重庆市委党史研究室等:《重庆谈判纪实》(增订本),重庆出版社1983年版,第307、309页。

法地位与美国的支持与加强他（保障美国在远东对苏联的有利地位），使用强大压力，企图迫我就范，特别抓紧军队国家化问题。因此在谈话态度上只要求我们认识与承认他的法统及军令政令的统一，而对我方则取一概否认的态度"[1]。试想，蒋介石以这样的立场与态度对待重庆谈判，除非中共方面全盘接受他的条件，否则，纵使中共做出重大让步，也不会谈出好结果。

9月26日，中共中央在关于重庆谈判的第二次通知中又说："彼方方针是拖延谈判时间，积极准备内战，利用敌伪及美国帮助，控制华北、华中及东北大城要道，建都北平，强迫中共接受其反动条件，否则，以武力解决。但是彼方困难很多，美国人民反对直接支持中国内战，使美政府政策受限制，蒋兵力不够，利用敌伪，政治上不利，内部矛盾太多，苏联的态度及我们强大力量，更使之头痛。"[2]把蒋介石想打全面内战，却又无力一下子开战的状况，作了透彻的分析。

经过前后共达43天的谈判，双方于10月10日签署了《政府与中共代表会谈纪要》，即《双十协定》。会谈纪要接受中共方面提出和平建国基本方针，提出以和平、民主、团结、统一为基础，"长期合作，坚决避免内战，建设独立、自由和富强的新中国"[3]；同意结束国民党的所谓训政，召开各党派代表及社会贤达参加和政治协商会议共商国是；承认人民享有一切民主国家应

---

[1] 中央档案馆：《中共中央文件选集》第15册，中共中央党校出版社1991年版，第276—277页。

[2] 中共中央文献研究室、中央档案馆：《建党以来重要文献选编（1921—1949）》第22册，中央文献出版社2011年版，第696页。

[3] 同上书，第729页。

有的民主自由权利；等等。但是，在军队和解放区问题上，尽管共产党方面做出了重大让步，却由于国民党方面执意要取消解放区政权和人民军队，这两个问题未能达成协议，表示以后双方"继续协商"。10月11日，毛泽东回到延安，周恩来、王若飞留在重庆与国民党方面继续商谈。由于国民党没有诚意，商谈无果，周恩来也于11月25日返回延安。

蒋介石原本以为毛泽东来不来谈判对国民党都是有利的事情，毛泽东不来，可以把拒绝谈判、蓄意内战的罪名扣到共产党头上，将内战的责任推到共产党这边，使自己处于政治上的有利地位，而且预先估计毛泽东不会冒险来重庆。就算毛泽东来，那也无妨，签订个城下之盟，给共产党几个内阁职位，迫使共产党交出解放区和军队，而且还可以利用谈判的时间调兵遣将，为全面内战做准备。但是，令蒋介石没有想到的是，重庆谈判非但没有达到打压共产党的目的，反而扩大了共产党的政治影响，让全国人民知晓了共产党和平的诚意。正如中共中央为重庆谈判情况发出的一份党内通知所指出的：由于"我方调子低，让步大（允逐步退出陇海路以南），表示委曲求全，彼方乘机高压，破坏联合公报。因此我方政治上处于有利地位，一切中间派均为我抱不平，认为我们已做到仁至义尽，同情我们主张"[1]。

抗战胜利之后，要内战还是要和平，是民心向背的试金石。近代以来中国的老百姓经历了无数的战争，饱受了战争的苦难。特别是长达14年的抗日战争，有多少同胞惨死在日本侵略者的

---

[1] 中共中央文献研究室、中央档案馆：《建党以来重要文献选编（1921—1949）》第22册，中央文献出版社2011年版，第696页。

屠刀下，又有多少同胞流离失所、家破人亡、妻离子散，好不容易熬来抗战的胜利，又有多少人愿意再遭受战争带来的苦难呢。重庆谈判结束后毛泽东回来延安，在中共中央政治局会议上报告谈判情况时说："我们清楚地表示要和平，而他们不能这样讲。这些话大后方听得进去，要和之心厉害得很。"[1]因此，在明知谈判蒋介石利用所谓和谈将军，不去谈正中了蒋介石的下怀，去谈要谈得拢实现和平的前途就必然要做出重大让步的情况下，为了国内和平，也为了顺应民意，毛泽东等人不但前往重庆谈判，而且谈判中在不损害人民根本利益的前提下，一再让步。毛泽东在重庆曾对《大公报》总编辑王芸生说："我们对国民党只是批评，留有余地，并无另起炉灶之意。"[2]中共方面甚至连过去一再主张的建立联合政府的要求都没有再提，而且承认蒋介石在全国的领导地位，这就使全国人民知晓了共产党的立场和维护国内和平的真诚意愿。

与中国共产党的真心和平相比，蒋介石一意孤行坚持内战。就在重庆谈判的过程中，他也丝毫没有放弃其内战政策。9月2日，国民党陆军总司令何应钦发出指示，要求各部队"急向所规定之受降地点挺进"，"受降地点以外之重要城市之据点，应迅速以有力部队接防控置之"，"奸匪活动地域，应集中优势兵力择要封锁之"。[3]9月20日，参与重庆谈判的张治中以"领袖密示"致

---

[1] 中共中央文献研究室编：《毛泽东年谱（1893—1949）》修订本（下），中央文献出版社2013年版，第34页。

[2] 同上。

[3] 《中华民国重要史料初编》第2编第3册，中国国民党中央委员会党史委员会1981年编印，第642—643页。

电第一战区司令长官胡宗南："目前与奸党谈判，乃系窥测其要求与目的，以拖延时间、缓和国际视线，国军抓紧时机迅速收复沦陷区、中心城市，待国军控制所有战略据点、交通线，将寇军完全受降后，再以有利优越军事形势与'奸党'作具体谈判。彼如不能在军令政令统一原则下屈服，即以'土匪'清剿之。"[1]从中看不出一丝和平的诚意。在蒋介石口中，共产党是"奸党"，人民军队是"土匪"，这样的称呼也许过了一下口头之瘾，但实在有辱斯文，只会导致广大人民和正义之士的反感。蒋介石顽固坚持其内战政策，在全国人民面前输了理。

《双十协定》刚刚签订，蒋介石就于10月13日向各战区司令长官发出密电"剿共"，并称"此次剿共，为人民幸福之所系，务本以往抗战之精神，遵照中正所订剿共手本，督励所属，努力进剿，迅速完成任务，其功于国家者必得膺赏，其迟滞贻误者必当执法以罪，希转饬所属剿共部队官兵，一体悉遵为要"。[2]正如有学者所说的："蒋委员长的策略却是想要用武力解决共产党问题，或至少将共产党人从一些战略要地撵出去，并用武力把共产党削弱成一个微不足道的因素。按国民党领袖们的看法：消灭共产党乃是一项最最迫切的任务。"[3]蒋介石和国民党之所以失败，就在于总违背民意。此时人民要和平不要内战，共产党方面

---

[1] 转引自金冲及：《转折年代——中国·1947》，生活·读书·新知三联书店2017年版，第20页。

[2] 中国人民解放军历史资料丛书编审委员会：《解放战争时期过渡阶段军事斗争——回忆史料、表册、参考资料》，解放军出版社2000年版，第801页。

[3]〔美〕邹谠：《美国在中国的失败（1941—1950）》，上海人民出版社1997年版，第307页。

千方百计避免内战，而国民党方面却想方设法想挑起内战，孰是孰非不是一目了然吗。

事实上，在重庆谈判期间及随后一段时间，蒋介石一直在发动对解放区的进攻，中共方面被迫进行自卫还击。1945年9月10日至10月12日，晋冀鲁豫军区组织上党战役，歼灭进犯的国民党军3.5万人，有力地配合了正在进行的重庆谈判。10月18日至12月14日，晋察冀军区和晋绥军区开展平绥战役，歼敌1.2万人。10月24日至11月2日，晋冀鲁豫军区组织邯郸战役（又称平汉战役），歼灭国民党军4万余人。10月12日至1946年1月中旬，山东军区发动津浦路徐（州）济（南）段战役，歼敌3万余人。

根据《双十协定》的规定，1946年1月10日，有国共代表和中间党派代表参加的政治协商会议在重庆开幕。会议通过了政府组织案、国民大会案、和平建国纲领、军事问题案、宪法草案五项决议后，于1月31日闭幕。可是，政协会议一闭幕，国民党就处心积虑地破坏政协协议。

1946年3月1日至17日，国民党为批准政协协议而召开了六届二中全会。"国民党上层分子，对中共是和是战问题，有两种不同的主张。以CC系、黄埔系为核心的国民党中央委员，认为国民党有足够的力量，可以一举打垮中共领导的人民武装；而以政学系为核心的另一部分中央委员，则主张采取稳重方式，要取得美国更多的支持后，再来动手。当时蒋介石是主张后一策略的。他力主争取时间，与中共假谈判、真备战，到部署定局时再翻脸不认账，撕毁一切协议。如果只从表面上听他讲的话，好像蒋介石是主张与中共谈判，并斥责主战派似的。而后来的事实证明完全不是这样。"白崇禧在会上说:"共产党不是青年党或民社党,不是让出几个部长职位给它,它就可以满意的,它要与国民党平分秋色,在军事上,还要自成体系,这事我们决不能接受。"[1]国民党党内的主战派甚至说政协是国民党最大的耻辱、最大的失败,甚至还有人声称,国民党应该全党一致,跟共产党拼命。

1946年1月10日,中共代表和国民党政府代表之间签订关于停止军事冲突的协定,规定双方军队应于1月13日午夜在各自位置上停止军事行动。同一天,中共中央和国民党政府分别向所属部队下达停战命令。但是,蒋介石却坚持停战协定不包括东北在内,理由是按照1945年8月签订的《中苏友好同盟条约》,只有国民政府军队有权进入关外东北地区接收主权,不承认已经先期进入东北的中国共产党领导的武装力量的存在。东北紧邻晋察冀解放区,与山东解放区隔海相望,早在中共七大上,毛泽东就对东北的重要战略地位作了充分的阐述,因而在苏军进入东北之时,不但先期撤入苏联境内休整的东北抗联部队随之回到东北,而且从晋察冀、山东和苏北解放区有大批的八路军、新四军从陆路与海上进入东北,各路部队进入东北后发展很快,随即统一组成东北人民自治军,不久又改称东北民主联军。由于蒋介石坚持停战令不包括东北在内,不断向东北调兵遣将,大举向东北民主联军进攻,形成了关内小打、关外大打的局面。所以1946年上半年,关内的形势还相对平静,但这种平静只是短暂的,随着国民党大量的部队从西南地区运送到华中、华北及东北各解放

---

[1] 中国人民政治协商会议全国委员会文史资料委员会编:《文史资料存稿选编12——政府·政党》,中国文史出版社2002年版,第82页、85页。

区周边,重要城市和主要交通干线已为国民党军队占领,蒋介石认为已具有了发动全面内战的条件,于是开始进行战争动员。

1946年6月16日,即黄埔军校成立二十二周年"总理纪念周",在国民党国防部大礼堂举行的纪念会上,蒋介石发表训词罔顾事实声称:"共产党过去以在日本掩护之下,得以发展割据一方。今日人投降。共产党再无幸存之理。"第二天,在国民党例行的"总理纪念周"致辞时,蒋介石又说:"政治协商会议,本党容忍让步,不图中共执迷不悟,蓄意叛乱,坚不履行协定。""本党对中共如此让步,非武力不足,而欲以政治方法,给中共以合法存在之机会。有人以为中共问题军事不足以解决,此乃大谬不然,过去军事不能解决的原因,由于日本掩护中共捣乱,今日人已经投降,军事解决为极容易之事;又有人以为中央经济困难,不能用兵,殊不知中央财政之准备,足以维持二年有余。"蒋的讲话"充满剿匪意味,并坚定大家之信心"。[1]这就说明蒋介石在经过半年多的准备之后,下定决心用全面内战的方式解决共产党问题。果不其然,6月26日,蒋介石向中原地区发动大举进攻,全面内战爆发。

普鲁士著名的军事理论家克劳塞维茨曾有句名言:"战争是政治的继续。"战略战术、武器装备对战争的胜负固然重要,但决定战争的根本因素还是民心的向背。在1946年至1949年的全面内战中,蒋介石之所以彻底失败,就在于国民党蒋介石集团一步步地失掉民心。

1945年8月抗日战争胜利时,蒋介石在国内的威望达到了

---

[1] 唐纵:《在蒋介石身边八年》,群众出版社1991年版,第623页。

顶点。抗日战争是近代中国取得的反对外来侵略的第一次彻底胜利，中国也因为在法西斯战争中成为东方主战场而为世界瞩目，成为世界五大国之一。当时，长期遭受战争灾难的全国人民十分渴望和平，但蒋介石却错误地估计了形势，决意内战，因而日本刚刚宣布投降，他就要求长期坚持敌后抗战的八路军、新四军"原地待命"，而命令国民党军队从人民军队手中"收复失地"，局部内战实际已经爆发。在这个过程中，为了争取时间将他的军队从西南、西北后方运送到内战前线，曾装模作样地邀请毛泽东前往重庆谈判，迫于内外压力也曾召开了有共产党、国民党和其他党派人士参加的政治协商会议，但这一切都是他准备内战的烟幕，抗战胜利不到一年便悍然发动全面内战。把国内引向战争还是和平，直接关系到民心的向背。蒋介石的内战政策，首先在全国人民面前输掉了道义。民心不可欺，民意不可违，蒋介石的失败就在于不应该违背民意悍然发动内战。

在抗战胜利后人民渴望和平之时，蒋介石决意发动内战之时，忽视了一个重要事实：十年前共产党领导的红军还那么弱小，在国共内战中都顽强坚持下来了，经过全民族抗战虽然国民党的军力也有了一定发展，但共产党领导的武装力量更是取得了大发展，更何况经过遵义会议之后共产党有了一个坚强有力的领导集体，这个领导集体已经有了炉火纯青的领导艺术，长期的革命战争也使共产党锻炼出了一大批优秀的军事指挥人才。在这样的情况下，蒋介石还企图用战争的方式解决共产党问题，又怎能摆脱失败的命运？

## 三 "建立联合政府的主张是正确的"

抗战中后期蒋介石一直处心积虑要解决共产党问题，但除了准备军事行动制造内战外，政治上始终想不出别的什么办法。在1943年10月国民党召开的五届十一中全会上，蒋介石曾表示国共关系要"政治解决"，中共方面对此立即予以回应，明确表示愿意随时同国民党谈判。1944年5月，国共双方的谈判重新开启。

恰在此时，日军集中50余万人发动豫湘桂战役。战役第一阶段是河南会战。日军调集了近15万人，而国民党军队则集中了35万人至40万人的兵力。结果，驻守河南的国民党军队消极抗战，闻风远遁，日军只用38天即占领了河南全省。随后，日军在湘北发动攻势，并很快侵占长沙，接着进攻中国战场西南方的军事要地衡阳，遭到了4万守军浴血苦战，给日军造成重大伤亡，但坚守孤城47天后衡阳陷落。

长沙、衡阳沦陷后，日军又发动桂林、柳州作战，国民党军队纷纷溃逃，日军深入贵州境内。豫湘桂战役充分暴露了国民党军事上的无能、政治上的腐败，加上长期的战争导致的经济危机，国民党统治区怨声载道，强烈要求国民党改弦更张。在这样的情况下，中国共产党及时提出了建立联合政府的主张，充分体现出毛泽东等中共领导人高超的政治智慧和斗争艺术。

1944年8月17日，毛泽东在董必武给周恩来的一封电报的批示中，提出应与中国民主同盟和中国青年党负责人商讨各党派联合政府问题。这是中国共产党首次提出建立联合政府的设想。同年9月1日，毛泽东主持召开中共六届七中全会主席团会议，在谈到国民党变不变、倒不倒的问题时，毛泽东说：变而不倒与先变后倒均有可能。以蒋介石的愿望，国民党一定要打共产党的，可能不打是五个方面的条件，即美国、日本、共产党、人民及国民党内部。我们的政策放在争取不打，争取国民党变，这样才有文章可做。会议认为，应即向国民党提出改组政府的要求，即召集各党派代表会议，成立联合政府。[1]

9月4日，中共中央关于提出改组国民政府成立联合政府问题，致电正在重庆与国民党谈判的林伯渠、董必武、王若飞，指出："目前我党向国民党及国内外提出改组政府主张时机已经成熟，其方案为要求国民政府立即召集各党、各派、各军、各地方政府、各民众团体代表，开国是会议，改组中央政府，废除一党统治。然后由新政府召开国民大会，实施宪政，贯彻抗战国策，实行反攻。估计此项主张国民党目前绝难接受。但各小党派、地方实力派、国内外进步人士，甚至盟邦政府中开明人士，会加倍赞成。因此，这一主张，应成为今后中国人民中的政治斗争目标，以反对国民党一党统治及其所欲包办的伪国民大会与伪宪。"[2]

9月6日，第三届第三次国民参政会在重庆召开。9月15日，

---

[1] 中共中央文献研究室：《毛泽东年谱（1893—1949）》修订本（中），中央文献出版社2013年版，第542页。

[2] 中共中央文献研究室：《毛泽东年谱（1893—1949）》修订本（中），中央文献出版社2013年版，第542页。

林伯渠在会上报告国共四个多月谈判经过。林伯渠在报告的最后提出:"我们认为,挽救目前抗战危机准备反攻的救急办法,必须对政府的机构人事政策迅速来一个改弦更张。这几天参政员诸先生的各项询问,也正说明了我们政府的机构从人事到政策都有很多毛病,不能适合今天抗战的要求。因此,我坦白地提出,希望国民党立即结束一党统治的局面,由国民政府召集各党各派、各抗日部队、各地方政府、各人民团体的代表,开国是会议,组织各抗日党派联合政府,一新天下耳目,振奋全国人心,鼓励前方士气,以加强全国团结,集中全国人才,集中全国力量,这样一定能够准备配合盟军反攻,将日寇打垮。"[1]这是共产党第一次公开提出建立联合政府的主张。

林伯渠在报告的最后用这种顺带的方式提出联合政府问题,看似是不经意间提出,却反映了共产党高超的斗争策略。董必武为此解释说:"我们如想将召集国是会议改组政府的主张用提案方式提出是不可能的,因为没有人敢连署,如在会议外提出,国民党又会诬蔑说我们阴谋要夺取他们的政权,因此我们对时局的方针,在会上用报告的方式提出最恰当。政府要根本全盘改组,十二条的提案,自然成为过时的东西,再不能束缚我们了。"[2]

9月27日,毛泽东为林伯渠起草复国民党谈判代表王世杰、张治中的信,更是明确指出:鉴于目前抗战形势之危急,而国内一般情况远未走上适合抗战需要之轨道,不论在军事上、经济上、

---

[1] 中共中央文献研究室:《建党以来重要文献选编(1921—1949)》第21册,中央文献出版社2011年版,第505页。

[2] 中央统战部、中央档案馆:《中共中央抗日民族统一战线文件选编》,档案出版社1986年版,第761页。

文化上、政治上到处都存在着严重的危机，政府与人民之间、军队与人民之间、军官与兵士之间、军官与军官之间、军队与军队之间无一不发生异常严重的脱节现象，全国人民惶惶不可终日，烦闷、苦恼与怨恨的情绪与日俱增，大家感觉没有出路，在此种种情况下，以致军心动摇，民心离异，以致不能停止敌人的进攻，不能配合盟国的反攻。造成这些严重危机的最根本原因，就是由于在一党独裁制度下完全没有民主。因此不能取得人民的信任，不能动员与团结全国抗战力量，不能巩固军心民心，不能使政治、军事、经济、文化各项设施符合抗战、民主与团结的需要。现在唯一挽救时局的办法，就是要求国民政府与国民党立即结束一党专政的局面，由现在的国民政府立即召集全国各抗日党派、各抗日部队、各地方政府、各民众团体的代表，开紧急国是会议，成立各党派联合政府，并由这个政府宣布并实行关于彻底改革军事、政治、经济、文化各方面的新政策。[1]毛泽东要求把这封信交给王世杰、张治中后在报纸上公开发表；如果不能公开发表，则印成传单广为散发，并多送外国人。

10月10日，周恩来在《解放日报》发表《如何解决》的演讲，进一步阐明了成立民主联合政府的具体步骤与方案：第一，应由各抗日党派、各抗日军队、各地方政府（分大后方各省及敌后解放区民选政府两方面）、各民众团体代表，人数应按各方所代表的实际力量比例规定；第二，国民政府应于最近期间召开国是会议；第三，在国是会议上，必须通过切合时要、挽救危机的施政纲领；第四，在众所公认的共同施政纲领的基础之上，成立各党

---

[1]《毛泽东文集》第三卷，人民出版社1996年版，第221页。

派的联合政府，以代替目前的一党专政的政府；第五，联合政府须有权改组统帅部，延纳各主要军队代表加入统帅部，成立联合统帅部；第六，在联合政府成立后，应即重新着手筹备真正人民普选的国民大会，准备于最短期间召开，以保证宪政的实施。

  毛泽东对联合政府的口号给予高度评价。1944年10月25日，他在中共中央党校大礼堂对即将去前线的干部作报告时说："国民党反共，抗战不积极，贪污腐化，没有一点希望了，政治、军事、经济都没有希望了。中国人民要解放，中国要得救。只有共产党才有办法，全国人民都仰望着我们。我们对国民党的方针，自国共合作以来，就是改良方针，不是打倒它。因为日本人还在我们面前。现在的口号是改组政府、改组统帅部。这个口号不是改良主义的，而是革命性的。"[1]

  1945年2月3日，毛泽东主持中共六届七中全会主席团会议又说："去年九月提出建立联合政府的主张是正确的。这是一个原则的转变，以前是你的政府，我要人民。九月以后是改组政府，我可参加。联合政府仍然是蒋介石的政府，不过我们入了股，造成一种条件。为着大局，可能还要忍耐一点。"[2]这就把联合政府的性质解释很透彻了。联合政府不是从根本上推翻蒋介石的政府，而是将其一党专政的政府组为各党各派参加的政府，但这对于长期坚持一党专政的国民党来说，建立联合政府意味着国民党一党专政的结束，却又是一个革命性的举措。

---

[1] 中共中央文献研究室编：《毛泽东年谱（1893—1949）》修订本（中），中央文献出版社2013年版，第553页。
[2] 同上书，第577页。

在3月31日的中共六届七中全会上,毛泽东说:"一般纲领与具体纲领,这个区别以前没有指出,其实大革命时期、内战时期、抗战时期的一般纲领都没有改变,以后还可以用若干年。工农民主专政是新民主主义的本质。具体纲领在各个阶段是不同的。联合政府是具体纲领,它是统一战线政权的具体形式。这个口号好久没有想出来,可见找一个口号、一个形式之不易。这个口号是由于国民党在军事上的大溃退、欧洲一些国家建立联合政府、国民党说我们讲民主不着边际这三点而来的。这个口号一提出,重庆的同志如获至宝,人民如此广泛拥护,我是没有料到的。"[1]

毛泽东这里所说的欧洲一些国家建立联合政府,是指随着德国法西斯的失败已成定局,欧洲一些国家先后组成了有共产党参加的联合政府,有的联合政府甚至以共产党为主,如波兰。至于其中提到的国民党说共产党讲民主不着边际,是1944年5月初国共重新谈判开始后,国民党方面多次以中国共产党提出的民主要求太抽象、不具体为借口而拒绝加以讨论,其谈判代表甚至说中共方面提出的"实行民主政治"是"毫无边际之抽象之句"[2]。"联合政府"口号的提出,使"实行民主政治"有了具体的目标。正因为如此,在中共七大会上,毛泽东所作的书面政治报告就叫《论联合政府》,可见中共方面对联合政府问题之重视。

在《论联合政府》中,毛泽东对结束国民党一党专政提出了两个步骤:"第一个步骤,目前时期,经过各党各派和无党无派

---

[1]《毛泽东文集》第三卷,人民出版社1996年版,第276页。
[2] 冯蕙:《毛泽东著作编研文存》,生活·读书·新知三联书店2020年版,第168页。

代表人士的协议,成立临时的联合政府;第二个步骤,将来时期,经过自由的无拘束的选举,召开国民大会,成立正式的联合政府。总之,都是联合政府,团结一切愿意参加的阶级和政党的代表在一起,在一个民主的共同纲领之下,为现在的抗日和将来的建国而奋斗。"[1]

与自己的"同志如获至宝"相对应的是,国民党方面对联合政府可谓如芒刺在背又无可奈何,在其看来毛泽东《论联合政府》,"欲以此号召不满现状之各党派共同夺取国民党之政权,联合政府即为瓦解国民政府之手段"[2]。国民党内其实也有明白人,看到了联合政府对国民党政权的巨大冲击。建立联合政府确实是一个极高明的口号,一下击中了蒋介石的要害,不管国民党方面接受还是不接受,对中国共产党来说都是有利的。建立联合政府意味着国民党必须结束所谓训政、放弃一党专政,这对国民党来说是致命性的;拒绝联合政府就将违背大多数人的愿望与要求,特别是引起广大中间党派的不满,使国民党陷于孤立的境地。

国共关系是当时人们十分关心的问题,中国共产党关于"联合政府"主张一经提出,立刻引起了社会的广泛关注。第二天的《大公报》报道:"昨日上午国民参政会的两次公开大会,呈现了自该会成立以来的未有的盛况。所有报到的参政员大致全体出席,旁听席都坐满了,又在隙地加凳,还有坐不下的就站着听。"[3]蒋介石预先没想到中共方面会突然提出联合政府的问题,

---

[1]《毛泽东选集》第三卷,人民出版社 1991 年版,第 1068—1069 页。
[2] 唐纵:《在蒋介石身边八年》,群众出版社 1991 年版,第 515 页。
[3]《中共问题之公开,民主统一的进步》,《大公报》,1944 年 9 月 16 日社评。

一时也没找出应对之策，只得在第二天的报告中说："我觉得林（伯渠）参政员昨天在会场的报告，其观点与主张如何，姑不具论，但其态度甚好，我甚为佩服。"[1] 会后，国民党中央宣传部却特地嘱咐各新闻部门不能把联合政府的问题见报，国民党中央通讯社在报道此次参政会情况时，还将林伯渠这段话全部删去。但这是一个掩耳盗铃的办法，当时在重庆，中共中央南方局领导的《新华日报》在国民党统治区可以公开出版并发行。9月17日《新华日报》全文发表了这个报告，联合政府一时成为街头巷尾热议的话题。

对联合政府反应最积极的自然是各民主党派。9月24日，各党派和民主人士代表500余人在重庆迁川大厦举行宪政座谈会第七次会议。主持会议的张澜以中国民主同盟（前身是1941年3月成立的中国民主政团同盟，1944年9月19日改组为中国民主同盟，简称民盟）主席身份首先发言："民国已经三十三年了，我们还是有名无实，这是多年来一党专政的结果，是治日少，而乱日多"，"如今弄到了政治、军事、经济部门都陷入十分困难之中，非实行民主来唤起民众，团结官民，修明内政，不足以挽救危亡。"[2] 中华民族解放行动委员会（第三党）负责人章伯钧说："中国共产党提出举行国是会议，民主同盟各党派及一切民主人士共同主张召开党派会议，实行联合政权这一条路，这是国内的舆论！国外的舆论则是扩大政府，实行民主，不许任何

---

[1] 重庆市政协文史资料研究委员会、中共重庆市委党校编：《国民参政会纪实》（下卷），重庆出版社1985年版，第1372页。

[2] 谢增寿编：《张澜年谱新编》，群言出版社2011年版，第232页。

地方有法西斯存在。我们要为实现三民主义而奋斗,就应该主张召开各党派会议,不要等到亡国以后!中国今天有强有力的共产党,有强有力的民主同盟。只有立即召开国民会议,实行联合政府,才能挽救危机!"[1]

由于国民党不肯结束训政,实现宪政,不能进行自由而无拘束的选举,各党派自然无法实现参政要求,而联合政府的建立,意味着国民党必须结束一党专政,这样建立的联合政府,不但共产党是"参股"者,民主党派同样可以实现"参股"的目的。10月10日,民盟发表《对抗战最后阶段的政治主张》,明确提出"立即结束一党专政,建立各党派之联合政权,实行民主政治",明确表达对联合政府的支持。

甚至连美国方面也一度认可联合政府。1944年9月6日,赫尔利作为美国总统特使飞抵中国。11月下旬,赫尔利被美国政府任命为驻华大使。赫尔利来华的一项重要使命就是防止国民党政府的崩溃,这就需要调处国共关系。美国政府的想法是:"希望蒋介石开放一点民主,容纳共产党和各民主党派组成统一的合作政府,让共产党交出军队,以政治手段解决国共纷争。"[2]

11月7日,赫尔利来到延安,与毛泽东、周恩来、朱德进行了三天的会谈,并于11月10日与毛泽东在《延安协定草案——中国国民政府、中国国民党与中国共产党协定》上签了字。这个协定提出:"现在的国民政府应改组为包含所有抗日党派和无党

---

[1]《重庆各党派各阶层代表集会要求改组》,《解放日报》1944年10月17日。
[2] 中共中央党史研究室:《中国共产党历史》第一卷(下),中共党史出版社2002年版,第645页。

无派政治人物的代表的联合国民政府,并颁布及实行用以改革军事政治经济文化的新民主政策。同时,军事委员会应改组为由所有抗日军队代表所组成的联合军事委员会。""所有抗日军队应遵守与执行联合国民政府及其联合军事委员会的命令,并应为这个政府及其军事委员会所承认。由联合国得来的物资应被公平分配。""中国联合国民政府承认中国国民党、中国共产党及所有抗日党派的合法地位。"[1]表明赫尔利认可了建立联合政府与联合统帅部。

中共方面对这个协议是比较满意的。在11月9日晚上举行的中共六届七中全会全体会议上,毛泽东说,这几点协议没有破坏我们的解放区,把蒋介石要破坏解放区的企图扫光了;破坏了国民党的一党专政,使共产党得到合法地位,使各小党派和人民得到了利益。如果蒋介石签字承认这个协定,就是他最大的让步。周恩来在发言中说:蒋介石认为我们参加政府和成立联合政府是有区别的。赫尔利则将二者混而为一,所以他以为蒋介石不至于为难。[2]

周恩来果然看出了问题的实质所在。在赫尔利看来,成立联合政府无非是共产党和其他党派派几个人去国民政府去做官,而蒋介石清楚中共提出联合政府实际是要结束国民党的一党专政,这必然危及国民党的统治地位,也最终危及他个人的独裁统治,联合政府是万万不能成立的。果不其然,赫尔利11月11日回到

---

[1] 中共中央文献研究室、中央档案馆:《建党以来重要文献选编(1921—1949)》第21册,中央文献出版社2011年版,第608页。
[2] 中共中央文献研究室:《毛泽东年谱(1893—1949)》修订本(中),中央文献出版社2013年版,第558页。

重庆后将《延安协定草案》交给国民党方面负责国共谈判的宋子文和王世杰后,立即引起了他们的强烈不满。蒋介石得知协定草案的内容后,更是指责赫尔利"糊涂失察",认为这是对"我政府为之一大之打击,而是共匪诡计最大之成就"[1]。

蒋介石随即找赫尔利谈话,表示拒绝《延安协定草案》。美国给赫尔利来华的重要使命是"防止国民政府的崩溃","支持蒋介石作为中华民国的主席与军队的委员长"[2]。很显然,美国政府派赫尔利来华是要巩固而非动摇蒋介石的地位。因此,《延安协定草案》遭到蒋介石的拒绝后,赫尔利的态度大变。11月21日,赫尔利转交了蒋介石、宋子文、王世杰等人反复修改后的三条修正草案转交给周恩来。这三条的主要内容是:

一、国民政府为达成中国境内军事力量之集中与统一,以期实现迅速击溃日本及战后建国之目的,允将中国共产党军队加以整编,列为正规国军,其军队饷项军械及其他补给与其他部队受同等待遇。国民政府并承认中国共产党为合法政党。

二、中国共产党对于国民政府之抗战及战后建国,应尽全力拥护之。并将其一切军队移交国民政府军事委员会统辖。国民政府并指派中共将领以委员资格参加军事委员会。

三、国民政府之目标本为中国共产党所赞同,即为实现孙总理之三民主义,建立民有民享民治之国家,并促进民主化政治之进步及其发展之政策。除为有效对日作战之安全所必须者外,将依照《抗战建国纲领》之规定,对于言论自由、出版自由、集会

---

[1] 邓野:《联合政府与一党训政》(修订本),社科文献出版社2011年版,第69页。
[2]《中美关系资料汇编》第1辑,世界知识出版社1957年版,第139页。

结社自由及其他人民自由，加以保障。[1]

蒋介石提出的这三条修正草案，根本没有触动国民党的一党专政，反倒要求共产党交出军队，用毛泽东的话说是"党治不动，请几个客，限制我军"[2]。11月22日，周恩来与董必武去见蒋介石，蒋要中共交出军队，然后政府才承认中共的合法地位，周恩来坚持联合政府的主张。11月底，毛泽东致电周恩来，提出关于国共关系的三点意见：国民党方面的对案离延安协定草案相距太远，联合政府和联合统帅部是目前解决时局的关键，既不同意，则无法挽回时局；国民党态度至今未变；党中央须召开会议讨论，请周回延安。[3]

12月2日，周恩来晤见赫尔利，告知毛泽东的三点意见，赫尔利向周恩来表示中共务必参加国民政府。周恩来说，国民政府并非联合政府，参加政府无实权。12月4日，两人再次会晤，赫尔利仍劝中共参加政府，而不要改组政府。周恩来回答说，参加政府不过是做客，毫无实权，改组政府是一个救中国的问题，抗战不但需要军事，也需要政治，政府不改组，就无法挽救目前的时局。由于蒋介石坚决反对联合政府，赫尔利回到重庆后一屁股坐到了蒋介石一边，周恩来再留在重庆谈判已无意义。12月7日，周恩来同董必武飞返延安，国共之间关于联合政府的谈判无果

---

[1] 郑洪泉、常云平主编：《中国战时首都档案文献——党派活动》，西南师范大学出版社2016年版，第260页。

[2] 中共中央文献研究室：《毛泽东年谱（1893—1949）》修订本（中），中央文献出版社2013年版，第561页。

[3] 中共中央文献研究室：《周恩来年谱（1898—1949）》，中央文献出版社、人民出版社1990年版，第590页。

而终。

蒋介石也知道，中共提出的联合政府主张得到各界的广泛响应，使他政治上陷入极为被动局面。不过，蒋介石毕竟是有政治经验之人，于是决定采取以攻为守之策。1945年1月1日，蒋在元旦广播中提出"我们国民大会的召集，不必再待之战争结束以后"，"我现在准备建议中央，一俟我们军事形势稳定，反攻基础确立，最后胜利更有把握的时候，就要及时召开国民大会，颁布宪法"，"归政于全国的国民"，即召开国民大会结束训政"还政于民"[1]。可是，蒋介石要召开的所谓"国民大会"的代表，竟然是全民族抗战前产生的；他计划颁布的"宪法"，也是以1936年5月5日制定的所谓"五五宪法"为基础。蒋介石召开这样的"国民大会"，显然将中共和民主党派排除在外，仍然是换汤不换药的一党专政。因为当时选举所谓"国大"代表时，中共与国民党还在内战中，共产党还是国民党镇压的对象，所谓的"国大"代表中哪有共产党的身影呢。而民主党派当时要么没有成立，要么还处在非法状态，自然也当选不了"国大"代表。新华社这年1月3日播报的《延安权威人士评蒋介石元旦广播》就此评论说："为了抵制全国人民所瞻望的立即建立联合政府，蒋氏搬出了挡箭牌。"这可谓一语中的。

1945年1月7日，赫尔利又致函毛泽东和周恩来，提议召开有他参加的国共会议解决问题。11日，毛泽东复信给赫尔利说："八年来一切两党秘密会议，均证明国民党方面毫无诚意。鄙人现请阁下向国民政府转达敝党方面之下述提议：在重庆召开国是

---

[1]《延安权威人士评蒋介石元旦广播》，《解放日报》1945年1月4日。

会议之预备会议，此种预备会议应有国民党、共产党、民主同盟三方代表参加，并保证会议公开举行，各党派有平等地位及往返自由。上述提议，如荷国民政府同意，则周恩来将军可到重庆磋商。"[1]

1月24日，周恩来抵达重庆。当天在宋子文举行的宴会上，宋提出拟请中共和其他党派参加国民政府行政院下准备设立的行政委员会。周恩来当即声明，如不取消一党专政，任何形式的组织中，中共不参加，只有召开党派会议，成立联合政府，才能解决问题。1月30日，周恩来同宋子文、王世杰、张治中会谈。在王、张口头承诺应结束一党统治后，周恩来问如何做法，王、张表示倾向于召集党派会议，周恩来提出成分应是国民党、共产党、民主同盟三方，内容应是讨论结束一党统治、共同纲领、改组政府。周恩来还提出要有一个基本的政治解决方案，才会有利于真正解决问题。2月13日，周恩来与赫尔利会见蒋介石，蒋说不接受组织联合政府的主张，并说"各党派会议等于分赃会议，组织联合政府，无异推翻政府"。在这样的情况，继续谈判下去不会有任何实质性的意义。2月16日，周恩来从重庆飞返延安。返回前一天，他发表声明：由于政府在谈判坚持要中共交出军队，坚持不结束一党专政，反对联合政府，所以谈判毫无结果。

1945年4月中共七大的口头政治报告中，毛泽东对蒋介石如何反对联合政府有一段精彩的描述。他说："请委员长组织联合政府，我们请了没有呢？请过多次了，前些日子周恩来同志去请

---

[1] 中央统战部、中央档案馆：《中共中央抗日民族统一战线文件选编》，档案出版社1986年版，第785页。

过,我们《解放日报》、新华社不是几天就请一次吗?你每请一次,他总是摇头,不大高兴。他说组织联合政府就是要'推翻政府'。组织联合政府怎么就是推翻政府呢?我们说是和他联合,他说是要推翻他的政府。我们说开党派会议,他就叫'分赃会议',他说他的政府是赃,不赞成人去分。周恩来同志同蒋介石讲:'孙中山先生讲过,将来要召集国民会议。'他就说:'你们把我的政府当作北洋军阀的政府,你们就是总理!'那个人实在难得讲道理,还有一点流氓脾气,比较坏。"[1]

中国共产党提出的联合政府主张,虽然由于蒋介石"实在难得讲道理"最终未能实现,但它提出,对于扩大中国共产党的政治影响,特别是争取包括中国民主同盟在内的广大民主党派与中国共产党结成紧密的统一战线,孤立蒋介石集团发挥了重要作用。

中国共产党关于联合政府主张的提出,提高了民盟为代表的民主党派的政治地位。中共七大明确宣布应"立即宣布废止国民党一党专政,成立一个由国民党、共产党、民主同盟和无党无派分子的代表人物联合组成的临时的中央政府,发布一个民主的施政纲领,如同我们在前面提出的那些中国人民的现时要求,以便恢复民族团结,打败日本侵略者。"[2]这是中共将民盟放到国共两党同等重要的地位,极大地扩大了民盟的社会影响。

蒋介石是靠枪杆子起家的,十分迷信武力,他之所以一直将共产党视为心腹大患,一个重要原因就是共产党手中掌握了

---

[1]《毛泽东文集》第三卷,人民出版社1996年版,第335页。
[2]同上书,第1067页。

武装，用毛泽东的话说共产党不是"文化团体"，而是"武化团体"。蒋介石承认共产党合法地位的预设前提是交出军队，放弃解放区，实现国家民主化必须先做到军队国家化。中国共产党有了1927年大革命失败的教训，懂得了军队的重要，深知"枪杆子里面出政权"，没有军队就没有共产党的地位，这也是共产党有底气提出建立联合政府主张的重要原因。民盟成立的时间不是很长，成员也不是很多，更重要的是民盟是以知识分子为主体的组织，手中没有武装力量，是地地道道的"文化团体"。

中共虽然提出要建立联合政府，但没有忘记国共之外以民盟为代表的第三方面的利益，强调要建立的联合政府并不只是国共两党的联合，而是包括民盟及无党无派代表人物在内具有广泛代表性的政府。这就表明，与蒋介石只考虑国民党的一党私利相比，共产党充分考虑同盟者的利益。正如毛泽东后来在总结中国革命的经验所指出的："领导的阶级和政党，要实现自己对于被领导的阶级、阶层、政党和人民团体的领导，必须具备两个条件：（甲）率领被领导者（同盟者）向着共同敌人作坚决的斗争，并取得胜利；（乙）对被领导者给以物质福利，至少不损害其利益，同时对被领导者给以政治教育。没有这两个条件或两个条件缺一，就不能实现领导。"[1] 联合政府的主张是完全符合民盟等民主党派的利益的，使他们与中国共产党的合作有了共同的政治基础。

在中国，阶级结构上是两头小、中间大，无产阶级与地主大资产阶级人数都少，而中间阶级即农民阶级、小资产阶级和民族

---

[1]《毛泽东选集》第四卷，人民出版社1991年版，第1273页。

资产阶级人数多；从政治影响力上讲，却又是两头大中间弱，一头是代表无产阶级的中国共产党，一头是代表地主官僚资产阶级的国民党，这两个党所拥有的力量和所产生的社会影响，是中国其他任何政党难以超越的；由于中国民族资产阶级经济上的弱小，决定了其难以形成强大的政治力量，因而以小资产阶级和民族资产阶级为阶级基础的民主党派其力量也相对弱小。在这样的政治格局下，作为"文化团体"的中间党派与"有一点流氓脾气，比较坏"的蒋介石讨论民主、宪政，可以说是与虎谋皮。

蒋介石1927年背叛革命后，国民党在他的领导下蜕变为地主官僚资产阶级的利益集团。为了维护地主官僚资产阶级的利益必须顽固地坚持一党专政，蒋介石又有极其强烈的领袖欲望和浓郁的封建专制思想，喜欢大权独揽、个人独裁。他之所以一再要同共产党谈判，就是因为共产党有武装，他想通过谈判达到让共产党交出军队的目的，正是有共产党这个"武化团体"的存在并且力量日益强大，才使蒋介石不敢为所欲为。因此，在中国，民主党派是不可能建立自己独立领导的政权单独执政的。不但如此，仅靠民主党派自身的力量不要说成为参政党，甚至要派几个代表到国民党的政府里做官都不甚容易。因此，要实现参政的目标唯有推动联合政府的建立，而建立联合政府就必须依靠共产党的力量，与共产党坚定地站到一起，形成坚固的政治同盟。各民主党派虽然人数不多，但成员大都是具有社会影响的各界人士，与之结成巩固的同盟也有利于中共团结争取广大的中间力量。因此，联合政府的提出，使中国共产党与民主党派有了共同的政治基础，中国共产党与民主党派因联合政府有关系上的进一步密切，这在客观上孤立了蒋介石集团。

还在1938年12月，国家社会党领袖张君劢发表《致毛泽东先生的一封公开信》，其中提出："依吾人所见，军队应属于国家，不可使军队与特殊主义发生联系，如以资本主义灌输于军队中，则彼等遇国内之信社会主义者将起而压迫之，反是者如以社会主义灌输于军队中，则彼等遇见国内之资本主义者将起而推翻之。可见军队惟有属于国家，不可属于一党。目前之中央军不可目为党军，且信奉三民主义，未见有何特殊之政治路线，希望将来走上隶属于国家下之途径，当不甚远。先生所率之军队名曰国民革命军，更望毅然首倡以八路军之训练任命与指挥，完全托之蒋先生手中。此所以增进全国之团结面利于抗战之持久行其时者一也。"[1]要求中国共产党放弃军队和政府，完全服从蒋介石。重庆谈判期间，国社党领袖之一蒋匀田拜访毛泽东，就有关问题交换意见，毛泽东对他说："此次来访重庆，最大的憾事，就是未能见到张君劢先生。我少年时候，即拜读张先生的大作甚多，所以已经久仰了。张先生多年来不计艰险，为民主政治奋斗的精神，亦至今令人敬佩。他给我的一封公开信，想你亦必阅过，在那封信里，他主张要我们将军队交给蒋先生（指当时的蒋主席），老实说，没有我们这几十万条破枪，我们固然不能生存，你们也无人理睬。若叫我将军队交给政府，理犹可说，叫我交军队于蒋先生个人，更不可解。"[2]

1946年6月19日，贺龙曾在晋绥分局高干会议上讲过一个

---

[1] 魏宏运主编：《中国现代史资料选编（4）——抗日战争时期》，黑龙江人民出版社1981年版，第595页。

[2] 中共重庆市委党史研究室等：《重庆谈判纪实》（增订本），重庆出版社1983年版，第705页。

## 三 "建立联合政府的主张是正确的"

故事:"中国的小党派没有枪杆子就不行,张申府(民盟中央常委,文化工作委员会主任——引者)住在北平一家旅店,特务们每天去查,闹得房东不安宁,特务对店主人说:'张先生不在,我们就不来了!'于是店主人就让张搬家。后来他搬到北京饭店,住在我们号下的房子里,连出门的交通还得靠我们。我们靠什么?我们首先是靠毛主席舵掌得好,靠党的领导,靠军队,靠解放区人民,靠全国的民主力量。否则,一切都办不成。"[1]

联合政府主张提出之后,由于蒋介石的反对并没有取得任何实际成果。1945年8月抗战胜利后,在重庆谈判的过程时中共方面做了重大让步,提出的要求并非是建立联合政府而是参加政府。8月30日,在重庆的毛泽东向刘少奇和中共中央通报了准备向国民党提出的11条意见,"从这十一点中可以看出,我党对国民党所作的让步首先是在政治方面。我党承认了蒋介石在全国的领导地位,承认了国民党的第一大党地位;同时,未提建立联合政府,只提参加政府。"[2] 9月4日,周恩来、王若飞在同张治中、张群、邵力子谈判时,周恩来特地说明,我方此次没提成立联合政府和党派会议,不反对参加国大,也不另行召开解放区人民代表会议,这是我方的让步。这些让步是保证谈判成功的政治基础。中共拥有武装是革命发展的结果,今天谈判是为避免双方武装争夺,以民主和平方式解决矛盾。[3] 因为没有在谈判过程中提联合政府的问题,毛泽东在回到延安后在中央政治局会议报

---

[1]《贺龙军事文选》,解放军出版社1989年版,第233页。
[2]《胡乔木回忆毛泽东》,人民出版社1994年版,第406页。
[3] 中共中央文献研究室:《周恩来年谱(1889—1949)》(下),中央文献出版社2007年版,第633页。

告谈判经过时还说:"民主同盟说我们调子低。"[1]之所以调子低,一方面是中共已承认了蒋介石在全国领导地位,另一方面也是因为"在军队和解放区问题,我们的开价是比较高的",这样"有利于以后的谈判斗争,因为双方总还有讨价还价"。[2]

重庆谈判的结果是双方签订了《政府与中共代表会谈纪要》,即《双十协定》,其中第二条是关于政治民主化问题,双方"一致认为应迅速结束训政,实施宪政,并应先采必要步骤,由国民政府召开政治协商会议,邀集各党派代表及社会贤达协商国是,讨论和平建国方案及召开国民大会各项问题。现双方正与各方洽商政治协商会议名额、组织及其职权等项问题,双方同意一俟洽商完毕,政治协商会议即应迅速召开"[3]。同意召开各方代表参加的政治协商会议可以说是重庆谈判的一项重要成果,并且初步地商定是这四方面的代表:(一)国民党9人;(二)共产党9人;(三)民主同盟9人;(四)社会贤达9人。党派代表由各党派自行推选,社会贤达的代表由国民党同共产党双方协商推定。后来双方反复协商的结果,出席政治协商会议的人员,国民党8人,共产党7人,民主同盟9人,从民盟中分离出来靠近国民党的青年党5人,社会贤达9人。民盟成为国共之外的第三大党,在当时中国政治舞台上的重要性迅速凸显。

1946年1月10日,各方瞩目的政治协商会议召开,1月31

---

[1] 中共中央文献研究室:《毛泽东年谱(1893—1949)》修订本(下),中央文献出版社2013年版,第32页。
[2] 《胡乔木回忆毛泽东》,人民出版社1994年版,第406页。
[3] 中共中央文献研究室、中央档案馆:《建党以来重要文献选编(1921—1949)》第22册,中央文献出版社2011年版,第729页。

日闭幕，历时 22 天。会议通过了政府组织案、国民大会案、和平建国纲领、军事问题案、宪法草案等五项协议，其中的"和平建国纲领"在序言中强调："国民政府鉴于抗日战争业已结束，和平建设应即开始，为邀集各党派代表与社会贤达举行政治协商会议、共商国是，以期迅速结束训政，开始宪政，特制定本纲领以为宪政实施前施政之准绳，并邀集各党派人士暨社会贤达参加政府，本于国家之需要与人民之要求，协力一心，共图贯彻。"[1]建立联合政府再次成为时人热议的话题。通过这次政治协商会议，中共与民盟的关系进一步密切。

结束训政实行宪政也好，建立联合政府也罢，都是对国民党一党专政的否定。没有了国民党的一党专政，就没有蒋介石的个人独裁。因而政协闭幕之后，蒋介石纵容默许国民党内顽固派制造了一系列的破坏政协协议的活动，同时加紧做大规模内战的准备。联合政府主张和政治协商会议的召开是有益于民盟的，因而民盟在维护政协协议和建立联合政府上态度很积极。在中共方面提出联合政府主张之后，民盟的政治影响迅速扩大，批评国民党顽固坚持一党专政的态度日趋强硬。

这样一来，民盟已成蒋介石发动全面内战的严重障碍，于是对民盟实施分化瓦解和威胁恫吓两手并用。"从去年（即 1945 年——引者）九月以来，对于民盟不是用利诱来分化，便是用威胁来打击。例如政府要人告黄任之（即黄炎培——引者）先生称政府帮助某党经费数千万元，任它扩大其党员，以之鼓励黄任之

---

[1] 中共中央文献研究室、中央档案馆：《建党以来重要文献选编（1921—1949）》第 23 册，中央文献出版社 2011 年版，第 57 页。

先生，而黄不为所动；又政府某某要人劝张君劢先生谓：政府一切协助，专以帮助某党团，君劢先生亦不为之动。这是用利诱以图分化民盟的事证。"[1]在蒋介石的拉拢之下，民盟重要组成单位青年党投靠了国民党，逐渐成了蒋介石的应声虫；一度"不为所动"的国家社会党最终经不住诱惑也被蒋介石拉下了水。但是，民盟的多数组成单位及其领导人坚持对蒋介石的独裁内战政策采取不妥协的立场，于是蒋介石对民盟大打出手。1946年4月23日，国民党西安市警备司令部以"烟犯"罪名，枪杀民盟成员王任。5月3日，又枪杀民盟西北总支部青年部长、《民众导报》主编李敷仁（幸遇救未死），彻底捣毁民盟西北总支部机关报《秦风报》报社。1946年6月上旬，蒋介石指示其特务机关："对民盟不必姑息，罗隆基、沈钧儒、章伯钧，应施打击。"[2]7月11日和7月15日，又在昆明相继枪杀民盟中央执委兼教育委员会副主委李公朴和民盟云南支部宣传委员兼《民主周刊》社社长闻一多。

民盟是以知识分子为主要成员的政党。中国的广大知识分子是有原则有立场有风骨的。蒋介石企图以这种卑劣的暗杀手段使民盟屈服，没想到他这样做反而坚定了民盟反独裁反内战的立场。1946年7月21日，民盟主席张澜发表谈话，明确宣告："民盟自始即主张中国需要民主，需要和平统一，不愿国共两党发生内战。主张民主，当然要求国民党放弃一党专政和个人独裁。因为主张和平统一，当然要求国民党、共产党双方停止军事冲突，以政治协商来解决所争执的问题。恰恰共产党的要求与民盟主张

---

[1]《张澜文集》（上），群言出版社2014年版，第293页。
[2] 唐纵：《在蒋介石身边八年》，群众出版社1991年版，第622页。

一样，也反对一党专政，要求各党派成立联合政府，并要求长期停战，用协商来解决军事政治各问题，这本是极正确的。""任他如何利诱，如何威胁，我们为了中华民国的民主团结和平统一之能实现，只坚守八个字：再接再厉，不屈不挠。"[1]这表明了民盟反对内战的严正立场，也体现了中国知识分子的气节。

全面内战爆发后，由于民盟继续坚持反内战反独裁，并且拒绝参加1946年11月国民党一手包办的所谓国民大会，其处境也日益困难。1947年10月，国民党反动政府悍然宣布民盟为"非法团体"，民盟总部被迫解散，民盟地方组织和民盟盟员转入地下斗争。1948年1月，民盟在香港召开一届三中全会，成立临时总部，公开宣布同中国共产党携手合作，为彻底摧毁国民党反动政府，实现民主、和平、独立、统一的新中国而奋斗。民盟原本希望自己能够站在中立的立场，调处国共关系，避免内战的发生，但蒋介石为了其独裁统治决意要发动内战，因而民盟在他的眼中同样成了内战与独裁的障碍，于是千方百计地打击民盟，指责民盟是"共产党的尾巴"。蒋介石的这些所作所为，实际上为自己树立了一个强有力的敌人，为中国共产党制造了一个可靠的同盟者。

蒋介石的内战与独裁又是紧密联系在一起的。只有坚持国民党一党专政，才能保障其个人独裁，这就必须要排挤联合政府，也就排挤包括共产党、民盟等民主党派在内的政党团体，而共产党和民盟的存在并且日益强大，又始终是独裁统治的障碍，必欲去之而后快。因为共产党掌握有武装，必须用战争的方式去解

---

[1]《张澜文集》（上），群言出版社2014年版，第293页。

决,于是一意发动内战;民盟是真正"文化团体",其成员基本上是文化人,于是蒋对其采取特务手段打压。这使民盟意识到唯有与共产党亲密合作,患难与共,才能实现自己的政治理想。

中国共产党提出的联合政府主张,本来是挽救国民党政治生命的一剂良药。经过抗日战争,共产党不但没有被削弱反而得到了大发展,以民盟为代表的民主党派也因抗战而崛起,在这样的情况下,蒋介石仍企图以战争的方式消灭共产党与人民军队,问题是经过多年的战争,人民真心有一个和平的环境休养生息,不希望再有战争了。蒋介石的战争政策,这就在全国人民面前输了理,实际上把国民党带入了没有出路的死胡同。联合政府用毛泽东的话来说,还只是"洗脸政策"。可是,"国民党对于我们的主张,不管是抗日民族统一战线也好,民主共和国也好,联合政府也好,总是反对的。因为他是站在极少数人的利益的立场上,反对我们代表的极大多数中国人民的利益。"[1]正因为蒋介石站在极少数人的利益上顽固坚持其一党专政,不愿意"洗脸",不接受联合政府的主张,反而发动全面战争,中国共产党也只能号召全国人民团结起来打倒蒋介石。

联合政府主张的提出,使蒋介石陷入了极为被动的境地。如果接受这一主张,意味着必须结束国民党一党专政,他本人也无法实行个人独裁,而没有了一党专政的国民党如果不进行实质性的改造,就必然被历史无情地淘汰,这恰恰是蒋介石不愿意做的,他对中国的统治是建立在一党专政和个人独裁基础上的,他自然清楚其中的利害关系。而拒绝联合政府,又违背国人日益高

---

[1]《周恩来统一战线文选》,人民出版社1984年版,第77页。

涨的民主政治的民意要求，将原本持中间立场的包括民盟在内的第三方面力量放置于自己的对立面，为中国共产党造成可靠的同盟军。虽然一开始中共与民盟不是领导与被领导的关系，而是共同奋斗的友党，但 1948 年 4 月 30 日，中共中央发出纪念"五一"劳动节口号，号召召开没有反动分子参加的政治协商会议，筹建民主联合政府，很快得到了包括民盟在内的各民主党派的积极响应。中国共产党领导的多党合作与政治协商制度的形成，与中共提出的建立联合政府的口号是有内在联系的。建立联合政府是中共与各民主党派团结合作的重要政治基础，是中国共产党与各民主党派团结合作的最大公约数。因此，联合政府的主张为中国共产党在国共政治斗争中赢得了主动。

## 四 "为全国和平而奋斗"

1945年8月15日,日本宣布无条件投降,中国人民历时14年的抗日战争取得了最后的胜利。然而,抗日战争一胜利,蒋介石就按照他既定的方针,决意要用战争的方式解决共产党问题,只是由于在抗战的过程中国民党军队主力退守西南地区,而要将部队开赴内战前尚需时日。于是,他一方面派出军队迅速抢占地盘甚至发动对解放区的进攻,另一方面又假意邀请毛泽东赴重庆谈判以为其内战准备争取时间。中国共产党虽然清楚蒋介石发出谈判邀请的真实意图,但作为一个为国家和人民负责任的党,深知经过长期的战争之后广大人民对和平的渴望。因此,抗战胜利前后,与蒋介石集团处心积虑欲发动内战相反,中国共产党确立的基本方针是全力争取和平,尽力避免战争。

1945年8月23日召开的中共中央政治局扩大会议上,毛泽东明确指出:"现在情况是抗日战争的阶段已经结束,进入和平建设阶段。""我们现在新的口号是:和平、民主、团结(过去是抗战、团结、进步)。"在会议结束前,毛泽东又指出:"今天的方针是七大定下来的,七大的方针就是反对内战。当前内战的威胁是存在着的,但国民党有很大困难,至少今年不会有大内战,故和平是可能的。我们要准备有所让步以取得合法地位,利用国会讲坛去进攻。我们很需要这样一个时期来教育全国人民,来锻炼我们自己。"[1]

8月25日，中共中央发表对目前时局的宣言，强调抗战胜利后，"新的和平建设时期开始了"，"中国共产党认为在这个新的历史时期中，我全民族面前的重大任务是：巩固国内团结，保证国内和平，实现民主，改善民生，以便在和平民主团结的基础上，实现全国的统一，建设独立自由与富强的新中国，并协同英、美、苏及一切盟邦巩固国际间的持久和平。""我们必须坚持和平、民主、团结，为独立、自由与富强的新中国而奋斗！"[2]

也就是在8月25日这天，中共中央决定毛泽东去重庆谈判。同一天，刘伯承、邓小平、陈毅、林彪等21名在延安的高级将领，乘美军观察组的飞机离开延安。行前，毛泽东对他们说："我们的口号是和平、民主、团结，首先立足于争取和平，避免内战。我们提出的条件中，承认解放区和军队为最中心的一条。中间可能经过打打谈谈的情况，逼他承认这些条件。今后我们要向日本占领地进军，扩大解放区，取得我们在谈判中的有利地位。你们回到前方去，放手打就是了，不要担心我在重庆的安全问题。你们打得越好，我越安全，谈得越好。"[3] 中共中央的态度很明确，努力争取和平，但必须对国民党的内战政策采取针锋相对的方针。谈是为了和平，打也是为了将蒋介石打到谈判桌前。

---

[1] 中共中央文献研究室：《毛泽东年谱（1893—1949）》修订本（下），中央文献出版社2013年版，第10—11页。

[2] 中共中央文献研究室、中央档案馆：《建党以来重要文献选编（1921—1949）》第22册，中央文献出版社2011年版，第655、657页。

[3] 中共中央文献研究室：《毛泽东年谱（1893—1949）》（下），中央文献出版社2013年版，第13页。

三天后，毛泽东和周恩来、王若飞在蒋介石代表张治中及美国驻华大使赫尔利的陪同下前往重庆，与国民党进行谈判，由刘少奇代理中共中央主席。在毛泽东离开延安的同一天，刘少奇在向出发去东北工作的人员讲话中也明确指出："中国抗日战争结束后，应该是和平建设阶段，但是中国有内战危险，需要斗争。我们要动员全党全军全中国人民团结起来，反对内战，为实现和平、民主、团结这三大口号而斗争。这是我们的方针。"[1]

9月13日，毛泽东和周恩来、王若飞在重庆首次招待在渝外国记者。毛泽东发表谈话说：目前双方保证不向外公布会谈情形，但希望会谈成功。"全国人民都期望和平，我到重庆来尽一切努力以达到和平。我们共产党人希望会谈将有良好结果，使中国能由抗战转到和平建设的时期。"[2]毛泽东对中外记者是这样说的，但这话绝对不是外交辞令，而是当时中共中央的真实想法。

经过四十多天的谈判，国共双方代表签订了《双十协定》，国共双方提出要"长期合作，坚决避免内战，建设独立、自由和富强的新中国"。可以说这是重庆谈判取得的最重要的成果。

重庆谈判之后，中国共产党对和平民主充满期待。10月20日，毛泽东关于和平建设过渡阶段的形势和任务，为中共中央起草致各中央局、区党委，各兵团首长的电报中指出："目前开始的六个月左右期间，是为抗日阶段转变至和平建设阶段的过渡期间。今后六个月的斗争，是我们在将来整个和平阶段中的政

---

[1] 中共中央文献研究室：《刘少奇年谱》，中央文献出版社1996年版，第481页。
[2] 中共中央文献研究室：《毛泽东年谱（1893—1949）》（下），中央文献出版社2013年版，第23页。

治地位的决定关键。""和平、民主、团结、统一,这是我党既定方针,也是国民党被迫不得不走的道路,这在双十重庆协定上已经规定下来,但国民党力图在最近几个月内控制更多地方,力求他们在华北、东北占优势,力图削弱我党我军,以便在有利于他们的条件下实现和平妥协,故在目前过渡阶段上发生了大规模的猛烈的军事斗争(不能把目前这种大规模的军事斗争误认为内战阶段已经到来)。这一不可避免与已经到来的当前形势,我党必须认识清楚,必须坚持又团结又斗争,以斗争之手段达到团结之目的这一方针,毫不动摇地争取目前的胜利,以便有利地转到和平发展的新阶段。"[1]

同年10月25日,毛泽东在抗大七分校作报告,欢送即将上前方去的学员。毛泽东说:"我们解放区,华北、华中、东北、陕甘宁边区,共有一万万五千万人口的地方,一百三十万军队,二百五十万以上的民兵。国民党进攻解放区的军队共有八十万,包围陕甘宁边区的还不算在内。已经打了好几仗,头几仗他们都没有争到面子。仗还要打下去,恐怕半年还不一定。如果我们打赢了,我们派代表和他说:蒋委员长,我们从前谈判过,我们还是和平吧!那时候就可以和平了。如果是他打赢了,解放区就要变成黑暗的地方。我们总的任务,是为全国和平而奋斗,把敢于进攻我们的反动派打垮下去,取得和平。"[2]

很显然,虽然抗战胜利后中国共产党在解放区的问题上确立

---

[1]《毛泽东文集》第四卷,人民出版社1996年版,第41页。
[2] 中共中央文献研究室:《毛泽东年谱(1893—1949)》(下),中央文献出版社2013年版,第42页。

了"针锋相对，寸土必争"的方针，但斗争不是目的，而是争取和平的手段，即以斗争求团结求和平。抗战硝烟刚停息，蒋介石就要点起内战烽火，指挥国民党军队向解放区发动进攻，中国共产党不得不进行自卫。打击蒋介石的嚣张气焰，使其回到和平的轨道上来。因此，抗战胜利后一段时间，虽然国民党不断向解放区进攻，解放区军民被迫进行自卫反击，但战争还是局部性的。

根据《双十协定》，1946年1月10日，有国民党、共产党、中国民主同盟、青年党以及无党派代表参加的政治协商会议在重庆召开。同一天，中共代表和国民党代表正式签订停战协定，双方于同日下达于1月13日午夜生效的停战令。毛泽东在停战令中指出："本党代表和国民政府代表对于停止国内军事冲突之办法、命令及声明，业已成立协议，并于本日公布在案。凡在中国共产党领导下之一切部队，包括正规军、民兵、非正规军及游击队，以及解放区各级政府，共产党各级委员会，均须切实严格遵行，不得有误。全中国人民在战胜日本侵略者之后，为建立国内和平局面所做之努力，今已获得重要之结果。中国和平民主新阶段，即将从此开始。"[1]"和平民主新阶段"的提出，表明了中国共产党真心实意地希望和平的到来。

政治协商会议历时22天，于1946年1月31日闭幕。因为参加政治协商会议的国民党代表，总体上是国民党内的主和派，在中共方面做了较大让步的情况下，会议通过了政府组织案、国民大会案、和平建国纲领、军事问题案、宪法草案等五项协议。

---

[1] 中央档案馆：《中共中央文件选集》第16册，中共中央党校出版社1992年版，第15页。

加之停战令之后，除东北外关内基本上停止了军事冲突，因而政治协商会议闭幕之时，中共中央对国内和平局面的出现一度表现了乐观。

1946年2月1日，中共中央发出由刘少奇主持起草、毛泽东修改审定的《关于目前形势与任务的指示》，指出："重庆政治协商会议，经激烈争论之后，已获得重大结果。决定改组政府，并通过施政纲领、宪草原则，又决定召开立宪国民大会，整编全国军队，实行军党分立，军民分治，以政治军及议会制、内阁制、地方自治、民选省长等项原则。由于这些决议的成立及其实施，国民党一党独裁制度即开始破坏，在全国范围内开始了国家民主化。这就将巩固国内和平，使我们党及我党所创立的军队和解放区走上合法化。这是中国民主革命一次伟大的胜利。从此中国即走上了和平民主建设的新阶段。"指示明确表示："政治协商会议的各项决议，现已陆续公布"，"在我们自己方面，则准备为坚决实现这些决议而奋斗"。这是一份发给高级干部的内部指示，从中可以看出此时中共中央对于和平民主表现出相当地乐观。

中共方面此时表现乐观的情绪也是有理由的。在政治协商会议上中共方面虽然做了很大让步，但团结了以民盟为代表的第三方面，并且政协协议对国民党的一党专政和蒋介石的个人独裁以及他的内战政策有着明显的限制。

在抗战后期，为限制国民党的一党专政，中国共产党曾提出改组国民党的一党政府，成立各党各派参加的联合政府主张，在重庆谈判中为了争取人民军队的地位和解放区权益，于是一度放弃了建立联合政府的要求而提出参加政府。建立联合政府与参加政府是不同的。前者是对国民党一党专政的否定，而参加政府只是派人去国民党的政府中去做官,仅是一种改良性的举措。政协协议则提出:"国民政府鉴于抗日战争业已结束,和平建设应即开始,为邀集各党派代表与社会贤达举行政治协商会议,共商国是,以期迅速结束训政,开始宪政,特制定本纲领以为宪政实施前施政之准绳,并邀集各党派人士暨社会贤达参加政府,本于国家之需要与人民之要求,协力一心,共图贯彻。"[1]这等于是接受了中国共产党原来提出的联合政府的主张。正如周恩来在政协会议闭幕式的致辞中所说的:"虽然这些问题的协议和中共历来的主张还有一些距离,虽然各方面的见解和认识也有一些距离,但是我们愿意承认:这些协议是好的,是由于各方面在互让互谅的精神之下得到的一致结果。我们中国共产党愿意拥护这些协议,并保证为这些协议的全部实现,不分地区、不分党派地努力奋斗。"[2]

自从1927年大革命失败之后,中国共产党懂得了武装斗争的重要性,党的历史始终是与武装斗争相联系的,党的广大干部也是从武装斗争中成长起来的,从武装斗争转向非武装斗争特别是议会斗争,对广大干部来说无疑有一个适应的过程。按照此时中共中央对形势的判断,既然中国即将"走上和平民主建设的新阶级",斗争形式自然也应相应地发生转变,中共中央为此指示全党:"中国革命的主要斗争形式,目前已由武装斗争转变到非武装的群众的与议会的斗争,国内问题由政治方式来解决。党的全部工作,必须适应这一新形势。"虽然中共中央和人民群众企盼的"和平民主建设新阶段"实际并没有到来,但它反映了中国

---

[1] 卓兆恒等:《政治协商会议资料》,四川人民出版社1981年版,第273页。
[2] 同上书,第256页。

共产党对国内和平的真切希望。

中共中央在指示中还提醒全党："我党即将参加政府,各党派亦将到解放区进行各种社会活动,以至参加解放区政权,我们的军队即将整编为正式国军及地方保安队、自卫队等。在整编后的军队中,政治委员、党的支部、党务委员会等即将取消,党将停止对于军队的直接指导（在几个月之后开始实行）,不再向军队发出直接的指令,我党与军队的关系,将依照国民党与其军队的关系。""我们还要准备将全党的工作转变到非武装的群众的与议会的斗争中去,用心去学习与组织合法斗争及上层统一战线与下层统一战线工作的配合,把党的工作推进到全国范围去,推进到一切大城市去,并在广大范围内,参加全国经济建设,使国家工业化的工作"。[1]指示对和平民主建设的新阶段即将到来的乐观情绪跃然纸上。这也说明,当时中共方面对国内和平是抱着极大的诚意的,真心希望抗战胜利之后中国进入和平民主建设的新阶段,并且做出了军队改编、进行议会斗争的准备。

同一天,刘少奇在延安干部会议上作关于时局问题的报告。报告对形势的估计同样表现出很乐观。刘少奇说,目前的时局已经开创了一个新的局面。重庆的政治协商会议已获得了重大的成果。政协会议通过的决议案基本上是好的。这些决议案,在政治协商会议上通过、成立以及它的实行,就会做到在全国范围内使国民党的一党独裁开始破坏,全国民主化开始实现,使我们中国变为一个民主化的国家,进一步巩固国内和平,并且使我们的党

---

[1] 中央档案馆:《中共中央文件选集》第16册,中共中央党校出版社1991年版,第62—66页。

及我们党所建立的军队及解放区在全国范围内走向合法化。这是中国民主革命的历史上一次伟大的胜利。从此中国就走上和平民主建设的新阶段。[1]

这时,中共中央还开始着手参加国民政府的准备,并且商量好了参加政府的具体人选。2月2日,中共中央致电陈毅,指出必须巩固华中现有地区,因中央机关将来可能迁至淮阴办公。随后,毛泽东也不止一次提出中共中央搬迁到淮阴的问题,理由无疑是参加政府后往来南京方便。

2月6日,刘少奇主持中共中央政治局会议,讨论周恩来关于国府委员及宪法草案审议委员人选的请示电。会议一致通过后,中共中央即复电中共谈判代表团,同意周恩来、董必武、吴玉章、秦邦宪、何思敬五人为宪草审议委员的中共方面人选;国府委员中共人选仍照周恩来在延安所提的毛泽东、林伯渠、董必武、吴玉章、周恩来、刘少奇、范明枢(山东解放区著名开明绅士,时任山东省参议会参议长)、张闻天八人,如范明枢不能去则提彭真;同意以周恩来、林伯渠、董必武、王若飞分任行政院副院长、两部部长及不管部长。

2月9日,毛泽东接见美联社记者时说:政协会议成绩圆满,令人兴奋。今后当然还有困难,但相信各种障碍都可以扫除。总的方面,中国走上民主舞台的步骤已经部署完成。各党当前任务,最主要的是在履行政治协商会议的各项决议,组织立宪政府,实行经济复兴。共产党于此准备出力拥护。对于政治的及经济的民主活动,将无保留,出面参加。

---

[1] 中共中央文献研究室:《刘少奇年谱》下卷,中央文献出版社1996年版,第16页。

然而，中国共产党期待的"和平民主建设的新阶段"并没有真正到来，迎来的是蒋介石的背信弃义与倒行逆施。2月10日，即在毛泽东接见美联社记者的第二天，重庆便发生了校场口事件，国民党特务以暴力捣毁各民众团体在校场口广场举行的庆祝政协成立大会，与会的知名人士郭沫若、李公朴、施复亮等竟被打伤，大会被迫中止。

2月21日上午，北平国民党特务以所谓"冀省难民还乡请愿团"名义，纠集逃亡地主、特务、流氓等千余人，在东四牌楼一带举行反共示威，散发反共传单。当天下午，这些人又包围北平军事调处执行部办公处所在地协和医院，闯入并捣毁军事调处办公室，殴打中共办事人员，守门宪警竟不加阻拦，使暴徒扬长而去。

2月22日，在国民党特务操纵和煽动下，重庆沙磁区部分学校学生七千余人进行反苏、反共游行，随后捣毁《新华日报》营业部及民主同盟机关报《民主报》营业部，打伤《新华日报》职员四人及《民主报》职员五人，此后数日内，成都、昆明的《新华日报》营业分销处，也相继被国民党特务暴徒捣毁。

3月7日，国民党六届二中全会举行第八次大会，在检讨政协报告时，国民党内的主战派谷正纲、潘公展等人声称要共产党"放弃割据之政权""放弃武力夺取政权之野心""不应以种种问题束缚领袖"。

这时的局势是：一方面，国民党军队不停地向解放区进行蚕食进攻；另一方面，除东北外，关内大规模的军事冲突还没有发生，由国民党、共产党和美国三方组成的军事调处执行部也不停地派人到各冲突地区进行调处。1946年1月1日，负责调处国共关系的美国政府特使马歇尔与周恩来会谈，提出国、共、美三方各派出一人组成委员会即三人小组,负责处理有关停战、恢复交通和受降事宜,取得一致协议方式,每方都有否决权,一切决议须送国、共最高当局核准后始生效;1月5日,国共双方就此达到协议,美方代表马歇尔,国方代表先为张群后为张治中,共方代表为周恩来。1月10日,三人小组达成了《关于停止国内冲突的命令和声明》,国共双方分别颁发了停战令。为了监督停战令的执行,周恩来和张群还签署了《建立军事调处执行部的协议》,规定由国民党、中共与美国三方各派一人,在北平成立军事调处执行部,简称军调部。中共代表为第十八集团军参谋长叶剑英,国民党政府代表为国民政府军事委员会军令部第二厅厅长郑介民,美方代表为美国驻华代表饶伯森。军调处下设若干个调处小组,负责调处国共军事冲突。但是,这只是暴风雨前短暂的宁静,蒋介石正是利用这段时间抓紧全面内战的准备,和平民主发展的可能性正在迅速消逝。

随着蒋介石破坏政协决议和停战协定的行动不断加快,中共中央对和平民主新阶段已经到来的乐观情绪也迅速消退,认识到蒋介石专制独裁的本性并没有改变,战争的危险超过和平的可能,要求全党在全力争取和平的同时,认真做好应对内战爆发的准备。

3月15日,中共中央政治局召开会议,讨论国际国内时局问题。毛泽东在发言中指出:资产阶级和苏和共派包括两部分人,资产阶级的中派和左派,如蒋介石就是中派。他的主张有两条:第一条是一切革命党全部消灭之;第二条是如果一时不能消灭,则暂时保留,以待将来消灭之。而左派则和蒋介石不同,如张东荪等人。这两派今天都是能和我们合作的,因为中派有"暂时保留"一说，这就产生了妥协的可能性。毛泽东同时又说：蒋介石的这两条，"第一条很清楚，第二条是人们容易忘记的，稍为平静一点就忘了。二月一日到九日就忘了，校场口事件以后就不忘记了。"他还说："我们的军队是要缩编的，但不是缩编得越少越好，一些同志不知道这些，需要说清楚。"[1]主持会议的刘少奇在作总结时支持了毛泽东的分析，提出中共的态度是："打起来，有了准备；不打，更好。"[2]

同一天，中共中央发出《关于目前时局及对策的指示》，要求"除开审慎应付东北问题外，华北、华中各地应即提起警觉，密切注意顽方动态，并在军事上做必要准备，加强整训，加强侦察，严防反动派突然袭击。如果反动派发动进攻时，必须能够在运动中坚决、彻底、干净、全部消灭之"。同时要求各地将减租、生产两件大事抓紧推动，以"造成解放区不可动摇的群众基础和物质基础"[3]。

3月18日，中共中央发出《关于坚决反对国民党反动派破坏政协决议的指示》，提醒各战略区主要负责人："最近时期一切事实证明，蒋介石反苏、反共、反民主的反动方针，一时不会改变的，只有经过严重斗争，使其知难而退，才有做某些较有利于民主的妥协之可能。""停战协定、政协决议，整军方案我们是不愿其破坏的。但反动派必欲破坏，只要使人民了解这是由国方破

---

[1]《毛泽东文集》第四卷，人民出版社1996年版，第97—98页。
[2] 转引自中共中央文献研究室：《毛泽东传（1893—1949）》，中央文献出版社1996年版，第755页。
[3] 中央档案馆：《中共中央文件选集》第16册，中共中央党校出版社1991年版，第93—94页。

坏的，而不是由我方破坏的，那对于中国的前途，也会是有好处的。因此，我们不破坏它们，但我们决不怕反动派破坏，我们反对分裂、反对内战，但我们不怕分裂、不怕内战，我们在精神上必须有这种准备，才能使我们在一切问题上立于主动地位。"[1]

虽说"不怕分裂、不怕内战"，但中国共产党还是不希望全面内战的发生。当时，停战令下达和政治协商会议召开之后，关内停止了大规模的军事冲突，但关外的东北却出现了大打的局面，原因是蒋介石不承认中国共产党在东北的武装力量的存在，坚持停战令不包括东北，并且企图利用苏联红军撤出东北之机占领整个东北。1946年3月中旬起，苏军开始从东北的大城市撤离，于是，国民党军南向本溪、北向四平发动猛烈进攻。

这时，中共中央十分看重四平的得失，认为四平保卫战的胜败，关系到和与战的全局。四平地处松辽平原中部腹地，辽宁、吉林、内蒙古三地交界处，东北两大重要城市沈阳和长春中间，战略地位十分重要。3月14日苏军一从四平撤出，东北民主联军趁势于18日攻下四平，俘虏了几千名伪军，缴获了大量武器装备。3月23日，中共中央在给东北民主联军领导人的电报中要求不惜一切重大伤亡，将国民党军队阻止于四平以南，以利于今后的谈判。3月25日，中共中央再次致电东北民主联军和东北局负责人林彪、彭真等人：至少还须经过一两个星期也许更长时间的恶战，才能实际达到停战。"在此时间里，顽方会拼命进攻，企图控制更多的战略资源要地，而你们应尽一切可能，不惜重大牺牲，保

---

[1] 中央档案馆：《中共中央文件选集》第16册，中共中央党校出版社1991年版，第97—98页。

卫战略要地，特别北满。"[1]第二天，中共中央又电告东北局：应宣布四平为我军所占，唯有如此，"才能逼使国民党不得不和我们和平合作"，"现应用一切努力保障四平在我手"[2]。

从4月16日起，国民党集中八个军兵力，其中包括全美械化装备的新一军、新六军和青年军第二〇七师（相当于军），其余的五个军也都是半美械化装备，从南面、西南、西北三方面向四平进行了猛烈的包围进攻。东北民主联军先后集中一半的兵力近15万人进行顽强抵抗，由此开始了长达一个月的四平保卫战。4月26日，毛泽东为中共中央起草给林彪并告彭真的电报中说："马歇尔已提出停战方案，有停战之可能。望加强四平守备力量，鼓励坚守，挫敌锐气，争取时间。"他在第二天为中共中央起草给林彪的电报中，更是提出要"化四平为马德里"[3]（西班牙内战时，共和国军队与叛军于1936年11月至1939年3月进行了激烈的马德里保卫战——引者）。5月1日，毛泽东在给林彪的电报中又说："东北战争，中外瞩目，蒋介石已拒绝马歇尔民盟和我党三方同意之停战方案，坚持要打到长春。因此，我们必须在四平本溪两处坚持奋战，将两处顽军打得精疲力竭，消耗其兵力，挫折其锐气，使其以六个月时间调集的兵力、武器、弹药受到最大消耗，来不及补充，而我则因取得长、哈，兵力资财可以源源

---

[1] 中共中央文献研究室：《刘少奇年谱》增订本第二卷，中央文献出版社2018年版，第196页。
[2] 同上书，第198页。
[3] 中共中央文献研究室：《毛泽东年谱（1893—1949）》修订本（下），中央文献出版社2013年版，第74页。

补充，那时便可能求得有利于我之和平。"[1]

四平激战期间，西满军区司令员黄克诚几次建议林彪从四平撤出，林彪既不回电，也不撤退。情急之下，黄克诚于5月12日直接向中共中央发电报建议从四平撤出，甚至提出如果让出长春可以达到停战时，不如将长春让出，以求争取时间。但电报发出之后，亦未见答复。1959年庐山会议的时候，毛泽东对黄克诚说"固守四平当时是我决定的"，黄克诚才明白林彪既不回电又不撤退的原因。中共领导人当时希望通过四平保卫战的胜利争取时间，并在谈判桌上取得有利地位，实现国内和平。

四平保卫战，敌我双方激战一个月之久，东北民主联军歼敌一万余人，但自身也付出了重大伤亡。5月19日，东北民主联军撤出四平。

蒋介石在占领四平之后，气焰一时十分嚣张，自以为国民党军的战斗力很强，完全有能力通过战争的方式消灭共产党及其领导的武装力量，全面内战已愈发难以避免。尽管如此，中共中央的基本立场仍然是全力争取和平，哪怕是短暂的和平。

5月21日，中共中央发出党内通知，指出："必须使全国性内战爆发的时间尽可能推迟，方对我有利。如不能推迟半年，即推迟三个月、两个月以至一个月的时间爆发，亦将使我之准备比较充分。因此，我在目前对时局的基本方针，是避免挑衅，拖延时间，积极准备。"[2] 6月7日，中共中央在致电林彪、彭真、罗荣

---

[1] 中共中央文献研究室：《毛泽东年谱（1893—1949）》修订本（下），中央文献出版社2013年版，第77页。

[2] 中共中央文献研究室、中央档案馆：《建党以来重要文献选编（1921—1949）》第23册，中央文献出版社2011年版，第268页。

桓时又指出:"我党基本方针应是在不丧失基本利益下实现和平,长期战争于我不利。"[1]6月13日,中共中央又在致华东局负责人饶漱石以及林彪、彭真、周恩来、叶剑英的电报中说:"我党方针是竭力争取和平,争取于十五天内保持平静,争取延长停战时间,变暂时停战为长期停战";"同时我东北全军应积极准备再战,并应准备长期战争。"[2]

6月19日,中共中央致各战略区负责人刘伯承、邓小平、薄一波(晋冀鲁豫),贺龙、李井泉(晋绥),聂荣臻、刘澜涛(晋察冀),陈毅、舒同(华东)的电报指出:"观察近日形势,蒋介石准备大打,恐难挽回。大打后,估计六个月内外时间如我军大胜,必可议和;如胜负相当,亦可能议和;如蒋军大胜,则不能议和。因此,我军必须战胜蒋军进攻,争取和平前途。"并且强调:"我大打必须在蒋大打之后,以示衅由彼启。"[3]6月25日,毛泽东在为中共中央起草致南京中共代表团的电报中又说:"我党方针是争取长期全面和平;如不可能则争取再延长休战时间;又不可能则请考虑恩来托故回延,准备召开人民代表会议,并带必要人员回来,而留董老及其他同志坚持代表团工作,以待时局之变化。大概半年之后又可能和。"[4]可见,此时中共中央对于内战的态度是,在蒋介石的大举进攻面前,为了人民的利益,为了

---

[1]中共中央文献研究室:《毛泽东年谱(1893—1949)》修订本(下),中央文献出版社2013年版,第90页。
[2]同上书,第91页。
[3]《毛泽东文集》第四卷,人民出版社1996年版,第121页。
[4]中共中央文献研究室:《毛泽东年谱(1893—1949)》修订本(下),中央文献出版社2013年版,第91页。

保卫解放区，不能不进行自卫战争，而且必须争取战争的胜利，唯有如此才能使蒋介石停止战争，最终实现国内和平。与蒋介石之间的仗不得不打，但不是用战争的方式打倒蒋介石，而只是打痛蒋介石，使其回到和平的轨道上来。

从1945年8月日本投降到1946年6月底全面内战爆发前的大半年时间里，中国共产党一直在千方百计地争取国内和平。这不是共产党人惧怕战争，而是国家和人民在经过长期的战争之后需要休养生息，广大人民不希望战争。但是，战争能否最终避免，从根本上讲不取决于共产党而取决于国民党蒋介石集团。一则是蒋介石在抗战胜利后处心积虑地要用战争的方式解决共产党问题，以实现他所谓的军令政令统一；二是从力量对比上，共产党的武装力量的人数、装备都弱于国民党，经过全民族抗战，人民军队虽然有了很大发展，但总体上敌强我弱的基本态势并没有改变，人民军队的力量还没有强大到足以制止蒋介石发动内战的程度。

对于为什么在抗战胜利后要争取和平的前途，1947年9月28日，周恩来在为中共中央直属机关干部、战士作关于时局的报告中，曾作过透彻的说明。他说："全世界要和平，这个呼声，党不能不考虑。党是人民的先锋队，看得远，但先锋队不能脱离群众，要尊重人民的意见。经过十年内战、八年抗战，人民要和平。因为人民有这种想法，所以要去试一试和平的但也是麻烦的方法。于是就有了重庆谈判和《双十协定》，有了停战协定，有了政协决议，蒋介石也签了字，可见也是有可能的。这样做，我们没有吃亏。在这期间，我们的军队开进东北，不是胜利吗？对大部解放区的巩固，部队的整理，也是有好处的。另外，我们照协议办事，蒋介石破坏协议，这就证明给人民看：蒋介石不要和平。不仅一次证明，而且几次（一月停战、六月关于东北问题的谈判等）都证明蒋介石不要和平。这就把人民的认识提高一步：和平不是靠几个协议就能实现的，要靠武力保卫自己的利益，要用武力才能取得和平。从和平到要用武力，其间有个过程，有个变化，就是人民认清了一个道理：只有靠武力才能解决问题。"[1]因此，中国共产党这大半年时间对于国内和平的争取，虽然最终没有避免战争，但赢得了社会各界的同情与支持。

当时，中国共产党对于和平的真诚态度，从组织部队复员一事可以得到进一步的验证。政治协商会议闭幕之后，中共中央认为已进入"和平民主建设的新阶段"，从此革命的主要形式不再是武装斗争，而是群众工作与议会斗争，既然如此，以后军队都将实现国家化，有必要减少军队的数量，进行精简复员以减轻人民负担。

政治协商会议之后，军事三人小组曾于1946年2月25日达成《关于军队整编及统编中共部队为国军之基本方案》，规定在12个月内，全国陆军缩编为108个师，每师不超过1.4万人，其中中共军队为18个师；在18个月内，陆军编成60个师，中共军队为10个师；双方的编余人员应全部复员。基于此，中共中央决定立即着手自己军队的精简复员。

1946年3月6日，毛泽东就精兵简政问题为中共中央起草致华东局、晋冀鲁豫中央局、华中分局并告聂荣臻、贺龙的电报中指出："无论将来情况如何，我们均须精兵简政，减轻民负，方

---

[1]《周恩来选集》上卷，人民出版社1980年版，第273页。

有利于解放区之巩固与坚持。你们三处兵额最大,负担极重,如何实行精简,应速决定方针。我们意见,第一期精简三分之一,并于三个月内外完成。被精简人员武器,有计划地妥善地分配到农村生产中去。第一期完成后,取得经验,第二期再精简三分之一。"[1]这时,全军共130余万人,如果分两期各精简三分之一,也就是只剩下五六十万人。3月10日,中共中央致电中原局,要求中原解放军主力应决心调到皖东整训,并立即复员两万人。[2]当时,中原解放军约6万人,中共中央提出的复员人数为总人数的三分之一。

3月15日,中共中央发出《关于目前时局及对策的指示》,一方面,提醒各地"除开审慎应付东北问题外,华北、华中各地应即提起警觉,密切注意顽方动态,并在军事上做必要准备,加强整训,加强侦察,严防反动派突然袭击。如果反动派发动进攻时,必须能够在运动中坚决、彻底、干净、全部消灭之"。另一方面又要求"除东北及热河外,各地第一期复员整军(即精兵简政,包括党、政、军、民、学所有脱离生产人员在内),不论时局变化如何,均应力争完成,以裁减老弱及无职务、无武器人员,合并机关,减少单位,充实部队,减少财政支出利于做长期打算为目标。中央希望第一期复员三分之一左右,时间三个月左右完成,由各地自己做成计划(此计划须能适应和平、战争两种环境),电告中央批准,即可执行。各地首长暂时不要来延,并不要远

---

[1] 中共中央文献研究室:《毛泽东年谱(1893—1949)》修订本(下),中央文献出版社2013年版,第60页。
[2] 中共中央文献研究室:《刘少奇年谱》增订本第二卷,中央文献出版社2018年版,第190页。

离部队。"中共中央还要求各地认真做好部队复员的政治准备与组织准备，做好复员人员的思想政治工作和生产生活安排，并且"向复员者说明，如遇反动派大举进攻，除老弱外，要在一声号令下准备归队"[1]。

在这前后，各解放区开始了部队的精简复员工作。其中，精简复员力度比较大的是晋察冀解放区。1946年2月，晋察冀中央局发布《关于编制人数的规定》：全区军队共在编22.5万人，其中野战军15万人，地方军7.5万人。3月1日，晋察冀中央局根据中共中央指示精神，又发布《关于复员工作的决定》，随即着手进行部队的精简整编，野战军由原来的9个纵队减为4个，地方军增加约5万人，编为6个军区、21个军分区、13个独立旅，总计复员约10万人。

晋察冀解放区为何复员人数较多，曾任晋察冀野战军第三纵队司令员的郑维山曾回忆说：政治协商会议之后，中共方在执行《双十协定》，国民党方也采取了某些实际行动。如《双十协定》中有取消特务机关的条款，军统局北平特别站撤销了，站长马汉三当了北平市政府民政局长；《双十协定》中有释放政治犯的条款，新四军军长叶挺恢复了自由；至于整编军队，国民党也于3月初在南京召开了整军会议，把集团军整编为军，军整编为师，师整编为旅，部队数量有所减少。"中央之所以指示晋察冀率先复员三分之一，恐怕意在给全国树立一个复员整军的榜样，以事实使设在北平的军调处看到，我党执行整军方案是切实认

---

[1] 中共中央文献研究室、中央档案馆：《建党以来重要文献选编（1921—1949）》第23册，中央文献出版社2011年版，第146页。

真的。"[1]

对于这个问题，1947年9月底，作为晋察冀解放区主要领导人的聂荣臻在全区土地会议的讲话中，也曾做过这样的说明："在停战协定后，所谓新的和平时期，全国局势仍然是很动荡的。这时，我们的领导机关过多的相信了和平，就是所谓和平幻想问题。因为这个缘故，使得我们对于战争的准备极不充分。军队进行了复员，这是中央有指示的。当时的情况，我们带兵的司令都不知道自己有多少兵，预算极为庞大，所以精简是需要的。但是也有少数的不该复员的复员了。我们强调复员在部队中间起了一种副作用，增加了和平的幻想，因此有要回家的也准许了复员回家。"他还说："其基本原因就在于对全国形势的估计有错误，过多地相信了和平。"由于存在"和平幻想"，部队精简过多，"因此和平一破坏，新的内战一爆发，我们仓促应战，致使大同、集宁、张家口这一些战役没有打好"。[2] 聂荣臻这番话是想检讨全面内战爆发之后，晋察冀有些战役没有取得应有胜利的原因，但从晋察冀解放区在如此短的时间里精简部队10万人这件事也说明，当时中国共产党上下对于争取和平是真诚的。

全面内战爆发之前，虽然蒋介石以咄咄逼人之势要发动大规模战争，但中国共产党内上下都不希望国共之间的战争由小打变成大打。

1946年6月28日，即全面内战爆发之际，李富春（时任中共中央西满分局书记、西满军区政治委员）和黄克诚（时任西满

---

[1]《郑维山回忆录》，解放军出版社2006年版，第22—23页。
[2]《聂荣臻军事文选》，解放军出版社1992年版，第258页。

军区司令员）给中共中央写了一份关于国际国内形势的报告，其中提出：经过几年抗战，人民的势力得到空前的发展与壮大，但还没有形成几个省区连成一片的根据地，尚缺少一个更有实力、更坚强的中心，目前也不可能得到来自国际革命的实力援助。中国整个反革命势力在抗战中削弱了，但反革命的中心势力蒋介石CC派反而在抗战后加强了，嫡系军队增多，特务网遍布全国，官僚资本有所发展，又得到美国空前的军事、政治、经济的援助。反革命势力也面临着严重的困难，例如经济恐慌、内部矛盾、人民不满等，但目前均不足以致其死命。今后数年内，在美国的强大援助下反革命派还可能克服困难，加强军事、政治、经济各方面的力量。因此，我党应采取力求保存力量，等待时机的方针。

李富春和黄克诚提出三种对策供中共中央考虑：一是让步以达和平；二是拖延以待时机；三是坚决打下去以分胜负。目前和战已到最后关头，拖延下去的可能性很少，只能走一、三两条路。如采取第一个让步以达和平的方针，若能求得全师而退，保存干部、保存部分军队和部分解放区，求得全国范围内部分民主改革，还是让步以求和平为宜。蒋介石不会因为中共让步而放下屠刀，但打下去胜利把握不大，如打得好则可能打打停停，求得长期坚持以待国内外形势的根本变化。[1]

李富春和黄克诚都是资历很深的中共高级领导干部，是在多年的残酷战争中走出来的领导人，他们提出这个建议并非惧怕战争，而是有现实考量的。经过抗日战争，中国共产党的力量固然得到很大发展，但国民党的力量与过去相比也有了很大发展。全

---

[1]《胡乔木回忆毛泽东》，人民出版社1994年版，第435—436页。

民族抗战爆发前，蒋介石能够真正统治到的只有长江中下游地区。其他地区，如东北，原来在奉系军阀统治下，1928年底张学良虽然宣布"易帜"，服从南京国民政府领导，但实际仍处于半独立状态，1931年九一八事变该地区为日本所侵占；其他如西南、西北地区及两广地区，均为国民党地方实力派所掌握，如广西李宗仁、白崇禧为首的桂系，云南的龙云、四川的刘湘、青海的马步芳、新疆的盛世才等等。经过全民族抗战，地方实力派受到很大削弱，国民党在全国的统治有了加强，由于抗战的胜利，蒋介石的威望有了很大的提高。抗战过程中蒋介石得到了大量的美援，部队的武器装备有了很大的改善，抗战胜利后又接收了近百万投降日军的装备。这也使蒋介石觉得自己有能力有办法用武力解决共产党问题。

用当时毛泽东的秘书胡乔木的话："这份报告的观点和所反映出的疑虑在当时带有普遍性。"[1]这也从一个侧面反映出当时中共党内对全面内战的态度。7月6日，毛泽东就这份报告做出批示，一方面认为报告提出的许多观点是合乎实际的，是好的；另一方面又认为"缺点是对美帝国主义及蒋介石的困难条件估计不足，同时对国际国内人民民主力量所具备的顺利条件也估计不足"。毛泽东强调："对美蒋的压力与要求，我们应当有所让步，但主要的政策不是让步而是斗争。如果我党既有相当的让步，而对其无理压迫与无理要求又能出以坚决的斗争，则其结果比较付出更多更大的让步反而要好些；如无坚决斗争精神，则结果将极

---

[1]《胡乔木回忆毛泽东》，人民出版社1994年版，第436页。

坏。"[1] 面对蒋介石挑起的全面内战，毛泽东和中共中央也只得以革命战争回应反革命战争。但是，直到此时，中国共产党的态度仍然是用战争的方式使蒋介石回到和平的轨道上，让蒋介石接受和平而不是以战争的方式打倒蒋介石。直到1946年11月，蒋介石不顾中共和民盟的反对，悍然宣布召开所谓的国民大会，周恩来率李维汉等中共谈判代表团十余人转机飞回延安，中共中央才最终放弃对蒋介石的"洗脸"政策，下决心用战争的方式打倒蒋介石。

---

[1]《毛泽东文集》第四卷，人民出版社1996年版，第146页。

## 五 "东北为我势所必争"

在人民解放战争仅用三年时间就取得根本性胜利的诸多因素中，首先不能不提的是抗战胜利后中共中央确立的"向北发展、向南防御"，特别是建立与巩固东北根据地的方针。

东北地域辽阔，物产丰富，交通便利，早在奉系军阀统治时期这里就已经具有较好的工业基础。1931年九一八事变后日本占领了整个东北，并且将这里经营成它发动全面侵华战争的重要战略基地，在掠夺东北物产资源的同时也使东北的工业有了进一步的发展。东北的战略地位十分重要，它背靠苏联、蒙古和朝鲜，如果在日本投降后中国共产党占领东北，就等于有了可靠的后方，并且能同关内紧邻的晋察冀解放区连成一片，与隔海相望的山东解放区遥相呼应。如果国民党占据了东北，就可能从南北两个方向夹击华北各解放区。

当时，国共两党都重视东北问题。相比较而言，日本投降后，在谁先进入东北的问题上，中国共产党占据了有利条件。国民党在东北没有统治基础，虽然1928年12月东北在张学良的领导下宣布"易帜"，接受南京国民政府的领导，名义上成为国民党统治的地区，但实际上仍在张学良的控制之下，国民党在这里没有完整的组织体系，更没有群众基础。1931年九一八事变后，由于国民党采取不抵抗政策，日本很快侵占了东北全境。一开始，要求抗日的东北义勇军在各地如雨后春笋般涌现，国民党对其基本上采取自生自灭的态度，而中国共产党给予其积极支持，并且还组织了自己领导的抗日武装。后来，中国共产党领导的抗日武装先是改编为东北人民革命军，继而联合其他抗日力量改编成东北抗日联军，在十分艰苦的环境中坚持战斗在白山黑水间。由于日伪的残酷"围剿""扫荡"，抗联损失很大，为了保存干部，积蓄力量，抗联大部分撤入苏联境内休整。尽管如此，中国共产党领导东北人民进行长达14年的抗日战争，打下了一定的群众基础。

全民族抗战爆发后，中国共产党在紧邻东北的冀东发动了有20万人参加的抗日大暴动，创建了冀东抗日根据地。这次大暴动由于各种原因而失败后，中共领导的武装力量始终在这里坚持敌后游击战争，并建立了冀东抗日根据地。到1943年夏，冀东抗日根据地扩展到长城以北、热河边境地区，发展为冀热边抗日根据地。1944年9月后，冀热边抗日根据地和游击区已经发展到南抵渤海，北达朝阳、赤峰，西临潮河，东到辽宁西部的广大地区，扩展为冀热辽抗日根据地。冀热辽解放区的开辟和发展，为进军东北创造了有利条件。虽然根据1945年苏联政府与国民党政府签订的《中苏友好同盟条约》，东北将由国民党接收，但苏联红军只能占领大城市和交通干线，无暇顾及众多中小城市和广大农村。如果中国共产党能够控制东北，就可以依靠这里雄厚的经济实力和优越的地理条件，为中国革命建立巩固的战略后方。

中共七大曾对东北的重要性给予了充分的关注。毛泽东在七大所作的结论中提醒全党："东北是一个极其重要的区域，将来有可能在我们的领导下。如果东北能在我们领导之下，那对中国革命有什么意义呢？我看可以这样说，我们的胜利就有了基础，也就是说确定了我们的胜利。现在我们这样一点根据地，被敌人分割得相当分散，各个山头、各个根据地都是不巩固的，没有工业，有灭亡的危险。所以，我们要争城市，要争那么一个整块的地方。如果我们有了一大块整个的根据地，包括东北在内，就全国范围来说，中国革命的胜利就有了基础，有了坚固的基础。现在有没有基础呢？有基础，但是还不巩固，因为我们没有工业，没有重工业，没有机械化的军队。如果我们有了东北，大城市和根据地打成一片，那末，我们在全国的胜利，就有了巩固的基础了。"[1]在关于七大候补中央委员选举问题讲话时，毛泽东再次强调东北的重要性，指出："东北是很重要的，从我们党，从中国革命的最近将来的前途看，东北是特别重要的。如果我们把现有的一切根据地都丢了，只要我们有了东北，那末中国革命就有了巩固的基础。当然，其他根据地没有丢，我们又有了东北，中国革命的基础就更巩固了。"[2]

　　抗日战争进入战略反攻后，中共中央即开始研究战略布局问题，把争取东北摆上议事日程。8月8日，苏联宣布对日作战，随即向东北的关东军发动进攻，在苏整训的抗联部队亦随苏联红军回到东北。8月11日，为配合苏联红军进入中国境内作战，并准备接受日满敌伪军投降，朱德发布延安总部第二号命令："一、原东北军吕正操所部，由山西、绥远现地，向察哈尔、热河进发。二、原东北军张学思所部，由河北、察哈尔现地，向热河、辽宁

---

[1]《毛泽东文集》第三卷，人民出版社1996年版，第411页。
[2]同上书，第426页。

进发。三、原东北军万毅所部,由山东、河北现地,向辽宁进发。四、现驻河北、热河、辽宁边境之李运昌所部,即日向辽宁、吉林进发。"[1] 发出了抢先控制东北的先声。

在上述各路部队中,率先付诸行动的是紧靠东北的冀热辽军区。8月13日,冀热辽区党委和军区党委召开紧急会议,决定组织1.3万人的军队及2500余名地方干部,分西、中、东三路向承德、赤峰、锦州进军。8月29日,担任东路进军任务的第十六军分区司令员曾克林率领的4000余人,从山海关以北的九门口绕道越过长城进入辽宁,于8月30日在北宁路上的前所车站与苏联红军会师,并在苏联红军的配合下,解放了通往东北的咽喉重镇山海关。此后,曾克林部一路消灭了绥中、兴城、锦西、锦州的日伪武装,于9月6日进抵沈阳。

与国民党相比,中国共产党进入东北自然有诸多有利条件,但有一个很重要的不确定因素,那就是苏联的态度。理论上,苏联是共产党执政的国家,进入东北的苏联红军是共产党的军队,从意识形态的角度出发,苏军应当支持中国共产党。但是,这年8月14日,国民党政府与苏联已经签订了《中苏友好同盟条约》,由于一开始条约没有正式公布,外界对其具体内容并不知晓。在8月23日的中央政治局扩大会议上,毛泽东分析苏联的态度时提出,美国不公开帮助蒋介石,决定苏联也不能公开帮助我们。苏如助我,美必助蒋,大战即爆发,和平不能取得。中苏条约是日

---

[1]《朱德军事文选》,解放军出版社1997年版,第556页。吕正操时任晋绥军区司令员;张学思为张学良之弟,时任冀察军区第十一军分区副司令员兼参谋长;万毅时任山东滨海军区副司令员兼滨海支队支队长;李运昌时任冀热辽军区司令员兼政治委员。——作者

本投降后签字的，内容还未发表，大概是苏军进军区域限于东北三省，进入冀察是临时性质。战争这样快就结束，使苏联不可能进一步帮助中国革命。毛泽东说：苏联为了国际和平与中苏条约的限制，不可能也不适于帮助我们。派干部去是正确的，派军队去不能定，要看，有可能不能去。8月26日，《中苏友好同盟条约》正式公布，毛泽东在中共中央政治局会议上又指出：中苏条约是有利于中国人民的，红军占领东三省是有很大影响的。所以是可以去，必须去。我们去干部，一定有文章可做。同一天，中共中央决定，已确定先期进入东北的部队，除晋绥部队三个团因战事频繁仍留原地执行任务外，迅即向东北开进，并派出人员深入东北做实际侦察，与苏联红军进行洽谈。[1]

由于《中苏友好同盟条约》中，国民党政府以苏联在东北享有特权，换取了"苏联政府同意予中国以道义上与军需品及其他物资之援助。此项援助，当完全供给中国中央政府即国民政府"的承诺，这明面上是苏联公开表示支持国民党，并将除旅顺和大连以外的全东北交给国民党接收。因此，这个条约公布后，党内难免出现了一些失望与悲观情绪，以为苏联既然将东北交给国民党接收，中共方面就难以有什么作为。

8月28日，刘少奇在送走毛泽东去重庆谈判之后，同即将赴东北的工作人员讲话，特地强调在目前的情况下在东北要力争有所作为的问题。他说：苏联按中苏条约撤兵后，东北要交给国民党政府，不能因这就悲观、烦闷。苏联承认蒋介石政府，国民党

---

[1] 胡长水：《刘少奇之路——一个伟人的奋斗与命运》第二卷，中共党史出版社2001年版，第556页。

有合法地位，我们没有国家政权，可国民党的这种合法地位现在还是空的，交给他也没有人去接，接到了也拿不稳。我们决定还是派军队去，能走路的先走路，能快走的先到，到了热河边境瞪着眼睛望一望，能进去就进去，以后再抽些队伍抽些干部去，抽几万去，一切要看情况，有就钻，大路不能走就走小路，铁路不能走就靠腿跑。如问苏军，我可不可以进去？那他一定不答复。进去后再通知他，他不赶，我们就住下。我们的情报、行动，要通知苏军，但不要希望他们给我们情报。刘少奇又说，东北地方很大，有苏军的地方我们可以不去，没有苏军的地方就去，遇到溥仪的军队就打，遇到国民党军队便打打交涉，他若一定要打，便自卫，没有人打，到处可以跑，在乡村搞上一块再看情况。城市能不能进去，先派几个人看一看，能进去就进去，情况允许，沈阳、哈尔滨都可进去。这次重庆谈判，如蒋介石提出东北问题，订了条约就按条约办事，不订条约便是到处跑。他还说，如果可以在东北建立强大的党、强大的军队、民主的政权而不去建立，就是机会主义。朱德在讲话中也强调：要积极向东北发展，"这次去有大文章做"。蒋介石的部队"大部分在南方，到东北要走半年"，"即使走到了，他有百把万人，我们也有百把万人，顶多还是他占城市，我占乡村，像日本占领东北那样。打日本我们有办法，对他我们就没有办法吗？不怕！"我们现在要派五万军队、万把干部插进去，将来还要派更多的人去。[1] 刘少奇和朱德的讲话，表明了中共中央在东北问题上的灵活而务实的态度。

---

[1] 中共中央文献研究室：《朱德年谱》新编本（中），中央文献出版社2006年版，第1204页。

8月29日，中共中央发出关于迅速进入东北控制广大乡村的指示，一方面判断苏联由于受中苏条约的限制，"必须将东三省交还国民政府，国民党军队亦将进入东三省。我党我军进入东三省后红军必不肯和我们作正式接洽或给我们以帮助"；另一方面又估计"我党我军在东三省之各种活动，只要他不直接影响苏联在外交条约上之义务，苏联将会采取放任的态度并寄予伟大之同情"，而国民党在东北无基础，派军队去又困难，苏军将于三个月撤退，"这样我党还有很好的机会争取东三省和热、察"。中共中央要求晋察冀和山东准备派到东三省的干部和部队应迅速出发，部队可用东北军及义勇军等名义非正式地进入东北，不声张，不登报发表消息。"进入东三省后开始亦不必坐火车进占大城市，可走小路控制广大乡村和红军未曾驻扎之中小城市，建立我之地方政权及地方部队大大地放手发展。在我军不能进入的大城市，亦须尽可能派干部去工作。"[1] 同一天，中共中央又致电晋察冀中央局："晋察冀和山东准备派到东三省的干部和部队，应迅速出发，越快越好，热河、察哈尔两省，我必须完全控制，必须派干部和部队到一切重要地区去工作。"[2]

9月上旬，根据中共胶东区党委派人去大连了解到的情况，中共中央得知苏军在东北只控制大城市及要道，乡村及内地小城市相当混乱，"我在乡村活动，红军不加干涉，在大城市组织非武装之团体亦可。""群众情绪极高"，"我一排武装在大连登陆

---

[1] 中央档案馆：《中共中央文件选集》第15册，中共中央党校出版社1991年版，第257—258页。

[2] 中共中央文献研究室：《刘少奇年谱》上卷，中央文献出版社1996年版，第482页。

后，一经号召，便有数百人参加工作。从胶东去东北水路甚便，亦甚安全，部队过海船只亦不成问题"。9月11日，中共中央致电山东分局："我党我军目前在东北极好发展，为利用目前国民党及其军队尚未到达东北（估计短时间内不能到达）以前的时机，迅速发展我之力量，争取我在东北之巩固地位，中央决定从山东抽调四个师十二个团，共二万五千至三万人，分散经海道进入东北活动，并派肖华前去统一指挥"，同时要求我军进入东北后，"首先进驻乡村、小城市及红军尚未占领之中等城市和交通线，发动群众，壮大力量，建立地方政权，改编伪军，组织地方武装，协助红军建立民主秩序"。同一天，刘少奇向在重庆的毛泽东通报了东北情况和延安的部署，并且提出"现急需派最（高）负责人到东北去领导"[1]。

9月14日，苏军后贝加尔湖前线总司令马林诺夫斯基元帅的代表贝鲁罗索夫中校，在曾克林陪同下乘飞机抵达延安。贝鲁罗索夫向朱德转达了马林诺夫斯基的口头通知：蒋介石军队与八路军之进入东北，应按照特别规定之时间；苏联红军退出东北前，蒋军及八路军均不得进入东北；八路军之个别部队已到沈阳、大连、长春、平泉等地，请朱总司令命令各该部队退出苏联红军占领之地区；苏联红军统帅部转告朱总司令，红军不久即将撤退，届时，中国军队如何进入东北应由中国自行解决，我们不干涉中国内政。

同一天，刘少奇主持召开中共中央政治局会议，听取曾克林

---

[1] 中共中央文献研究室：《刘少奇年谱》上卷，中央文献出版社1996年版，第488—489页。

关于东北情况的汇报，讨论答复马林诺夫斯基的口头通知和东北工作问题。对于苏军要求八路军撤出沈阳、大连、长春、平泉等地问题，刘少奇提出三种方法：一、撤名义；二、撤小部分到乡下，主要部分留沈阳；三、从沈阳至营口、山海关，把撤退闹得轰轰烈烈。三种撤法都用。但冀热辽军区所辖的热河、察哈尔是抗战以来八路军的活动区域，不能撤出。由山东派4个师到东北还是去。大城市不能进，现在后方还是可以去。方针还是争取东北。会议根据刘少奇的提议，决定成立中共中央东北局，以彭真、陈云、程子华、林枫、伍修权为委员，彭真为书记。[1]同一天，彭真、陈云、伍修权乘苏军飞机到达沈阳。

9月15日，中共中央向各中央局发出关于派100个团的干部去东北工作的指示，强调"目前我党对东北的任务就是要迅速地坚决地争取东北，在东北发展我党强大的力量。但在东北决不能采用八路军的番号，也不能用共产党的公开名义和红军接洽并取得其帮助，而只能用东北地方正规部队与非正规部队（如东北人民自治军、某某省防军、保安旅团、县区乡队、工人自卫军等）及非共产党的面貌，才能与红军指挥机关做正式的接洽，并可取得红军的各种帮助及委任"。"现在最需要的是派遣大批军事干部到东北。华北、华中应派遣一百个团的干部迅速陆续起身前去。从班长、副班长、排、连、营、团长及事务人员、政治工作人员均配齐，不带武器，穿便衣，作为劳工到满洲找东北局，再行发展和装备。其他炮兵、工兵、骑兵、化学、教育等技术人员亦应

---

[1] 中共中央文献研究室：《刘少奇年谱》上卷，中央文献出版社1996年版，第490—491页。

派去。"中共中央还将派遣100个团的干部的任务具体分配给各解放区，其中华中20个团，山东30个团，晋察冀25个团，晋冀鲁豫25个团，并且要求"其他到东北能做司令、市长、专员、经济、文教工作的干部亦望尽可能派去"。干部集中一批即走一批，不要等齐，各自寻找最迅速到达的路线前进。[1]

抗日战争后期，中共中央确定的战略方针是巩固华北、华中，发展华南，即向河南、湖南、广东、广西、浙江发展。1944年下半年，八路军和新四军各一部开辟了河南新解放区。八路军第三五九旅主力组成南下支队，经河南、湖北、湖南，最远达到了广东北部的南雄、始兴地区。1945年初，新四军第一师一部渡过长江进入浙江天目山地区，成立了苏浙军区。随着日本投降，形势发生了重大变化，中共中央原来计划要发展的江南地区，因紧邻南京、上海、武汉、广州这些国民党必须确保的中心城市，而且这也是抗战前国民党统治的核心地区，蒋介石自然不愿看到人民军队在这里的存在。同时，他还将着重夺取华北战略要地和交通线，以分割、压缩各解放区，以此打开进入东北的通道，利用中苏条约接收东北。很显然，蒋介石的战略意图是独占华南，控制华北，接收东北。

恰在此时，即9月16日，苏蒙联军代表克尼德涅夫中将要求八路军晋绥军区转告中共中央，依据《中苏友好同盟条约》，蒋介石反对苏军进入东北三省以外的地区，他们必须退出目前占领的察哈尔、绥远地区。因此，要求八路军主力火速北开前往接

---

[1] 中共中央文献研究室、中央档案馆：《建党以来重要文献选编（1921—1949）》第22册，中央文献出版社2011年版，第681页。

收，包括他们不久后将要撤出的东北地区。克尼德涅夫还说，八路军务必全力控制这些地区，战略重心千万不要南移。如果八路军需要，他们可以秘密地提供武器方面的帮助；即使将来八路军在抵抗国民党军队进攻时受挫，也可以靠近外蒙边界甚至撤到外蒙去。苏联驻中国大使彼得罗夫在重庆也直接向毛泽东和周恩来提出，根据莫斯科的意见，中共应当"确保张家口、古北口、山海关线防蒋进攻"[1]。在这样的情况下，中共中央必须对战略方针做出调整。

9月17日，中共中央致电中共谈判代表团："东北为我势所必争，热、察两省必须完全控制。红军在东北现已开始撤退，据说在十二月初将撤完。内蒙红军即将撤退，已三次要求我接防德王府、百灵庙一线。傅作义尚未遇到我之打击，胡宗南在敌人掩护下完全可能进入平津，冀东尚有伪满军五个旅及本地伪军共约五万人，华北、华中、山东伪军尚多。在此情况下，我之战略部署须立即加以考虑。"中共中央提出，晋察冀军区（除冀东外）的现有力量，只能对付傅作义（时任国民党第十二战区司令长官）及将来北平方面对于张家口的威胁及巩固现有地区，不能再有大的力量加强与保障热河和冀东，更无力进入东北。同时，为了完全控制与巩固热河和冀东，对付平津唐山一带将来顽军对于热河的威胁，必须在冀东、热河布置重兵，除现在派去东北部队外，并须屯集至少5万军队在冀东，以备苏军撤退时能抢先进入东北。因此，现在必须立即计划调集10万至15万军队到冀东、

---

[1] 杨奎松：《革命·贰·毛泽东与莫斯科的恩恩怨怨》，广西师范大学出版社2012年7月版，第230页。

热河一带。"为了实现这一计划，我们全国战略必须确定向北推进，向南防御的方针。否则我之主力分散，地区太大，处处陷于被动。"为此，电报提出，新四军江南主力部队立即转移到江北，并调华东新四军主力10万人到冀东，或调新四军主力到山东，再从山东、冀鲁豫抽调10万人到冀东、热河一带。而华东根据地则以剩余力量加以扩大去坚持。[1]这是中共中央第一次明确提出"向北发展，向南防御"的方针。同一天，毛泽东和周恩来复电中共中央，表示完全同意力争东北的方针，强调只要东北和热河、察哈尔控制在我，全党团结一致，什么也不怕。

这时，党内许多人都意识到东北战略地位的重要。9月14日，新四军第三师师长黄克诚以个人名义致电中共中央：我军数量虽大，但精干坚强之主力不多，占领地区大，我主力分散，各大战略根据地除山东外，突击力量均欠强大，均很薄弱，各根据地内均有敌顽之据点。均控制有铁路及大城市，且无一个根据地因人民地形、粮食诸条件之结合上，比不上过去之中央苏区。各根据地，联系做得不好，很难独立长期支持大规模战争。为了改变这种状况，黄克诚建议"有决心的、主动的放弃一些地区（游击坚持），集中主力进行决战，创造联系一片的大战略根据地（有铁路有城市），在全国范围内开展游击战争，逼迫蒋介石向我让步，取得和平"。因此，在军事具体部署上，"东北既能派队伍进去，应尽量多派，至少应有五万人，能去十万人为最好，并派有威望的军队领导人去主持工作，迅速创造总根据地，支援关内斗争"。

---

[1] 中央档案馆：《中共中央文件选集》第15册，中共中央党校出版社1991年版，第278—279页。

"山东应调三万人到五万人去东北，华中应调二三万到六万人去山东，在河南和平原主力的一部，应调山西。江南一个师主力应调回江北，只以一部留在江南活动"。[1] 与此同时，中共中央华中局书记兼新四军政委饶漱石也提议从新四军调数万兵力到山东，以便山东兵力能迅速进入东北。

9月19日，中共中央政治局召开会议，讨论战略方针与部署问题。主持会议的刘少奇指出：我们今天的方针，是力求控制热、察两省，控制东北。要下决心，坚决行动，舍得把其他地方丢掉。要赶快动作，利用时机。控制张家口、山海关，使蒋军从陆路进入东北不可能。要控制这一线，至少要增加5万到10万兵力，才能堵死，现在冀东力量不够。东北的海路，到处是苏军，只要5万人在渤海湾一段被我们控制，蒋军就上不了岸。东北局已去了，再派5万军队去，同时要各地配100个团的干部，马上就去。只要10万支枪，就可以装备起100个团来。这样，就是15万人了。准备11、12月在冀东屯集5万兵，在苏军撤退时宣布八路军进东北。做这样布置，可使蒋去不了东北。聂荣臻负责堵住傅作义。各地不要疏忽，还有两月多，也许苏军迟一点撤。15万兵力，东北内部再组织30万武装，枪支粮食都搞好，其他方面搞得好，又牵制了蒋介石，我们就能控制东北。这时国共谈判就有希望，否则谈判的希望就少，和平希望也少。因此，我们要当作全军全党的任务提出，完成这样的计划。我们应

---

[1] 中央档案馆：《中共中央文件选集》第15册，中共中央党校出版社1991年版，第283—284页。

向北发展，南面可采取防御。[1]朱德发言时也说：蒋介石对我们的办法是能打就打，不能打就暂时避免打，他们设法把各地联系起来，甚至伙同日本人来打我们，三个月打不起来，要打至少得六个月，我们要争取主动，争取时间。"南面定天下"，古来如此，我们将来也会如此，但我们现在要争取北方。只要北方行，南方不巩固甚至丢一些地方也是需要的。苏北、皖中、长江流域，准备做交换条件，我们要来个主动的行动，形成北面归我们的形势。[2]这次会议正式确定了"向北发展，向南防御"的战略方针。

同一天，中共中央就向北发展、向南防御战略方针问题指示各中央局："目前全党全军的主要任务，是继续打击敌伪，完全控制热、察两省，发展东北我之力量并争取控制东北，以便依靠东北和热、察两省，加强全国各解放区及国民党地区人民的斗争，争取和平民主及国共谈判的有利地位。""全国战略方针是向北发展，向南防御。只要我能控制东北及热、察两省，并有全国各解放区及全国人民配合斗争，即能保障中国人民的胜利。"[3]中共中央为此做出的具体部署是：山东主力及大部分干部迅速向冀东及东北出动。由山东调3万兵力到冀东，协助冀热辽军区肃清伪军，开辟热河工作，完全控制冀东、锦州、热河。另由山东调3万兵力，进入东北发展，并加强装备。华中新四军（除五师外），调8万兵力到山东和冀东，保障与发展山东根据地及冀热辽地

---

[1] 中共中央文献研究室：《刘少奇年谱》（上），中央文献出版社1996年版，第495页。

[2] 中共中央文献研究室：《朱德年谱新编本》中，中央文献出版社2016年版，第1210页。

[3] 《刘少奇选集》上卷，人民出版社1981年版，第371—372页。

区。浙东新四军即向苏南撤退，苏南、皖南新四军主力即撤返江北。晋冀鲁豫军区竭力阻滞并打击顽军北上部队，准备3万兵力在10月调到冀东和进入东北。

根据"向北发展，向南防御"的战略方针，中共中央从山东、晋冀鲁豫、晋察冀、晋绥各战略区及新四军和延安总部，先后派出了两万名干部和11万部队迅速开赴东北。在派去的干部中，包括10名中央委员（其中4名政治局委员）和10名候补中央委员，而七大选举的中央委员和候补中央委员分别为44人和33人。在派去东北的部队中，包括山东军区司令员兼政治委员罗荣桓率领的山东部队6万余人，新四军第三师师长兼政治委员黄克诚率领的所部3.5万人。此外，还有曾克林、唐凯率领的冀东军区第十六军分区4000余人，李运昌率领的冀热辽军区3200余人，黄永胜率领的陕甘宁晋绥联防军教导第二旅3000余人，刘转连、晏福生率领的陕甘宁晋绥联防军第三五九旅3000余人，邓克明率领的冀鲁豫军区1000余人，沙克率领的冀中军区1500余人，文年生率领的陕甘宁晋绥联防军警备第一旅3000余人，吕正操率领的晋绥军区600余人，延安抗日军事政治大学（简称"抗大"）总校及第一、第三分校和延安炮校共2100余人。1945年10月31日，中共中央决定进入东北的八路军、新四军和东北人民自卫军（原东北抗联发展起来的部队）统一组成东北人民自治军，以林彪为司令员，彭真、罗荣桓分任第一和第二政治委员。

蒋介石自然也注意到了东北的重要性，无奈他的主力部队尚在西南，对东北一时鞭长莫及。他通过陆路向东北运兵，必然要途经解放区，不但路途遥远，而且由于解放区军民的阻击，效果不佳，于是他借助美军的帮助利用海路运兵。1945年9、10月间，蒋介石利用八路军、新四军刚进入东北、尚未站稳脚跟之际，在美国的帮助下，将其第十三军、第五十二军海运到秦皇岛，随后向东北门户山海关发动猛烈进攻，企图打开东北大门，以武力"接收"东北。11月16日，国民党军队突破山海关，随即沿北宁路向东北推进，占领绥中、兴城、锦西、葫芦岛等地。

在准备武力接收东北的同时，国民党向苏方施加外交压力，声言苏方供给中共军队武器反对政府，国民党将拒绝接收东北，撤退熊式辉等人组成的东北行营（10月中旬在长春成立）。由于受中苏条约的限制，苏方于11月10日应允国民党军在苏军撤退前五天空运部队接收各大城市。11月19日，苏军驻沈阳代表约见东北局负责人彭真，提出长春铁路（又称中长铁路，包括满洲里至绥芬河的铁路干线和哈尔滨经长春到大连的支线）沿线及城市全部交蒋，有苏军之处不准人民自治军与国民党军作战。彭真虽然据理力争，但苏军代表仍然坚持说这是上级指示，必须这样做。如果人民自治军不撤走或与国民党军队作战，红军则用武力包括坦克将其驱散。[1]11月20日，东北局向中共中央报告说："今晚辰兄郑重通知，上级有训令，长春路沿线及城市全部交蒋，有苏军之处不准我与顽军作战，让我一律退至铁道线五十公里外；并劝我将城市干部撤退。上山打游击，免遭牺牲，等他们再来。我方已告苏军，此变动牵至全局，须请示中央。"[2]

根据这种情况，中共中央决定东北人民自治军让出中长路沿

---

[1] 胡长水著：《一个伟人的奋斗与命运——刘少奇之路》第2卷，中共党史出版社2001年版，第576页。

[2] 中共中央文献研究室：《陈云年谱》（修订本）（上），中央文献出版社2015年版，第506页。

线及大城市，将主要力量迅速转向东满、北满、西满、南满建立巩固的基础，并加强热河、冀东的工作。11月22日，中共中央电致中共谈判代表团：已要求东北局及东北人民自治军服从苏方决定，"速从城市及铁路沿线退出，让开大路，占领两厢"[1]。

11月28日，中共中央致电东北局并告林彪等人，明确指出："苏联由于条约限制，长春铁路沿线各大城市将交蒋介石接收，我企图独占东北，无此可能，但应力争我在东北之一定地位。长春路沿线及东北各大城市我应力求插足之外，东满、南满、北满、西满之广大乡村及中小城市与次要铁路，我应力求控制。目前你们应以控制长春路以外之中小城市、次要铁路及广大乡村为工作重心。在长春路沿线各大城市以及营口、锦州、吉林、龙江、安东等城市，则需准备被国民党军队占驻，我需做撤退准备。"[2]同年12月28日，毛泽东为中共中央起草致东北局电。电报指出：我党现时在东北的任务是"在东满、北满、西满建立巩固的军事政治的根据地"。建立这种根据地，不是在国民党已占或将占的大城市和交通干线，也不是在国民党占领的大城市和交通干线附近地区内，而是在距离国民党占领中心较远的城市和广大乡村。我党在东北的工作重心是群众工作。[3]

根据中共中央的指示精神，东北局先后组织部队从沈阳、长

---

[1]中共中央文献研究室：《刘少奇年谱》（上），中央文献出版社1996年版，第536页。

[2]中央档案馆：《中共中央文件选集》第15册，中共中央党校出版社1991年版，第447页。

[3]《毛泽东选集》第四卷，人民出版社1991年版，第1179—1180页。

春等大城市撤离,派出大批干部深入远离国民党占领中心的城市和广大乡村,组织发动群众,建立地方政权,开展减租减息和反奸清算,并开展大规模的剿匪斗争,很快在东满、南满、北满、西满建立根据地。部队也得到很大发展,到1945年底,东北人民自治军(次年1月改称东北民主联军)总兵力达到27万余人。

事后看,"向北发展,向南防御"是一个极有远见的战略方针。它避免了江南革命力量被国民党各个击破的危险,并且有力地配合了重庆谈判,使中国共产党在政治上赢得了主动。

在抗日战争中,中共在广东、浙东、苏南、皖南、皖中、湖南、湖北、河南创建了8个解放区,成为重要的战略支点。蒋介石自建立南京国民政府以来,名义上统一了全国,实际上,他的核心统治区主要在长江中下游地区,而这8个解放区也主要在这个区域内。特别是其中的苏南、浙东、皖南位于南京、上海附近,新四军主力在这些地区活动,直接威胁到国民党统治中心的安宁。日本投降后,这些地方蒋介石无论如何都是要争到手的。江南这几块根据地,位于长江边上,地形不好,面积都不是很大,人口也不是很多,且未能连成一片,难以巩固。将江南的这些解放区部队撤退到江北,避免在这些地区与国民党军队冲突,有利于保存这些解放区的力量,同时也有利于缩短战线,集中主力,阻滞和打击国民党军的北上部队,避免山东及华北各解放区因大量部队进军东北而出现力量真空。正如中共中央华中局就苏浙主力撤回江北给中共中央的电报中所说的:"如果在过去情况与我战略要求下,苏南、浙东、皖南部队决留当地有重大意义,且已收到很大效果(如收复许多县城地区提高我政治地位),但在今天新的情况下（如对顽军已打不到，扩大地区已达到一定限度。山东急需派出大批主力前往东北，为应付内战危险，须集中主力作战等），如果江南主力仍分散各地，似将害多利少。"[1]这是一个趋利避害、十分高明的战略决策。

同时，将江南的部队北撤，也有利于在全国人民面前表明中国共产党和平的诚意。在重庆谈判之初，即1945年9月3日，中共方面曾向国民党提出了11条意见，其中就提出陕甘宁边区及热河、察哈尔、河北、山东、山西五省的省主席，绥远、河南、江苏、安徽、湖北、浙江、广东及东北各省与平、津、青岛、上海4个特别市的副主席或副市长，由中共方面推选的人员担任。之所以提出河南、江苏、安徽、湖北、浙江、广东这几省中共方面要派人任省副主席，就是因为这8个解放区的存在。9月17日，中共中央致电中共谈判代表团，提出"向北发展，向南防御"方针，建议新四军江南主力部队立即转移江北。这个建议立即为毛泽东所采纳。9月19日，周恩来、王若飞向国民党谈判代表张群、张治中、邵力子提出中共方面的新方案，其中提出将南方8个解放区的部队分两步北撤。第一步，集中于苏北、皖北及陇海路以北地区。第二步，再将苏北、皖北、豫北地区之军队撤退，并且不再要求河南、江苏、安徽、湖北、浙江、广东等的副主席由中共派人担任。在9月17日，中共谈判代表团给中共中央的电报中还说"国共谈判无进展"，而自提出北撤这8个解放区的部队之后，9月19日，毛泽东在给中共中央的电报中表示"此间已当作一个

---

[1] 中共浙江省委党史研究室等：《浙西抗日根据地》，浙江人民出版社1992年版，第227页。

让步条件，向对方提出，且有好影响"[1]。"向北发展，向南防御"的方针有力地配合了重庆谈判，使中共赢得了政治上的主动。

更为重要的是，"向北发展，向南防御"的重点是控制东北，建立巩固的东北根据地。虽然在后来的实践中，由于各种原因中共没有实现独占东北的目的，但是由于下决心在短期内抽调了大量的部队和干部进入东北，并且根据情况的变化确立了"让开大路，占领两厢"的方针，通过开展广泛深入的群众工作和剿匪斗争，在东满、北满、西满和南满建立了根据地。东北根据地背靠苏联、蒙古和朝鲜，没有后顾之忧，改变了过去革命根据地被敌人四面包围的状态，不但使东北解放战争有了可靠的后方基础，也使整个全国的解放战争有了一个可靠的依托。

东北不但物产丰富、工业基础较好，而且国民党在这里统治薄弱，由于中共中央下决心在较短的时间抽调了大批干部和部队进入东北，进入东北的各级干部充分利用这里的有利条件，而且也利用国民党与苏联之间的矛盾，迅速发展壮大自己的力量。到1946年11月，东北民主联军总兵力已达36万人，其中野战军5个纵队；同期国民党在东北的兵力有正规军25万人，连同地方部队共约40万人。1947年7月，东北民主联军总兵力达到51万人，其中野战军发展到9个纵队、39个师；同期东北境内的国民党军约50万人，敌我力量已经相当。1948年1月1日，东北民主联军改称东北人民解放军。到这年2月，解放了东北地区97%以上的土地和86%以上的人口，并控制了95%的铁路线；东北

---

[1] 中共中央文献研究室：《毛泽东年谱（1893—1949）》修订本（下），中央文献出版社2013年版，第27页。

野战军已有 12 个步兵纵队，并组建了炮兵纵队和铁道纵队，共 70 余万人，另有地方武装 33 万人，总兵力已达 103 万人，在数量上大大超过了国民党军队。在人民解放军的各大野战军中，东北野战军可以说发展最快、人数增加最多、武器装备也最好。这既得益于东北有利的各种条件，也得益于"向北发展，向南防御"这个战略方针作出之初，各战略区派去了一大批精兵强将去经营东北。

1948 年 9 月 12 日至 11 月 2 日，东北野战军发动辽沈战役，共歼敌 47.2 万余人，解放东北全境，这是第一个获得全境解放的战略区，为全国解放战争的胜利提供了可靠的战略后方基地。同时由于东北的解放，东北野战军在完成解放全东北的任务之后，成为人民解放军一支强大的战略机动力量，有力地加速了解放战争最终胜利的迅速到来。随后，东北野战军秘密进关，与华北野战军共同发起平津战役，共歼敌 52 万人，使华北全境基本解放。接着，由东北野战军改称的第四野战军挥师南下，向中南地区进军，并派出一部分部队协助第二野战军向西南进军，推进了全国大陆的解放。

在三年多的人民解放战争中，中共中央曾做出了一系列的正确的战略决策，可以说是好戏连台，而"向北发展，向南防御"战略方针可以说是出色的第一幕，它充分体现了中国共产党人的战略眼光和政治远见。这也是中国共产党只用三年多时间从根本上推翻国民党反动统治、打倒蒋介石一个非常重要的因素。

## 六　集中优势兵力，各个歼灭敌人

1946年6月底全面内战爆发的时候，国民党军不但数量上远远多于人民解放军，而且武器装备也先进得多。同时还要看到，人民解放军在全面内战爆发时虽然达到近130万人，但这些部队大多是在抗战后期发展起来的，几十万野战军也是相对于地方军而言。

1945年8月11日，中共中央发出《关于日本投降后我党任务的指示》，强调为了集中主要力量迫使敌伪向我投降，不投降者，按具体情况发动进攻，逐一消灭之，猛力扩大解放区"各地应将我军大部迅速集中，脱离分散游击状态，分甲、乙、丙三等，组织成团或旅或师，变成超地方性的正规兵团，集中行动，以便在解决敌伪时保证我军取得胜利。解决敌伪后，主力应迅速集结整训，提高战斗力，准备用于制止内战方面。但各地均应保留必要数量之地方兵团与游击队，放手提拔地方干部带兵，用以保卫地方，民兵枪支必须保留，决不可一切皆集中"。[1]第一次明确提出要组建野战军，也标志着人民军队由抗战时期的分散游击到集中作战的转变。

8月20日，中共中央军委又指示各战略区将现有兵力迅速抽出二分之一到五分之三编为野战兵团，其余编为地方兵团。10月

---

[1]《毛泽东文集》第三卷，人民出版社1996年版，第454页。

20日，毛泽东为中共中央起草《目前时局及今后六个月的任务》的党内指示，指出："我党在解放区的中心任务，是集中一切力量反对顽军的进攻及尽量扩大解放区。为此目的，除移动大量军队与干部去东北及热河等地，并在那里组织人民，扩大军队，阻止与粉碎顽军侵入外，在一切解放区，是组织强大的野战军，有计划地歼灭向我进攻的顽军，歼灭得愈多愈干净愈彻底愈好。"[1]在同年11月12日的中共中央政治局扩大会议上，毛泽东还对各战略区组成野战军提出具体任务：晋察冀7万人，晋绥3万人，晋冀鲁豫7万人，山东7万人，中原3万人，华中5万人，关内六大区共32万人的野战军，东北组成野战军20万人，总共52万人。[2]

按照中共中央的指示精神，各战略区开始了野战军的组建工作，分别组成了晋冀鲁豫野战军、晋察冀第一和第二野战军、山东野战军、华中等野战军（1947年1月山东和华中野战军合并成华东野战军；1946年8月至10月，东北民主联军编成野战军5个纵队，1948年1月，东北民主联军改称东北人民解放军，分为东北军区和东北野战军；1947年3月西北野战兵团组成，同年7月改称西北野战军）。当时，各战略区野战军的组建都比较匆忙。比如晋察冀野战军，就是抗战胜利后由八路军晋察冀军区各根据地的小团扩编为大团，或将区队、县大队和游击队升级编组而成的，所以名为野战军，其实只是游击队的升级版。"基层干部和战士没有经过很好的战术、技术训练，他们比较熟悉游击战，不

---

[1]《毛泽东文集》第四卷，人民出版社1996年版，第40页。
[2] 中共中央文献研究室：《毛泽东年谱（1893—1949）》修订本（下），中央文献出版社2013年版，第48页。

熟悉运动战,更没有攻坚战和大兵团协同作战的经验。""特别是冀中纵队,他们在整编前长期处在游击战争环境中,每人头上蒙一条羊肚毛巾,身上穿的还都是便衣。"[1]根据当时的物质条件,在开进途中,晋察冀军区给冀中纵队换了军装,补充了轻重机枪、迫击炮,还以营、连为单位,调整了步枪的口径,匆匆完成了战役的准备工作。其他野战军的组建情况也差不多。晋冀鲁豫军区虽然在短时间里组建了太行、太岳和冀南三个纵队,但各纵队人员不足,装备也差,以太行纵队为例,"所属各部队,大部分是抗战前期组成的老团队经受了抗日战争的考验,政治上很坚强",但"由于长年分散游击,缺乏协同作战经验,各团编制只有两个营,兵员不足千人,装备很差,特别是弹药奇缺,平均每人只有2—3发子弹"[2]。

除数量和装备处于劣势外,从抗战胜利到全面内战爆发仅十个月左右的时间,这些从游击队升级而成的野战军还来不及充分地训练,作战经验方面也有不足之处。作为人民解放军前身的八路军、新四军长期坚持在敌后抗战,对日作战的主要方式是分散的游击战,缺少运动战、攻坚战和大兵团协同作战的经验。在全面内战中,与国民党军队作战的主要方式是运动战,对人民解放军来说,由游击战转变为正规战、运动战有一个过程。经过多年的抗战,国民党军队在美国的帮助下不但装备有了更新,而且作战能力也有了不同程度的提升。可是,这样一支看似强大的军队却在短短的三年多时间土崩瓦解,最终彻底覆灭,固然与蒋介石

---

[1]《聂荣臻回忆录》,解放军出版社2007年版,第483页。
[2]《陈锡联回忆录》,解放军出版社2007年版,第149页。

的错误指挥有关，但更重要的是人民解放军有一个克敌制胜的法宝——集中优势兵力，各个歼灭敌人。

全面内战爆发后，蒋介石集中193个旅（师）160万人，占其全部正规军86个整编师（军）248个旅（师）的近80%，气势汹汹地向各解放区发动全面进攻。从兵力对比上国共双方为3.4∶1，国民党军具有绝对优势。抗日战争时期，由于存在正面与敌后两个战场，八路军、新四军主要负责敌后战场的作战，国民党军主要负责正面战场的作战。敌后战场的特殊环境，决定了八路军、新四军的主要作战方式是以分散兵力打游击战为主，以集中兵力打运动战为辅。全面内战爆发后，国民党军往往采取大兵团作战的方式全面向解放区推进，要打破敌人的进攻，过去分散游击作战的方式显然不适用了，人民解放军也必须相应地以集中兵力打运动战为主，以分散兵力打游击战为辅。

抗战胜利后，原沦陷区的大城市除哈尔滨、大连外全被蒋介石所接收。全面内战爆发后，蒋介石的首要战略目标也是夺取中共已经控制的中小城市，并打通城市之间的交通线。因此，在战争之初，他常常以占领某城某地而沾沾自喜。如何打破敌人的进攻，毛泽东制定的战略方针是不计较一城一地之得失，而以歼灭敌人有生力量为目标。他反复告诫前方指挥员："一城一地之得失无关大局，主要任务是歼灭敌人有生力量。"他指出："我军打仗，不在一城一地的得失。而在于消灭敌人的有生力量。存人失地，人地皆存；存地失人，人地皆失。""我们要以一个延安换取全中国。"[1]那么，

---

[1] 中共中央文献研究室：《毛泽东年谱（1893—1949）》修订本（下），中央文献出版社2013年版，第176页。

如何实现这消灭敌人有生力量的目标，办法就是集中优势兵力，各个歼灭敌人。

1946年7月，汤恩伯指挥国民党军第一绥靖区部队15个旅约12万人，由江苏南通至泰州一线分路向苏中解放区大举进犯。当时，苏中解放区的部队仅有苏中第一师（两个旅6个团）、第六师（两个旅6个团）和地方武装升级的第七纵队（4个团）、第十纵队（3个团），共19个团，3万余人，敌我力量悬殊。华中野战军在司令员粟裕、政治委员谭震林的指挥下，决定集中第一师、第六师12个团的兵力，首先歼灭进入宣家堡、泰兴两地的国民党整编第八十三师的两个团。从总体上，此时苏中战场上国民党军是解放军的数倍，但宣泰战斗中，解放军的兵力是国民党军的6倍。7月15日，华中野战军攻城与打援部队歼敌整编第八十三师第十九旅两个团和旅属炮兵营及第六十三旅一个营，共3000人。随后，华中野战军又集中相对优势的兵力，取得了如（皋）南、海安、李堡、丁（堰）林（梓）、邵伯、如（皋）黄（桥）路战斗的胜利，史称苏中七战七捷，共歼灭国民党军6个旅及5个交通警察大队共5.3万人，歼敌总数为华中野战军参战兵力总数1.76倍。粟裕回忆说："在毛泽东军事思想的长期熏陶下，我们总是集中优势兵力各个歼灭敌人的。就整个苏中战场来说，敌我兵力对比是三点五比一，由于我们灵活用兵，在第四、五各次战斗中，我们都集中了三倍以上的兵力对付待歼之敌，有时为了保证全歼和速决，还集中了绝对优势的四倍、五倍、六倍于敌之兵力。"[1]

---

[1]《粟裕回忆录》，解放军出版社2007年版，第307页。

8月28日,毛泽东向全军通报了华中野战军的作战经验,对华中野战军集中优势兵力,各个歼灭敌人的作战方式进行了充分的肯定,指出:"我粟谭军从午元(即7月13日)至未感(即8月27日)一个半月内,作战六次,歼敌六个半旅及交通总队五千,造成辉煌战果。而我军主力只有十五个团,但这十五个团是很充实与很有战斗力的,没有采取平均主义的补充方法。每战集中绝对优势兵力打敌一部(例如未宥集中十个团打敌两个团,未感集中十五个团打敌三个团),故战无不胜,士气甚高;缴获甚多,故装备优良;凭借解放区作战,故补充便利;加上指挥正确,既灵活,又勇敢,故能取得伟大胜利。"毛泽东认为,华中野战军创造了很好的经验,要求各战略区"仿照办理"[1]。

1946年7月12日,国民党军胡宗南部整编第一师两个旅及整编第二十七师分别进至晋南闻喜、水头、堰掌、夏县时,晋冀鲁豫野战军第四纵队在陈赓的指挥下发起闻喜战役,集中6个团一举歼灭第二十七师第三十一旅全部及第一师一部,余敌退守闻喜、夏县和安邑。7月16日,毛泽东就为中共中央军委起草致各中央局、各军区电中,就此要求全军学习陈赓部集中主力各个歼敌的作战方法。电报指出:"此次阎军万余,胡宗南第一、第二十七两军五万余人向我晋南解放区进攻。我陈赓纵队现已开始作战,采取集中主力打敌一部、各个击破之方针,取得两次胜利。我各地作战亦应采取此种办法,每次集中大力打敌一部,其比例应为三对一,最好是四对一,以求必胜,各个击破敌人。望将此种战法

---

[1]《毛泽东文集》第四卷,人民出版社1996年版,第175页。

普遍教育团级以上将领,是为至要。"[1]

7月28日,毛泽东致电晋冀鲁豫野战军负责人刘伯承、邓小平,山东野战军负责人陈毅、宋时轮和华中军区负责人张鼎丞、邓子恢:"蒋军经过整编,其战斗力一般加强,我军对其作战时,必须取集中优势分割歼灭方针,其比例为三对一或四对一,否则不易解决战斗,欲速不达。无好打之机会时,宁可迟几天,等候机会。"[2]这年8月10日至22日,晋冀鲁豫野战军集中三个纵队,在地方部队的配合下,向陇海路徐州至开封段南北出击,歼灭敌正规军约两个旅,连同保安团队共1.6万余人,攻克县城5座,车站10余处,破坏铁路150余公里,迫使追堵中原解放军的国民党3个整编师和已投入及准备投入华东战场的精锐第五军、整编第十一师调到冀鲁豫战场,减轻了中原解放军的负担,配合了华东人民解放军的作战。

陇海战役过程中,中共中央军委致电刘伯承、邓小平:应集中兵力歼灭向我军进攻的国民党军,"我集中兵力之程度最好四比一,至少三比一"。"你们须准备用各个歼敌方法,每次歼其一个旅,连续打几个胜仗,方能解决问题。在打一个旅时,须集中主力先歼其一个团,然后再歼其另一团。"[3]陇海战役结束的当天,毛泽东又致电刘邓,庆祝晋冀鲁豫野战军出击陇海路战役取得歼灭国民党军两个师的大胜利,并且指出:

---

[1]《毛泽东军事文选》第三卷,军事科学出版社、中央文献出版社1993年版,第348页。

[2]同上书,第368页。

[3]中共中央文献研究室:《毛泽东年谱(1893—1949)》修订本(下),中央文献出版社2013年版,第123页。

"凡无把握之仗不要打，打则必胜；凡与顽正规军作战，每战必须以优势兵力加于敌人，其比例最好是四比一（四千人打一千人，四万人打一万人），至少是三比一，歼其一部，再打另一部，再打第三部，各个击破之。望以此教育干部，克服战役上及战斗上平均用力普遍求胜之轻敌观念。"毛泽东还要求刘邓集中主力至少18个团于陇海路北休整，补充新兵以利再战。[1]

陇海战役刚刚结束，国民党军在郑州、新乡、开封、商丘、砀山一线集结了14个整编师32个旅共约30万人，企图乘晋冀鲁豫野战军主力未及休整之际，钳击其于定陶、曹县地区；并引黄河水改入故道，控制山东西南部，然后以其主力进击漳河，打通平汉铁路。8月28日，国民党徐州绥靖公署以5个多个旅向城武、单县、丰县等地进攻；郑州绥靖公署以约10个旅向东明、定陶、曹县地区进击。刘伯承、邓小平经过对各路敌军的分析研判，认为其中整编第三师是郑州各路敌军中唯一的蒋介石嫡系，如遭围攻，其他各路国民党军为保存实力不会对其积极援助，而且该师（原为第十军）在围堵中原解放军突围部队的作战中伤亡1500人以上，于是决定发动定陶战役，集中晋冀鲁豫野战军主力（在主要作战方向上，至少集中4倍于敌之兵力），歼灭整编第三师，首先歼灭其1个团，然后逐步扩大战果全歼整三师。9月2日，晋冀鲁豫野战军一面阻击国民党军各路的进攻，一面放手诱惑整编第三师前进，当其进至天爷

---

[1]《毛泽东军事文集》第三卷，军事科学出版社、中央文献出版社1993年版，第422页。

庙、大黄集、大杨湖地区时,即以 9 个旅的兵力于 9 月 3 日夜向整编第三师发起攻击,重点指向大杨湖的第二十旅。至 9 月 6 日,全歼整编第三师,俘师长赵锡田。8 月 7 日,又全歼整编第四十七师。9 月 8 日,定陶战役结束,共歼国民党军 4 个旅共 1.7 万余人。

9 月 13 日,毛泽东致电大同前线指挥部司令员张宗逊、政治委员罗瑞卿和聂荣臻(晋察冀军区司令员兼政治委员)、贺龙(晋绥军区司令员)、陈毅(山东野战军司令员兼政治委员)、宋时轮(山东野战军参谋长),在通报定陶战役作战经过和战果时,特别强调:定陶战役的经验说明"必须集中优于敌人 5 倍或 4 倍至少 3 倍的兵力,首先歼灭敌一个至两个团,振起我军士气,引起敌人恐慌,得手后再歼敌第二部、第三部,各个击破之。切不可贪多务得,分散兵力"[1]。

为了使全军进一步认识到集中优势兵力,各个歼灭敌人的重要性,并更好地贯彻这一战略意图,1946 年 9 月 16 日,毛泽东为中共中央军委起草了关于《集中优势兵力,各个歼灭敌人》的党内指示,并且对于如何落实这一部署提出了具体要求。

毛泽东指出:在战役的部署方面,当敌人使用许多个旅(或团)分几路向我军前进的时候,我军必须集中绝对优势的兵力,即集中六倍、或五倍、或四倍于敌的兵力,至少也要有三倍于敌的兵力,于适当时机,首先包围歼击敌军的一个旅(或团)。这个旅(或团),应当是敌军诸旅中较弱的,或者是较少援助的,

---

[1]《毛泽东军事文集》第三卷,军事科学出版社、中央文献出版社 1993 年版,第 478 页。

或者是其驻地的地形和民情对我最为有利而对敌不利的。我军以少数兵力牵制敌军的其余各旅（或团），使其不能向被我军围击的旅（或团）迅速增援，以利我军首先歼灭这个旅（或团）。得手后，依情况，或者再歼敌军一个旅至几个旅；或者收兵休整，准备再战。在战役部署上，必须反对那种轻视敌人，因而平分兵力对付诸路之敌，以致一路也不能歼灭、使自己陷于被动地位的错误的作战方法。

那么，人民解放军为什么必须采取这种作战方法，因为这种战法的效果一能全歼，二能速决。毛泽东说，全歼，方能最有效地打击敌军，使敌军被歼一团少一团，被歼一旅少一旅。对于缺乏第二线兵力的敌人，这种战法最为有用。同时也只有全歼，方能最充分地补充自己。因为人民解放军不但武器弹药主要来源于敌，而且国民党军的俘虏又是兵员的重要来源。而且全歼敌人使敌士气沮丧，人心不振，而在我则士气高涨，人心振奋。而速决则使我军有可能各个歼灭敌军的增援部队，也使我军有可能避开敌军的增援部队。因此，在战术和战役上的速决，是我军战略上持久的必要条件。

毛泽东还指出，集中兵力的目的，就是在整体力量对比上处于劣势的我军，能够通过这种方式实现兵力的相对优势，以达到歼灭敌人发展自己的目的。因此，集中兵力各个歼敌的原则，以歼灭敌军有生力量为主要目标，不以保守或夺取地方为主要目标。有些时机，为着集中兵力歼击敌军的目的，或使我军主力避免遭受敌军的严重打击以利休整再战的目的，可以允许放弃某些地方。只要我军能够将敌军有生力量大量地歼灭了，就有可能恢复失地，并夺取新的地方。[1]

在此后的作战中，毛泽东一再强调必须按照集中优势兵力各个歼灭敌人的原则。在1947年12月在陕北米脂县杨家沟召开的中共中央扩大会议即十二月会议上，毛泽东总结了著名的十大军事原则，即：（一）先打分散和孤立之敌，后打集中和强大之敌。（二）先取小城市、中等城市和广大乡村，后取大城市。（三）以歼灭敌人有生力量为主要目标，不以保守或夺取城市和地方为主要目标。（四）每战集中绝对优势兵力（两倍、三倍、四倍，有时甚至是五倍或六倍于敌之兵力），四面包围敌人，力求全歼，不使漏网。（五）不打无准备之仗，不打无把握之仗，每战都应力求有准备，力求在敌我条件对比下有胜利的把握。（六）发扬勇敢战斗、不怕牺牲、不怕疲劳和连续作战（即在短期内不休息地接连打几仗）的作风。（七）力求在运动中歼灭敌人。同时，注重阵地攻击战术，夺取敌人的据点和城市。（八）在攻城问题上，一切敌人守备薄弱的据点和城市，坚决夺取之。一切敌人有中等程度的守备，而环境又许可加以夺取的据点和城市，相机夺取之。一切敌人守备强固的据点和城市，则等候条件成熟时然后夺取之。（九）以俘获敌人的全部武器和大部人员，补充自己。我军人力物力的来源，主要在前线。（十）善于利用两个战役之间的间隙，休息和整训部队。休整的时间，一般不要过长，尽可能不使敌人获得喘息的时间。毛泽东认为，这就是人民解放军打败蒋介石的主要的方法。

在这十大军事原则中，其核心就是集中优势兵力打歼灭战，

---

[1]《毛泽东文集》第四卷，人民出版社1991年版，第1197—1200页。

不断歼灭敌人的有生力量。毛泽东指出："这样，在全体上，我们是劣势（就数量来说），但在每一个局部上，在每一个具体战役上，我们是绝对的优势，这就保证了战役的胜利。随着时间的推移，我们就将在全体上转变为优势，直到歼灭一切敌人。"[1]这十大军事原则，是人民军队在长期的革命战争的经验总结。特别是集中优势兵力的作战原则，将总体的劣势转变为局部的优势，确实是毛泽东军事思想非常了不起的创造。在三年解放战争中，人民解放军运用这一作战原则，取得了一个又一个胜利。

1946年2月上旬，国民党军集中第五十二军、新六军、第十三军共六个师的兵力，分三路沿北宁路向沈阳方向进犯，企图驱逐东北民主联军，维护铁路运输，为其后续部队开进东北和进占沈阳创造条件。其南路新六军新编第二十二师由沟帮子、打虎山之线出动，向盘山、台安、辽中攻击前进；中路第五十二军（欠第一九五师）由北镇、黑山出动，向新民、皇姑屯攻击前进；北路第十三军第八十九师分由阜新、彰武出动，向法库方向攻击前进，其第二六七团相继占领广裕泉、鸳欢池，第二二六团与第二六五团第一营、师山炮连（有炮8门）、输送连等部进占法库县城西南秀水河子。东北民主联军总部了解敌人的兵力部署后，决定集中优势兵力歼灭进入秀水河子的国民党军。东北民主联军集中2个步兵师另1个步兵团，共计11个步兵营、2个山炮营、1个九二步兵炮连，共有火炮24门，敌我兵力是1∶5，火炮是1∶3。以4个团包围秀水河子之敌，以3个团打援作为预备队，炮兵火力集中使用。此役一举歼灭国民党军第八十九师

---

[1]《毛泽东文集》第四卷，人民出版社1991年版，第1247页。

4个营1500余人，其中毙、伤500余人，俘副团长以下900余人，缴获各种火炮38门，机枪100余挺，步枪800余支，汽车32辆及弹药、电台等。东北民主联军伤亡771人。虽然与后来相比，一次歼敌一千余人只能说是一个小仗，但这是东北民主联军组成后打的第一个胜仗，极大地提振了部队的士气，提高了广大官兵的信心。

1946年12月中旬，国民党军徐州绥靖公署主任薛岳指挥25个半旅，分由江苏的东台、淮阴、宿迁和山东的峄县（今枣庄峄城区）出动，向苏北、鲁南解放区进攻。以整编第六十九师（欠第九十九旅及第九十二旅1个团）附整编第五十七师的预备第三旅、整编第二十六师的第四十一旅，及正自冀鲁豫战场东调的整编第十一师共6个半旅，由宿迁向沭阳、新安镇（今新沂市）进犯；整编第七十四、第二十八师及第七军共5个旅（师），从淮阴重犯涟水；整编第六十五、第八十三、第二十五师共5个旅，由东台再犯盐城、阜宁；整编第五十九、第七十七、第五十一师及第二十六师附第一快速纵队计9个旅，由峄县、枣庄、台儿庄向郯城、临沂进犯。当时，各路国民党军气焰甚是嚣张，特别是宿迁出犯之敌整编第六十九师师长戴之奇十分骄狂。陈毅、粟裕决定集中山东野战军和华中野战军24个团的兵力，除以一部分兵力割裂敌整编第六十九师与国民党"五大主力"之一的整编第十一师的联系，并阻击整编第十一师外，集中3倍于敌的兵力，首先围歼立足未稳的整编第六十九师于宿迁、沭阳、新安镇三角地区。12月13日，整编第六十九师师部率第六十旅及第九十二旅1个团，并指挥整编第五十七师之预备第三旅、整编第二十六师之第四十一旅等部共3个半旅为左翼向新安镇进犯；以整编第十一师为右翼,向沭阳进犯。陈毅、粟裕下决心对第十一师进行坚决阻击,集中兵力围歼第六十九师。12月14日,宿北战役正式打响,激战至19日,将第六十九师师部和三个半旅全歼。宿北战役共歼国民党军2.1万人,第六十九师师长戴之奇自杀,副师长饶少伟被俘,这既是山东和华中野战军会师后打的第一个大胜仗,也是解放战争中第一次在一次战役中歼灭国民党军1个整编师,初步取得了大兵团协同作战的经验。

1947年1月,国民党军参谋总长陈诚亲临徐州,策划了"鲁南会战"计划,对山东解放区实行南北对进,两路夹击,妄图迫使华东野战军主力与其在临沂地区决战,一举歼灭华东野战军主力。北线李仙洲集团第十二军于2月4日侵占莱芜城;整编第四十六师于8日侵占新泰,并继续向蒙阴进犯;第七十三军两个师在后跟进,到达颜庄地区。根据这一情况,华东野战军除留两个纵队继续阻击南线敌人外,主力5个纵队于10日夜分三路秘密北移。原驻胶东、渤海地区之第九、第十纵队也奉命迅速向博山、明水以南开进。同时,派地方武装伪装主力向兖州方向运动。15日,各部先后到达预定集结地区。这时,国民党第二绥靖区司令王耀武发现解放军主力北移,有歼灭其南进兵团的意图,立即令部队向北收缩,但蒋介石严厉训斥王耀武"为何不得命令而擅自撤退",令其坚守莱芜、新泰,并派出有力一部插向大汶口以南,切断解放军退路。同时,急调南线之两个整编师西开临城,迅速沿津浦路北上,企图将解放军主力围歼于沂蒙山地区。根据蒋介石、陈诚的命令,王耀武不得不将其部队再向南推进,于2月17日重新侵占新泰。就在李仙洲集团在莱芜、新泰地区往返调动时,解放军完成了战役展开,实现了对李仙洲集团的战役合围。华东野战军仅以1个纵队又1个师的兵力和地方武装配合，阻击敌南线8个整编师的进攻；集中主力8个纵队于莱芜地区，以4倍于敌的绝对优势，将5万多敌军包围在莱芜至口镇之间的芹村、高家洼地区东西仅三四公里、南北仅一二公里的狭小区域，前后仅五六个小时就将包围之敌一举全歼，活捉了李仙洲，取得了莱芜战役的胜利。

在后来解放战争解放军组织的一系列重要战役中，集中优势兵力、各个歼灭敌人一直是重要的战略指导原则。1947年3月，蒋介石集中24个整编师66个旅，共45.5万人，向山东解放区发起所谓重点进攻。为防被华东野战军分割各个击破，国民党军采取齐头并进的战法，队形密集，不易割裂围歼。华东野战军采取诱敌深入的策略，主动将主力后撤，集结于莱芜、新泰以东地区待机。对刚占领蒙阴、新泰之敌围而不攻，随又主动撤围后退，以迷惑敌人，给敌人造成错觉。这时，国民党军以其"五大主力"之一的整编第七十四师作为主要突击力量，在两翼和后续强大兵团的掩护下，企图对华东野战军实施中央突破，一举击中位于坦埠的华东野战军指挥中心。"从兵力对比上来看，敌军在其进攻山东解放区的总兵力二十四个整编师（军）中，集中十七个整编师（军）进攻鲁中山区。第一线从莱芜到河阳，只有一百二十多公里，敌军密密麻麻，一字长蛇阵摆了八个整编师（军）。位于敌军左翼的第五军、第十一师、第六十五师和右翼的第七军、第四十八师，多数与第七十四师相距仅一至二日行程，第二十五师，第八十三师则相距更近。我军只有九个主力纵队和一个特种兵纵队，敌军兵力占有很大优势。但是，第七十四师担负中央突破任务，已进入我主力集结位置的正面，我军部署不需做大的调整，即可在局部对该师形成五比一之绝对优势"。[1]华东野战军即以4个纵队实行战役分割,将整编第七十四师与邻接之敌隔断,另集中5个纵队(相当于国民党军队的军或整编师)的绝对优势兵力,将整编第七十四师包围在蒙阴县的孟良崮地区,经三昼夜猛烈进攻,全歼整编第七十四师3.2万人,打破了蒋介石对山东解放区的重点进攻。

在后来著名的三大战役中,解放军也是在对敌人实施战略包围的同时,进行了战役和战术上的分割与围歼。在战略上将敌人分隔在几个战场上,而在各个战场上又把国民党军的强大集团肢解为若干孤立部分,然后集中优势兵力,各个予以歼灭,以至迅速地消灭全部敌人。

在辽沈战役中,解放军利用东北国民党军分散孤立的态势,首先集中6个纵队外加1个炮兵纵队以25万人围歼锦州守敌10万人;随后,东北野战军主力从锦州星夜回师,将由沈援锦的廖耀湘兵团10万人分割、围歼于黑山、大虎山地区;继而占领沈阳、营口,使东北全境获得解放。

在淮海战役中,华东野战军和中原野战军采取各个击破的方针,在战役第一阶段割断了黄百韬兵团与徐州国民党军的联系,继而包围黄维兵团,以阻止李延年兵团、刘汝明兵团,使淮海战场上各国民党军不能相互支援。然后,以华东野战军5个纵队和特种兵纵队主力围歼黄百韬兵团,以华东野战军6个纵队外加中原野战军1个纵队阻击杜聿明集团的邱清泉、李弥两兵团,经过12天的激战,歼灭黄百韬兵团4个军12万人;第二阶段,以中

---

[1]《粟裕回忆录》,解放军出版社2007年版,第391页。

原野战军7个纵队和华东野战军1个纵队及特种兵纵队一部，围歼黄维兵团12万人，同时，华东野战军13个纵队及部分地方部队阻止徐州之敌南援；第三阶段，华东野战军在中原野战军的配合下发动对杜聿明集团的总攻，全歼邱清泉、李弥两个兵团共20万人。

在平津战役中，东北野战军约80万人，华北军区第二、第三兵团及地方部队20万人，国民党军约60万人，敌我对比已具有明显优势。东北野战军和华北军区部队把国民党军分割包围在平绥、平津线上的各点，逐次歼灭。战役开始后，华北军区第二兵团3个纵队围歼新保安的国民党第三十五军，以4∶1的优势兵力将敌全歼；接着，华北军区第三兵团解放张家口，歼敌5万余人。随后，东北野战军发动天津战役，集中了绝对优势的兵力，共5个纵队22个师，以及大量的炮兵、坦克、工兵，经过29个小时的激战一举攻克天津，全歼国民党军13万人。张家口、天津的解放，彻底切断了傅作义集团向西撤退绥远和利用海路南逃的通道，使其完全陷入绝境，被迫接受和平改编。

在三大战役中，人民解放军遵照"集中优势兵力、各个歼灭敌人"，"先打分散和孤立之敌，后打集中和强大之敌"原则，通过各个歼灭敌人的方法，在四个多月的时间里，歼灭国民党军的三大战略集团154万余人，"使集中优势兵力各个歼灭敌人和全部歼灭敌人强大兵团密切地结合了起来"[1]，大大加快了人民解放战争的进程。

集中优势兵力、各个歼灭敌人的作战方针，在解放战争中为

---

[1]《叶剑英军事文选》，解放军出版社1997年版，第466页。

各级指挥员所充分理解和运用。华东野战军司令员兼政治委员陈毅曾对毛泽东这一战略方针有过精辟而生动的解释。他说:"我们的战略方针是集中绝对优势兵力打歼灭战,全部消灭敌人。即是放开两手,诱敌深入,创造有利时机,选择战场,集中兵力,四面包围消灭敌人,以此改善我们的装备,改变敌我形势,到一定时机转入反攻。采取这种战略方针,要舍得丢地方,抛出空间,争取时间,以歼灭敌人的有生力量,壮大自己;以退为进,先退后进,逐渐改变敌我的形势。"[1]他还说:"主张歼灭战,主张干脆、彻底、完全歼灭进犯军,需要有明确清楚的远见与深刻认识,即是舍得丢地方,方敢大胆撤退,放开两手,造成歼灭战的条件。从来军事家没有这伟大的勇敢,总是要堵住,只能打击溃战,不能打歼灭战。毛主席领导根据地,将敌人引进来,消灭敌人,达到收复失地,扩大土地,这是赚钱生意。这是毛主席的明智与大胆,不害怕敌人。毛主席的歼灭战,是战略上以少胜多,战役上以多胜少。战略上总要五六万人消灭四五十万敌人,战役上总是以几倍于敌人的力量打敌人。""具体执行一般是以多胜少,以强打弱,这不仅消灭敌人力量,还要毁灭敌人的军事机构,使其不能恢复起来。毛主席有三本账,歼灭其主力,打中其要害,摧毁其军事机构。"[2]中原野战军司令员刘伯承也认为"毛主席的集中优势兵力消灭敌人有生力量的思想,在军事指导上是划时代的人民军队的天才指导。消灭有生力量这样一条,使敌人

---

[1]《陈毅军事文选》,解放军出版社1996年版,第412页。
[2]同上书,第393—394页。

把和尚道士也抓来当兵"。[1]正因为这个战略方针,以战役上的以多胜少,实现了战略上的以少胜多,不断消灭了敌人,壮大了自己,创造了人类战争史上的奇迹。

集中优势兵力、各个歼灭敌人,是毛泽东在长期的中国革命战争中总结出来的宝贵经验,他早在1938年5月发表的《论持久战》中就指出:"我之相对的战略劣势和战略被动地位,是能够脱出的,方法就是人工地造成我们许多的局部优势和局部主动地位,去剥夺敌人的许多局部优势和局部主动地位,把他抛入劣势和被动。把这些局部的东西集合起来,就成了我们的战略优势和战略主动,敌人的战略劣势和战略被动。"[2]只有采用这样的作战方针,才能保存和发展自己,消灭敌人。

中国革命的一个重要特点就是只有用革命战争去反对反革命战争,同时,敌强我弱的基本态度在短期里又难以改变,因此,在一个较长时间里处于弱势的人民军队,要保存自己并发展自己,就必须歼灭敌人的有生力量,集中优势兵力,各个歼灭敌人就显得十分重要。"单讲两个军队,弱军可以用这个办法,两军相等也可以用这个办法,主要是敌我力量对比决定的。若是我为绝对优势、敌为绝对劣势,就不用这个战略方针。就像大人和小孩子打架,一下把他抱起摔到地下就对了,用不着先退两步再去打他。我们与国民党比,军事上相对的弱,政治上绝对强;国民党在技术上、财政经济上是相对的强,政治上却是绝对的弱,因为他卖国独裁内战,他不可能采取这个战略,若采取了,失败更

---

[1]《刘伯承军事文选》,解放军出版社1992年版,第370页。
[2]《毛泽东选集》第二卷,人民出版社1991年版,第490页。

快。"[1]集中优势兵力、各个歼灭敌人的作战方法,是人民军队达到化劣势为优势、以劣势兵力战胜优势敌人的根本方法。这也是人民解放军只用三年多时间从根本上打倒国民党的一个重要因素。

集中优势兵力、各个歼灭敌人的作战方针,其实是中国共产党一个公开的方针。1946年10月25日,晋冀鲁豫中央局机关报《人民日报》发表《随时随地准备给进攻者以打击》的社论就明确指出:"战争是长期的残酷的,就必须有个长期的打法。这就应该将我们的作战方法告诉群众,我党的方针是集中优势兵力,歼灭敌人的有生力量。""为了击灭蒋军,为了胜利,我们的主力必须集中机动使用,因此某些城市的暂时得失是完全可能的,反动派暂时占领了这些城市,被我民兵游击队地方兵团牵制束缚围困,不得机动,战线更加延长,迫使它不得不拿出更多的兵力来进行守备,这就减弱了蒋军进攻的力量,便利我主力各个歼灭蒋军。"

《人民日报》是公开出版的报纸,可以说,这是解放区人人皆知的作战方式,蒋介石不会不了解,但为什么国民党军做不到?是因为蒋介石从根本上计较一城一地的得失,以为只要占领共产党一度解放了的城市,控制了主要交通线,把共产党赶到农村变成"流寇",他就可以分散将之一一"剿灭"。正因为如此,蒋介石的战略目标就是先将共产党从城市中驱逐出去,所以全面内战爆发后他几乎夺取了解放区比较大的城市和相当数量的县城。但是,他占领的城市越多,兵力就越分散。表面上看,国民党军

---

[1]《陈毅军事文选》,解放军出版社1996年版,第416页。

队的数量要比共产党多，但随着占领的地方增多，实际兵力因分兵把守而不够用，这也是他发动全面进攻之后虽然一段时间气势汹汹，但很快不得不变成所谓重点进攻的原因。

## 七 "用蒋介石的骨头熬蒋介石的油"

由于人民解放军采取集中优势兵力、各个歼灭敌人的方针，以歼灭敌人的有生力量为目标，解放战争的第一年，虽然主动放弃了包括延安、张家口、临沂在内的一部分城市，但歼灭了大量国民党军。国民党正规军原有250个旅，后来整编至248个旅（包括骑兵），一年内营以上建制被歼灭的合计为97个半旅，等于292个团，只有98个旅未被歼过整营以上。非正规军732个团中，营以上建制被歼灭的合计为127个团。两项共419个团，约占其总兵力1476个团的三分之一弱。加上连、营以下被歼灭的兵力合计为112万人，其中正规军78万人，非正规军34万人，约占其能用于作战的总兵力290万人的三分之一强。[1]

全面内战爆发之时，国民党军使用于进攻解放区的正规军达192个旅，4个月以后增为222个旅，1947年为192个旅。战争的第一年，国民党军兵力补充估计100万人，逃亡十分之一，被歼灭112万人，其正规军由190万人降为150万人。人民解放军1946年春国共停战时，主力部队和地方部队共有近140万人，停战令发布后，各地复员精简了一部分，全面内战爆发之时为127万人，到1947年7月时为195万人。因此，战争头一年，虽然

---

[1]《周恩来军事文集》第三卷，人民出版社1997年版，第231页。

失去了一部分城市，但消灭了大量的国民党军有生力量，发展壮大了人民解放军，锻炼了解放军的作战能力。到这时，国民党军队在数量上仍多于人民解放军，但二者之间数量上的对比优势已不再像战争之初那样明显。

解放战争开始之时，战争的特点是国民党军进行战略进攻，人民解放军进行战略防御，战争主要是在解放区境内进行的。进行内线作战的好处是地理环境熟悉，能得到解放区政府与群众的大力支持，伤病员可以及时得到安置等。但是，战争是人力物力的极大消耗，内线作战使得解放区许多地方成为战场，战争的破坏性是显而易见的。战争一年之后，解放军发展到了 200 万人之众，而解放区实际负担的人口不到 1 亿人，已经大大超过了人均负担脱离生产的人员不能超过 1.5% 的限度，解放区人民已出现负担过重的问题。

以东北解放区的北满根据地为例，这里共有 1400 万人口。据统计，已出兵 30 万人、民夫 10 万人，在有些地方已占全部人口的 6% 至 8%。北满人口中三分之一是城市人口，约 400 万人；能进行农业生产的大约 750 万人，其中还包括老弱妇孺。而北满脱产的军政人员有 30 万人。这 700 多万人要供给 400 万城市人口的粮食和 30 万人的吃饭穿衣，"人民的负担实在不轻。去年征收公粮已占农民总收入的百分之五十"[1]。

除东北外，其他各解放区由于基本上没有大中城市，因而工商税收有限，财政收入主要来自农业税。从各地农业税征收额占农业产量比例看，1946 年陕甘宁边区为 8.9%，山东为 10.53%，

---

[1]《罗荣桓军事文选》，解放军出版社 1997 年版，第 402 页。

晋察冀边区为10.53%，晋冀鲁豫边区为12.3%，晋绥边区为12.75%，东北和热河约为20%。由此可见，除东北和热河达到20%外，其余各解放区在9%至16%之间。总体说来，各解放区农业税占比在15%至20%之间，农民负担还不是很重。

到1947年，战争给解放区农民造成的负担明显加重，一方面，在国民党军的全面进攻下，解放军曾主动撤出了一些城市，解放区的面积由此而有所缩小。到1947年4月止，晋冀鲁豫解放区放弃的县城有46座，占全区120座县城的三分之一，解放区人口减少六七百万以上，所属的太行、太岳、冀南、冀鲁豫及豫皖苏五个地区全部被卷入战争。其他解放区也存在类似的情况。另一方面，全面内战爆发后，各解放区不但停止了复员精简，而且还开展了轰轰烈烈的参军参战动员。战争第一年，人民解放军从127万人发展到近200万人，增加了70万人左右，增加的人员来源主要有两个方面，即动员解放区农民参军和俘虏兵补充。前者大约50万人，后者大约30万人，二者相加约80万人，而部队只增加了70万人，中间相差的数字是战争造成的伤亡。在一年的作战中，解放军伤亡约35万人，其中阵亡者约为七分之二，受伤者中除了少量致残人员外大部分伤愈后可以归队。这200万人的部队加上支前民工，对于财政收入几乎全靠农业支撑、人口不足1亿的解放区来说，显然是一个巨大的负担。1947年，陕甘宁边区征收额占农业产量的27.33%，山东解放区为22.5%，晋察冀边区为14.9%，这个负担已经比较重了。

此外，解放区农民还有比较繁重的战勤负担。1947年1月的鲁南战役期间，山东解放区的鲁南、鲁中、滨海3个区共有60余万名民兵、民工支前，出动担架6300多副、大小车15000余辆。[1]当时农民负担最重的地区是敌人重兵进攻的地区。陕甘宁边区90%的地区受到敌人的烧杀抢掠,土地荒芜360万亩,青苗被毁50万亩,边区农业产量由1946年的54900万斤,下降到1947年的27000万斤。山东解放区原来拥有人口3100多万,在敌人重点进攻时人口缩减到2200万,减少了三分之一。

由于人口减少、军政人员增多,解放区农民负担自然相应加重,如果战争继续在解放区进行,将耗尽解放区的资源,不利于长期战争。有亲历者回忆说:"战争,不能继续在内线打了,再像前几个月那样打下去,不仅不能粉碎敌人的重点进攻,我们解放区也负担不起。前几个月在冀鲁豫地区拉锯式的战斗,打过来,打过去,有些地方,老百姓的耕牛、猪、羊、鸡、鸭几乎全打光了。地里种不上粮食,部队没饭吃,怎么能打仗。当时晋冀鲁豫边区政府的财政收入,绝大部分都用于军费开支。一个战士一年平均要用三千多斤小米,包括吃穿用及装具等。野战军、地方军加起来四十多万人,长期下去实在养不起。我们早一点打出去,就可以早一点减轻解放区人民的负担。战争,是军事、政治、经济的总体战。再强的军队,没饭吃是打不了仗的。此外,只有把战争从内线引到外线,即从解放区打到蒋管区,我们才能最终取得战略上的主动权。"[2]

更重要的是,要实现从根本上打倒蒋介石、解放全中国的目标,也需要人民解放军由内线作战转向外线作战,进军国民党统

---

[1] 中共山东省委党史研究室:《中共山东编年史》第6卷,山东人民出版社2015年版,第32页。
[2]《陈再道回忆录》,解放军出版社2009年版,第485页。

治区，这样才能扩大解放区，只有把全国变成解放区才能取得革命的根本胜利。而且经过一年的战争，人民解放军在战争中得到了发展壮大，这种壮大不单是人数增加了，而且通过战场缴获装备有了很大的改善，除了没有空军和海军外，解放军一些野战部队的装备基本上与国民党军不相上下，而且作战能力有了很大提高，随着战争不断胜利，他们士气也随之高昂。在这种情况下，中共中央决定由内线作战转向外线作战，由战略防御转入战略进攻，把战争引向国民党统治区。

全面内战爆发之初，周恩来率领的中共代表团还仍然在南京同国民党谈判，中共中央还不希望国共关系彻底破裂，而是边打边谈，以打促谈。到1946年10月国民党军占领张家口，蒋介石不顾中共和民盟的反对强行召开所谓"国民大会"，将谈判大门彻底堵死，中共中央才下决心只能通过战争解决国共之间的矛盾。胡乔木回忆说："1946年中我们准备同国民党彻底破裂，毛主席也是反复考虑了很长时间才下了决心。当然，国共两党最终是否破裂主要地不取决于我们的态度，但我党采取的方针策略却会对中国的前途产生决定性的影响。"[1]到这时，一方面由于国民党的内战方针不可改变，另一方面人民解放军采取集中优势兵力打歼灭战的作战方针，已经歼灭了国民党军38个旅，这就证明"蒋介石的攻势是可以战胜的"[2]。

在这种情况下，毛泽东开始考虑在适当的时机将战略防御转

---

[1]《胡乔木回忆毛泽东》，人民出版社1994年版，第436页。
[2] 中共中央文献研究室：《毛泽东年谱（1893—1949）》修订本（下），中央文献出版社2013年版，第151页。

入战略进攻、将战争引向国民党统治区的问题。1946年11月21日，中共中央召开会议，主要听取从南京回来的周恩来关于国共谈判和国民党统治区情况的报告。这时，国共谈判已经完全破裂，战争已经进行了将近半年，毛泽东对敌我双方的战斗力已经心中有数。因此，他在会议的讲话中第一次提出要用十到十五年打倒蒋介石。他还说："经过半年到一年，消灭他七八十个旅，停止他的进攻，开始反攻，把他在美国援助下七八年积蓄一年内打破，达到两党平衡。达到了平衡就很容易超过。那时我们就可以打出去，首先是安徽、河南、湖北、甘肃，然后就可以再向长江以南。"[1]这是毛泽东在党内第一次提出战略进攻的问题。

从1946年全面内战爆发到1947年1月七个月的作战中，人民解放军已歼灭进犯解放区的国民党正规军56个旅，平均每月歼敌8个旅，占其进攻解放区总兵力218个旅的四分之一强。国民党共有正规军248个旅，这218个旅约占国民党军正规军总兵力的90%，留在后方的仅30个旅20余万人，这就意味着蒋介石很难再从后方调动很多有战斗力的部队向解放区进攻。在被歼灭的国民党军队中，虽然以后又以原番号补充恢复，但战斗力已经很弱。鉴于这种情况，1947年2月，毛泽东在为中共中央起草的《迎接中国革命的新高潮》的党内指示中指出："我军如能于今后数月内，再歼其四十至五十个旅，连前共达一百个旅左右，则军事形势必将发生重大的变化。"[2]

---

[1]中共中央文献研究室：《毛泽东年谱（1893—1949）》修订本（下），中央文献出版社2013年版，第151页。
[2]《毛泽东选集》第四卷，人民出版社1991年版，第1212页。

同年4月15日，西北野战军取得了羊马河战斗的胜利，歼灭国民党军整编第十五师第一三五旅6000余人，生俘代旅长麦宗禹。第二天，新华社发表《战局的转折点——评蒋军一三五旅被歼》的社论，认为羊马河战斗的胜利是西北战局的转折，"全国战局将从此全面地起转变"。毛泽东在修改社论时特地加写了这样一段话："可以预计，从四月开始的两三个月内，蒋军将由攻势转变成守势，人民解放军将由守势转变成为攻势。"[1]公开提出人民解放军将开展战略进攻。同年5月1日，新华社又发表《全力准备大反攻，纪念五一节》的社论。在为社论作修改时，毛泽东又加写了这样两段文字：战争形势"由蒋介石的局部进攻与人民解放军的局部反攻，改变到蒋军的全面防御与人民解放军的全面反攻"；"我们的任务就是：动员一切力量，全力准备大反攻。这个反攻将是长期的，因此速胜的观念是不对的；不论在军事方面和经济方面，都要作长期的打算，在长期的全面的艰苦奋斗中取得胜利"[2]。

从这时开始，组织战略进攻提上议事日程。这年5月4日，中共中央在给刘伯承、邓小平、陈赓、谢富治、陈毅、粟裕并告彭德怀、习仲勋的电报中指出："刘邓军十万立即开始休整，巳东（即6月1日——引者）以前完毕，巳东后独力经冀鲁豫出中原，以豫皖苏边区及冀鲁豫边区为根据地，以长江以北，黄河以南，潼关、南阳之线以东，津浦路以西为机动地区，或打郑汉，或打

---

[1] 中国人民解放军政治学院党史教研室：《中共党史参考资料》第10册，第275页。
[2] 中共中央文献研究室：《毛泽东年谱（1893—1949）》（下），中央文献出版社2013年版，第186页。

汴徐，或打伏牛山，或打大别山，均可因时制宜，往来机动，并与陈粟密切配合行动，凡有共同作战之处陈粟军受刘邓指挥。"[1]让刘邓大军"出中原"一个"出"字，预示着战略进攻的到来。

7月10日，毛泽东就全军一年作战总结及今后计划致电林彪、罗荣桓和高岗，更是明确提出人民解放军经过第一年作战，"除山东外，一切区域均已将敌战略进攻停止，并已转入我军之进攻"，而且"山东敌集中攻我鲁中，估计亦难持久，我军将逐步转入攻势"。因此，战争第二年人民解放军的作战任务是"山东太行两区力求占领长江以北，西北方面力求占领甘宁大部，北线我军力求占领中长、北宁、平承、平石、平绥、同蒲各路之大部及路上除平、津、沈以外各城，孤立平、津、沈，如能占领沈阳则更好。其中极重要的是占领平绥路，打通东北与华北联系，使华北、西北我军获得军火接济。""在第二年计划顺利完成条件下，第三年，山东太行两主力即可向长江以南发展；东北、五台（即晋察冀——引者）我军，除留必要兵力攻击平、津、沈及其他第二年尚未占领之城市，并守备本地外，即可以相当数量之兵力加入西北及长江以南作战，而主要是加入西北，以期夺取西北各省及四川全省，巩固后方。"[2]对战略进攻谋划了明确的路线图。

对于为什么在战争进行一年之后由战略防御转入战略进攻，这年8月11日和8月24日，毛泽东在给陈毅等人指示中明确指出："总的意图是将战争引向国民党区域，使我内线获得喘息机

---

[1]《毛泽东军事文集》第四卷，军事科学出版社、中央文献出版社1993年版，第50页。

[2]同上书，第135页。

会，以利持久。"[1] "第二年作战基本任务是将战争引向国民党区域，部分任务是在内线歼灭敌人，借以破坏国民党之计划（将战争引向解放区，破坏解放区，使不能持久），达到我们分散敌人，各个击破敌人，并使解放区不被破坏，使战争能够持久之目的。"[2] 毛泽东在这里对为什么必须及时由战略防御转入战略进攻，解释得十分清楚了。

同年9月，毛泽东在《解放战争第二年的战略方针》的党内指示中进一步明确指出："我军第二年作战的基本任务是：举行全国性的反攻，即以主力打到外线去，将战争引向国民党区域，在外线大量歼敌，彻底破坏国民党将战争继续引向解放区、进一步破坏和消耗解放区的人力物力、使我不能持久的反革命战略方针。"[3]

1947年6月30日，经过休整后的晋冀鲁豫野战军四个纵队12万人，在山东鄄城县的临濮到阳谷县的张秋镇150公里的地段上，一举突破黄河天险，挺进鲁西南，发动鲁西南战役，在一个月的时间里歼敌6万余人，揭开了战略进攻的序幕。随后，刘邓大军分三路向大别山疾进，并于8月末进入大别山地区，开始经略中原。紧接着，晋冀鲁豫野战军太岳兵团，于8月下旬由晋南强渡黄河，挺进豫西地区。华东野战军主力在打破国民党军的重点进攻后，于9月下旬进入豫皖苏平原，进行外线作战。华东野战军的内线兵团（1948年3月改称山东兵团），从10月初起向

---

[1]《毛泽东军事文集》，军事科学出版社、中央文献出版社1993年版，第189页。
[2]《毛泽东文集》第四卷，人民出版社1996年版，第292页。
[3] 同上书，第1230页。

胶东地区之敌发起攻势作战。8月下旬，西北野战军转入反攻。9月初，晋察冀野战军对平汉线北段之敌发起攻势作战。从9月起，东北野战军在长春、吉林、四平地区和北宁线锦西至义县地区发起大规模的秋季攻势。由此，人民解放战争由战略防御转入战略进攻，实现了中共中央提出的"以主力打到外线去，将战争引向国民党区域"的战略目标。

毛泽东说过："战略指导者当其处在一个战略阶段时，应该计算到往后多数阶段，至少也应计算到下一个阶段。尽管往后变化难测，愈远看愈渺茫，然而大体的计算是可能的，估计前途的远景是必要的。那种走一步看一步的指导方式，对于政治是不利的，对于战争也是不利的。走一步应该看那一步的具体变化，据此以修改或发展自己战略战役计划，不这样做，就会弄出冒险直冲的错误。"[1]在解放战争第二年刚刚开始之时，人民解放军由战略防御转入战略进攻，对于中国共产党只用三年多的时间就从根本上打倒国民党，可以说是一个极为重要的战略决策。邓小平后来回忆说："战略反攻的时间提前了，比预定的不止提前一年两年。解放战争开始时没有提出反攻的问题，那时反攻时间还捉摸不定。从一九四六年七月开始，到一九四七年六七月，打了一年就很有把握地确定反攻。要说原因，一个是第一年歼灭了近百个旅的敌人，相应地，我们的装备也有所改善。另一个原因是客观形势迫使我们要早反攻。"之所以由刘邓大军揭开战略进攻的序幕，"那时国民党重点进攻山东和延安，这好比是扁担的两头。我们晋冀鲁豫在中间，虽然不是敌人重点进攻的地区，但是是一个挑

---

[1]《毛泽东选集》第一卷，人民出版社1991年版，第221—222页。

扁担的地区，伯承同志讲的是'扁担战略'。我们的任务就是要把两头的敌人吸引到中间来，而我们的战略反攻，实现了中央军委、毛主席的战略意图"[1]。

用邓小平的话说，这个时候进行战略进攻"是恰当其时的，迟了就要犯错误"。之所以是"恰当其时"，"因为在战争初期，我们的装备还不够优良，作战经验还不丰富，内线便于消灭敌人，便于组织和发展我们的力量，便于积累经验，所以先在内线打是完全必要的，也是取得了胜利的。从一九四六年七月到一九四七年六月，我们全国各个战场在第一年的自卫战争中，消灭了一百一十二万敌人。我们把分散的游击部队组成了野战军，积累了丰富的作战经验，这时时机成熟了，就应该转到外线，否则就要吃亏"。而"迟了就要犯错误"，是"因为蒋介石的反革命战略方针是要把战争扭在解放区打"，"来削弱我们的人力、物力、财力，使我们不能持久，封锁我们不能出来，好使他保持三万万人口的后方完整而不受损失，来供应他作战"，而解放区"经过一年的内线作战，农民的鸡、猪、牲口看见的不多了，村里的树也少了"[2]。如果不在此时及时转入外线作战，解放区就难以继续承受战争造成的巨大负担。

1936年，斯诺访问陕北苏区时曾问周恩来："你对蒋介石作为一个军人，看法如何？"周恩来回答说："不怎么样。作为一个战术家，他是拙劣的外行，而作为一个战略家则或许好一点。"周恩来还说："蒋介石是一个较高明的战略家，却不是一个高明

---

[1]《邓小平文选》第三卷，人民出版社1993年版，第338—389页。
[2]《邓小平文选》第一卷，人民出版社1994年版，第97—98页。

的战术家。他的政治意识比军事意识强,这是他能争取其他军阀的原因。"[1]蒋介石在具体指挥作战时确实不怎么高明,却有一定的战略思维,但他不会扬长避短反而扬短避长,不发挥其战略谋划之长,常常亲自进行具体的战役战斗指挥,而且动辄越级指挥,使下级无所适从,因而蒋介石亲自指挥的战役往往很少有取胜的。

陈毅也说过"蒋介石这个人懂得战略",并对蒋介石为什么要把战争引向解放区和解放军为什么要进行战略进攻有过生动而又深刻的说明。陈毅说:"蒋介石的方针是无论如何把战争摆到解放区,保证吃饭、筹草、抓壮丁、搞鹿砦一切都出在解放区。毛主席讲:蒋介石的反革命战略方针是使他的管区不受战争影响,或付出得很少,这样支持三五年,则不愁解放区不垮。小米没有了,壮丁没有了,到那时党性再强也要受影响,只能去打游击。我们一百多万军队,蒋介石二三百万军队,一起堆到解放区,吃他三年五载,双方五六百万人,光屙屎一天也要屙五六百万堆。你能俘虏,可是俘虏也要吃,俘虏过来的第一天马上就要解决伙食问题。所以去年我们这一反攻,带决定性的胜利就是把蒋介石的战略方针破坏了,把战争包袱放到'蒋委员长'头上。战争是一个皮球,他踢过来,我踢过去,最后踢到他头上。"[2]陈毅曾对由战略防御转入战略进攻的重要性有过形象化的比喻。比喻为"是用蒋介石的骨头熬蒋介石的油"。他说:"我军

---

[1] 中国革命博物馆党史研究室:《党史研究资料》第2集《周恩来谈第一次国共合作与蒋介石》,四川人民出版社1981年版,第180—181页。
[2]《陈毅军事文选》,解放军出版社1996年版,第467—468页。

现在转入蒋区作战，是用蒋介石的骨头熬蒋介石的油，他是不好受的。我们是过来人，知道的很清楚。过去打仗在解放区，用解放区的骨头熬解放区的油，把山东吃得精光，现在这个大包袱，加在蒋介石头上，叫他尝尝滋味。"[1]这就将及时由战略防御转为战略进攻的重大意义，做了十分透彻的解释。

在十年内战时期，由于中国共产党领导的根据地处在国民党军的四面包围之中，"敌人的方针就是要扭在苏区边沿和苏区里面打，尽情地消耗我苏区的人力、物力、财力，使我们陷于枯竭，即使取得军事上若干胜利，也不能持久。"[2]各个革命根据地反"围剿"之所以失败，与战争长期在根据地内进行，导致根据地的人力物力资源逐渐枯竭有着密切的关系。这些根据地本来面积不大，人口不多，人力物力有限，即使再进行有效的动员，也无法支撑长久而规模巨大的战争。内线作战进行战略防御，在战争初期敌强我弱的情况下是必要的，只有如此才能消灭敌人有生力量保存自己。但是，战略防御如果时间过长，防御的一方就难以承受战争的巨大消耗。全面内战爆发之时，虽然解放区人口面积、人民解放军的数量与十年内战时期的根据地和红军已经不可同日而语，有了很大的发展，但与国民党统治区和国民党军队相比，敌强我弱的态度没有根本改变，尤其是主要城市和工业基础掌握在国民党手中，只有组织战略进攻，将战争引向国民党统治区，才能从根本上赢得战争的胜利。

历史证明，及时由战略防御转入战略进攻，是一个非常了不

---

[1]《陈毅军事文选》，解放军出版社1996年版，第441页。
[2]《邓小平文选》第一卷，人民出版社1994年版，第97页。

起的战略决策，充分体现了毛泽东作为一个战略家的远见，"这是一个有关中国人民革命历史的全局性的变化"[1]，这也是人民解放战争只用了三年时间就取得根本胜利的重要原因。这个决策做出半年之后，毛泽东在十二月会议的书面报告《目前形势和我们的任务》中就此评价说："这是一个历史的转折点。这是蒋介石的二十年反革命统治由发展到消灭的转折点。这是一百多年以来帝国主义在中国的统治由发展到消灭的转折点。"[2]人民解放军各路大军1947年下半年相继转入战略进攻，粉碎了国民党军的防御体系，把战争引向了国民党的统治区，把战线伸展到长江一带。正如朱德所指出的："这就破坏了蒋介石以反人民内战毁灭中国人民解放区的反革命计划，而把革命的火焰引向蒋介石发动反人民内战的根据地，从而在根本上撼动了国民党的反动统治，推进了全国人民革命斗争的高潮。"[3]

毛泽东在《论持久战》中曾指出："我要优势和主动，敌人也要这个，从这点上看，战争就是两军指挥员以军力财力等项物质基础作地盘，互争优势和主动的主观能力的竞赛。竞赛结果，有胜有败，除了客观物质条件的比较外，胜者必由于主观指挥的正确，败者必由于主观指挥的错误。"[4]解放战争时期，人民解放军能在如此短的时间里，打倒一开始似乎比自己强大得多的国民党军队，与毛泽东为核心的中共中央领导集体炉火纯青的军事指挥艺术是分不开的。

---

[1]《朱德军事文选》，解放军出版社1997年版，第787页。
[2]《毛泽东选集》第四卷，人民出版社1991年版，1244页。
[3]《朱德军事文选》，解放军出版社1997年版，第787页。
[4]《毛泽东选集》第二卷，人民出版社1991年版，第490页。

1947年下半年，人民解放军各野战军相继转入战略进攻，不但收复了全面内战开始之时一度被国民党占领的地区，而且开辟出广大新解放区。到1948年上半年，人民解放军的战略进攻继续发展，攻城略地，所向披靡。

1947年12月15日至1948年3月15日，东北野战军进行为期90天的冬季攻势作战，歼灭国民党军15.6万余人，将国民党军压缩于长春、沈阳、锦州等几处互相不能联系的孤立地区内，东北解放区的面积扩大到全东北的97%，解放区人口占东北的86%。1948年2月29日至3月1日，西北野战军发动宜川战役，歼敌近3万人。4月22日，收复延安。3月7日至5月17日，晋冀鲁豫军区一部和晋绥军区一部发动临汾战役，歼敌2.5万余人，拔掉了晋南地区国民党的最后一个据点。随即发动晋中战役，解放晋中大片地区，山西境内只剩下太原、大同等少数城市尚未解放。3月8日，华东野战军和晋冀鲁豫野战军发动洛阳战役，于14日攻占洛阳，全歼守敌2万余人。4月上旬，晋察冀野战军发动察南绥东战役，占领天镇、怀安等地。随后又发起冀热察战役，歼敌2.4万人。6月17日，华东野战军和中原野战军发起豫东战役，第一阶段在开封地区歼灭国民党军约4万人，占领河南省会开封；6月27日，战役进入第二阶段，历时9天，在睢（县）杞（县）地区歼灭国民党军5万余人。7月12日至18日，华东野战军山东兵团发起兖州战役，歼敌6.3万人，使济南陷入孤立。

人民解放军在进入战略进攻的一年内，共歼灭国民党军队152万人，收复和解放了3700万人口和15.6万平方公里的土地，解放了164座中小城市。解放区面积已扩大到235万平方公里，占全国面积的四分之一；人口增至1.68亿，占全国人口的三分之一以上。

到1948年6月底，经过两年的作战，敌我双方军事力量的对比更进一步地发生了显著的变化：人民解放军的总兵力，已由1946年7月的127万人发展到280万人；国民党军队则由430万人减少为365万人，其中用于第一线的只有170余万人。同国民党军总兵力的对比，已从战争开始时的1：3.37变为1：1.3，并且经过新式整风运动使士气高涨；通过战场缴获，武器装备也得到极大改善。为了加快打倒国民党反动派的步伐，加速人民解放战争的进程，毛泽东和中共中央又不失时机决定指挥人民解放军与国民党军展开战略决战。

到1948年9月，国民党军队在西北、中原、华东、华北、东北五个战场上分五个战略集团。东北战场为卫立煌集团共48万余人，分布在长春、沈阳、锦州三个孤立地区，依靠北宁线的锦、榆段（即北平—沈阳铁路的锦州至山海关段，山海关又称榆关）作为他们和关内水、陆联系的通路。华北战场的傅作义集团共60余万人，分布于平绥线上的归绥（今呼和浩特）、张家口（1948年9月华北军区第二、第三兵团发动绥察战役后，切割了归绥与张家口之间的联系）及北宁线上的北平、天津、唐山、山海关等各要点，依靠塘沽港作为海上补给的通路。华东战场为刘峙集团共60余万人，集中于以徐州为中心，西起商丘、东至连云港的陇海线上及南至蚌埠的津浦线上。中原战场为白崇禧集团约75万人，分布于平汉线南段及以汉口为中心的地区。西北战场为胡宗南集团约30万人，被牵制于以西安为中心的关中地区。

1948年8月上旬，国民党在南京召开军事检讨会，决定将作战重点置于长江以北、黄河以南地区,在这一地区将国民党军主力"编组强大之进剿兵团",对人民解放军进行所谓"猛烈追剿";在东北和华北地区,彻底集中兵力,确保辽东、热河,以巩固华北。会议同时决定加强以主要城市为战略要点的守备兵力和防御工事,并以精锐主力为骨干,组成若干个十万人以上的机动作战兵团,使解放军对其战略要点"啃不烂",对其增援兵团"吃不掉"。至于东北,则要求沈阳坚守至10月底,以观时局发展,原则上不放弃沈阳,同时亦做撤退准备。"在这种情况下,究竟是让敌人实现他们把现有兵力撤至关内或江南的计划,使我们失去时机,从而增加我军尔后作战的麻烦呢?还是在敌人还没有来得及决策逃跑之前,我们就当机立断,抓住大好时机,组织战略决战,各个消灭敌人的强大战略集团呢?机不可失,时不再来。"[1]针对这种形势,毛泽东和中共中央决定抓住这个有利时机,在总兵力还弱于国民党的情况下与之展开战略决战。这是一个重大的战略决策,也是国民党方面事先没有预料到的。

下定战略决战的决心之后,选择哪个战场作为首战方向就极为重要。首战必胜是一个重要的战略原则。作为战略家的毛泽东,早在1936年为总结中央苏区第五次反"围剿"战争的经验教训而写作的《中国革命战争的战略问题》一文中就强调:"第一个战斗的胜败给予极大的影响于全局,乃至一直影响到最后的一个战斗。"他还总结了如何取得首战胜利的条件:第一,必须打胜。必须敌情、地形、人民等条件,都利于我,不利于敌,确有把握而后动手。否则宁可退让,持重待机。机会总是有的,不

---

[1] 叶剑英:《伟大的战略决战》,《人民日报》1965年8月30日。

可率尔应战。第二，初战的计划必须是全战役计划的有机的序幕。没有好的全战役计划，绝不能有真正好的第一仗。即使初战打了一个胜仗，若这个仗不但不于全战役有利，反而有害时，则这个仗虽胜也只算败了。第三，还要想到下一战略阶段的文章。战略指导者当其处在一个战略阶段时，应该计算到往后多数阶段，至少也应计算到下一个阶段。[1]经过反复的考虑，毛泽东决定将与国民党进行战略决战的首战之地选择在东北战场。

当时，西北、中原、华东、华北、东北五个战场上，与国民党五个战略集团相对应的人民解放军的五大野战军中，敌我兵力对比唯一占优势的是东北野战军。此时，东北野战军已达53个师70万人，加上地方部队，东北人民解放军的总兵力已达105万人；而国民党军队为4个兵团14个军44个师，加上地方部队共55万人。东北绝大部分的地区和人口已经获得解放，并且建立了巩固的后方，而国民党军被分割压缩在长春、沈阳和锦州三个互不联系的据点和地区内，地区狭小，补给困难，长春已被解放军紧紧包围无法解救。如果首先解决东北战场上的国民党军，既能打破蒋介石收缩兵力的企图，又能使东北野战军成为一支强大的战略机动部队，并且利用东北雄厚的物质基础支持全国解放战争。

这时，蒋介石战略上是在尽量延长坚守东北几个孤立要点的时间，牵制东北人民解放军，使其不能入关作战；同时又准备把东北守军撤至华中地区，加强华中防御。"在这种情况下，如果我们把战略决战的方向，指向华北战场，则会使我军受到傅作

---

[1]《毛泽东选集》第一卷，人民出版社1991年版，第221页。

义、卫立煌两大战略集团的夹击而陷于被动；如果我们把战略决战的方向首先指向华东战场，则会使东北敌人迅速撤退，而实现他们的战略收缩企图。因此，东北战场就成为全国战局发展的关键。根据上述情况，毛泽东同志将战略决战方向，首先指向东北战场的卫立煌集团，这就将战略决战的初战胜利放在稳妥可靠的基础上。这是毛泽东同志宏图大略全局在胸投下的一颗好棋子。决战首先从局部的形势开始，进而争取全局上的更大优势。由于迅速而顺利地取得了辽沈战役的胜利，就使全国战局急转直下，使原来预计的战争进程大为缩短。"[1]

从1948年9月12日开始，相继组织了辽沈、淮海、平津三大战役，历时4个月又19天，歼灭敌人正规军144个师（旅），非正规军29个师，共154万余人。将国民党赖以发动内战的精锐武装力量基本围困在长江以北地区，大大地加速了全国胜利到来的步伐。

1948年3月，毛泽东离开转战一年之久的陕北前往晋察冀与中央工委会合。在途经山西临县三交镇时，毛泽东曾说："同蒋介石的这场战争，可能要打六十个月，六十个月者，五年也。这六十个月又可分为两个三十个月，前三十个月是我们'爬坡''到顶'，也就是打到我们占优势；后三十个月，叫作'传檄而定'，那时候，我们是'下坡'，有的时候不用打仗，喊一声，敌人就投降了。"[2] 到三大战役胜利时，这场战争对中国共产党来说已经达到了"爬坡"的顶点，时间也正好大致是30个月。

---

[1] 叶剑英：《伟大的战略决战》，《人民日报》1965年8月30日。
[2] 《杨尚昆回忆录》，中央文献出版社2001年版，第259页。

三大战役之后，国民党的失败已成定局。随后，蒋介石被迫宣布"下野"，由李宗仁代总统。李宗仁上台后曾宣布愿意以接受中国共产党提出的八项条件为基础进行和平谈判，并于1949年4月1日起双方派代表进行和谈，但由于国民党和南京政府没有和平诚意，拒绝在经南京政府谈判代表认可的《国内和平协定》（最后修正案）上签字。4月21日，人民解放军随之发动渡江战役，并以摧枯拉朽之势大举向江南、华南、西南和西北地区进军。由于国民党的精锐武装力量已经被消灭，因此，渡江作战后，除了第三野战军发动的上海战役规模较大外，已经没有什么大仗可打了。人民解放军或以战斗或以和平的方式迅速解放大片国土，许多地方的解放真正是"传檄而定"。

在战争进行一年之际及时将战略防御转入战略进攻，在人民解放军与国民党军相比总体数量上还没有取得优势的情况下就组织战略决战，体现了毛泽东和中共领导层善于判断大势、善于抓住有利时机的高超水平和超常的决策能力，也充分体现了各战略区领导人对中央领导层的决策具有超常的理解能力和执行能力。正是由于抓住恰当时期组织战略进攻，将战争引向国民党统治区，才使解放区有了休养生息的机会，同时扩大了解放区；当蒋介石计划收缩兵力又举棋未定之时，及时进行战略决战，将其精锐部队歼灭在长江以北地区，大大加速了人民解放战争的进程。

解放战争能够迅速取得胜利，与中国共产党制定了正确的战略方针自然有密切的关系，但同时也应该看到，解放军的战术水平也在不断提高。

应该承认，在战争初期，一些干部战士不太注意提高战术水平。1947年底，陈毅根据中共中央的指示离开华东战场前往中共中央开会,在途经晋冀鲁豫、晋察冀和晋绥等地时,应这些地区所在的中央局或军区的邀请,陈毅介绍了华东一年来自卫战争的有关情况。在讲到华东野战军的战术问题时,陈毅说:"我们比战术是比不上人家的,如操场动作,内务管理,战斗动作等。"[1]"直到现在,我们仍保持北伐时期的战术,采用波浪式的集体冲锋。"[2]"由于我军多是翻身农民,他们参军没几天,就拿枪打仗,没有经过正规训练。因为中国人民战争的残酷性,天天要打仗,没有时间训练,步兵战术、战斗动作、内务条令我们都没有研究,更谈不到按步兵操典上所说的去做,甚至连军语也不懂,作报告就是一套'精神训话',什么'英勇杀敌,打倒蒋介石美帝国主义等'。如果我军能把战术战斗动作提高一步,就可以减少伤亡,革命的胜利就要快些,能取得更大的成绩,就不用二十几年的武装斗争。这要引起我们领导上很大的重视。"[3]

陈毅还曾讲到过一个情况:某部有一个营长指挥三个连去打一个村里的敌人,村外是开阔地,这个营长不讲究机炮火力掩护,敌人等到解放军冲到七八十米远才打枪,冲一次就死伤七八十人。一个俘虏兵是轻机关枪射手,他看见营长叫"打!打!打!",就说:"营长你叫打哪里呀?"营长没法回答他。俘虏兵说:要用机枪封锁敌人的枪眼,掩护冲锋。营长同意了他的意见。这个俘虏兵并提出要用三挺机枪封锁五个枪眼,他先负责布置,搞好标尺,试验射击目标,然后指挥三挺机枪一齐开火,

---

[1]《陈毅军事文选》,解放军出版社1996年版,第411页。
[2]同上书,第412页。
[3]同上书,第428页。

压住了敌人的火力,营长就发命令冲锋,以手榴弹打进去,没有一个伤亡,敌人就被迫投降了。"这是战术作用。我们的营长不如人家的班长,俘虏兵起了指挥作用,这是我们战术上有缺点的缘故。"[1]另外,还有些团营干部使用炮兵时,总是用老一套采取近战办法,把炮拉到距敌人二三百米的前沿阵地处,直接瞄准射击,这样虽然打得很准,但给炮兵造成不必要的伤亡。

正因为如此,各野战军都十分注重部队战术水平的提高。徐向前就曾对一些干部不讲战术造成一些不必要的伤亡提出严厉批评。他说:"一个指挥员必须懂得,人是最宝贵的。从一个小孩子长大成人,是很不容易的。长成一个人,长成到当兵的年龄,需要十八到二十年,人死去是不能复活的。因此,我们要爱护士兵,爱惜士兵。一个新兵如果不加训练就拉上火线,那是送死战术。不讲战术叫士兵去乱冲,也是送死战术。一个指挥员随便叫下级和士兵去送死,那是罪恶。打仗是必须牺牲人的,但不能做无谓牺牲。懂得了这条,自然就要加强对部队的训练和教育。"[2]陈毅也说:"老百姓把他们的子弟交给人民解放军,我们要对人民负责任。我们的干部不会指挥战士打仗,是以督战精神来指挥战士。一说就是:'操你妈,为什么不冲!杀呀!冲呀!'乱叫一阵,不知组织火力和使用兵力,只是猛打猛冲,蛮干,伤亡很大,这是对人民不负责任的态度。所以我们有个神圣责任,就是要提高战术,减少伤亡,这样我们才是对人民负责任。"[3]朱德更

---

[1]《陈毅军事文选》,解放军出版社1996年版,第429页。
[2] 中共中央文献研究室、中央档案馆:《建党以来重要文献选编(1921—1949)》第24册,中央文献出版社2011年版,第557页。
[3]《陈毅军事文选》,解放军出版社1996年版,第429页。

是号召全军努力提高战术水平,明确提出"勇敢加技术,就是很好的战术",要求全军认真研究战术问题,不但要提高自身的战术水平,而且要进一步研究敌人的战术,"不要以为敌人快要死亡,它在战术上就一点变化也没有。它吃了许多亏,逼得它也要有些变化。我们就要经常研究敌人的战术,研究如何打它,如何避开它的长处专找它的弱点打,如何才能干干脆脆地歼灭它"[1]。

经过高级指挥员对战术问题的强调和战争的积累,人民解放军在战争的实践中战术水平有了很大的提高。例如,东北野战军就形成了一点两面、四快一慢、三猛、三三制等战术。一点两面中的"一点",就是要选择敌人一个最薄弱点,将主要的兵力集中使用于这一点上;"两面"就是要有两面以上的攻击部队,尽可能两面(包括主攻的一面)或三面、四面围攻,这样才能保证全歼敌人。所谓"四快一慢"是指向敌前进要快,攻击准备要快,扩张战果要快,追击要快;总攻击一定要在准备好了的情况下才发起,如果尚未准备就绪,则宁可慢一些。"三猛",即猛打、猛冲、猛追。猛打,是集中火力对攻击的主要目标突然实施猛烈的射击;猛冲,是突击部队利用火力效果,勇猛冲击,以火力和白刃格斗歼灭敌人;猛追,是发现敌人退却时立即猛烈追击,不怕艰苦,不怕疲劳,不让敌人喘息,直到全歼敌人。三三制战术就如一个班编成三(四)个战斗小组,每组三(四)人,以便于班长指挥、小组灵活机动、各组互相支援。

1948年6、7月进行的晋中战役之后,华北军区第一兵团前委及时认真总结了晋中战役的经验教训,提出了十条具体的战术

---

[1]《朱德军事文选》,解放军出版社1997年版,第665页。

原则，即"充分准备，精心计划；进攻防御，都要精通；军事民主，服从命令；坚决顽强，果敢勇猛；隐蔽突然，敏捷机动；主要方向，力量集中；插入切断，连续进攻；发挥爆破，步炮协同；互相援助，一致行动；全歼敌人，建立战功"。人民解放军通过整训练兵，使战术技术有了很大提高。在淮海战役中被俘的国民党徐州"剿总"副总司令兼第二兵团司令官杜聿明承认"解放军的战术技术及战斗意志远远优于蒋军"[1]。解放战争时期国民党的战略明显比共产党低劣，国民党军的战术技术又不占优势，战争谁胜谁负不言自明。

---

[1] 中国人民政治协商会议全国委员会文史资料研究委员会：《文史资料选辑》合订本第6册，中国文史出版社1986年版，第417页。

# 八 "小米加步枪"打败"飞机加大炮"

人们在讲到人民解放战争胜利时，总喜欢说"小米加步枪"的解放军打败了"飞机加大炮"的国民党军。这当然是一个形象的说法，意思是共产党用劣势装备打败了装备精良的国民党。在解放战争之初可以说解放军的武器装备确实不如国民党军，但到了解放战争中后期，随着战场缴获的增多和解放区军事工业的发展，解放军除了没有飞机参与作战外，大炮已是为数不少，武器装备并不比国民党军逊色。

其实，所谓"小米加步枪"更应该从人民加军队的角度去理解。对此，1947年5月6日，贺龙在晋绥军区建军会议上的总结报告曾做过这样的解释："群众是我们力量的源泉，我们依靠群众来建党、建政、建军，来战胜一切敌人。没有阶级性、群众性的单纯建设军队，是不行的。毛主席说：'我们的力量就是小米加步枪，如果看不见小米，即群众力量，这支步枪，一定不会有任何作用。'"[1]同年8月10日，他在绥德分区县委书记联席会议上的报告又说："我们胜利的原因在哪里呢？就是毛主席讲的：小米加步枪这个'无敌将军'。小米是群众，步枪是军队。"[2]贺龙

---

[1]《贺龙军事文选》，解放军出版社1989年版，第304页。
[2]同上书，第323页。

对于小米加步枪的含义讲得很清楚了。国民党的飞机加大炮固然说明其武装装备好，但同时也说明他们的战争只有军队参加而没有人民支持。

从总体上看，解放战争之初，国民党军不但数量超过解放军的三倍以上，装备也远远好于解放军。众所周知，人民解放军主要是抗日战争时期的八路军和新四军发展而来的，而由红军改编成的八路军、新四军的武器装备水平可想而知。例如，作为晋冀鲁豫野战军前身的八路军第一二九师是由原红四方面军改编而成。改编时，全师下辖2个旅，每旅下辖2个团，共1.3万人。根据中共中央军委的决定，第三八五旅的七七〇团、师属炮兵营、辎重营、特务营、工兵营留在陕甘宁边区，开赴抗日前线的有9160余人。[1]到1937年9月底，全师有9367人，马445匹，骡90头；步枪3412支，马枪724支，自来德式枪529支，手枪93支，花机枪3挺，重机枪29挺，轻机枪93挺，手机枪72挺；另有迫击炮6门，刺刀55把；步马枪弹43012发，自来德枪弹2872发，手枪弹6051发，重机枪弹23222发，轻机枪弹27261发，冲锋枪弹310发，另有迫击炮弹67发，手榴弹203枚。[2]八路军其他各部队的人员装备也都大体差不多。至于由南方游击队改编而成的新四军，由于长期分散游击，刚刚集中之时装备恐怕还不如八路军。

在抗战过程中，八路军、新四军也很重视装备的改善和特种兵建设。1938年1月，八路军总部成立了一个炮兵团，辖6个

---

[1] 李达:《抗日战争中的八路军第一二九师》，人民出版社1985年版，第2页。
[2] 同上书，第14页。

炮兵连和1个观测队。1938年冬，八路军第一一五师炮兵由1个连发展为两个连；1939年底和1941年8月，第一二〇师和第一二九师炮兵分别由1个连发展为1个营；晋察冀军区也组建了炮兵营。抗战中期，山东解放区的鲁南、鲁中、渤海、滨海、胶东等军区也组建了炮兵连或炮兵营。不过，八路军、新四军的炮兵数量有限，总体装备也很落后。其中的原因，一则在抗战中八路军、新四军以游击战为主，难以打大的歼灭战，故而武器装备特别是重武器的缴获有限，即使有所缴获因为游击战争的环境携带不便往往只能弃之不用。二则由于日军对敌后根据地的残酷"扫荡"，加之敌后根据地往往建立在相对封闭落后的农村，没有现代工业基础，因而难以建立较大规模的军工企业进行武器装备的生产；抗日战争之初，国民党曾给八路军、新四军拨发一定数量的弹药，但随着抗战进入相持阶段，国共关系紧张之后便停止供给。因此，八路军、新四军的装备以轻武器为主，有的部队甚至连枪支都不多，子弹与手榴弹也不够用。抗日战争胜利后，国民党政府又垄断了对日军的受降权，因而由八路军、新四军整编而来的人民解放军在全面内战之初武器装备的状况可想而知。

在抗战前期和中期，国民党军队曾与日军开展过多次大会战，投入的兵力往往是日军的数倍，但多以国民党军的惨败而告终，这固然与国民党军的军事训练、战略战术存在问题有关系，但与国民党军的武器装备水平严重落后于日军也有直接关联。1945年的湘西会战，日军投入约10万人，国民党军近20万人，经过两个月的会战，日军伤亡3万人左右，国民党军伤亡2万人左右。这是国民党军在全民族抗战过程中，少有的取得胜利且伤亡比例低于日军的战役，其中一个重要原因，就是参战的国民党军队已经换上了美械装备，火力上已经强于日军。同时，全民族抗战初期，中国空军有限的飞机在与日军的空战中损失殆尽，日军取得了制空权；而到抗战后期，中美空军在对日作战中已经具有绝对优势，掌握了制空权。战争胜负的决定性因素是人而不是武器，但并不等于武器装备不重要，关键是看武器掌握在什么样的人手中。

到全面内战爆发之时，国民党军已经近半数的军（整编师）换用美械装备，重装备火力与机动性大大提高。以其主力整编第十一师为例，配备枪11520支（其中冲锋枪2370支），火炮440门（其中105榴弹炮8门），汽车360辆。而解放军中装备最好的东北民主联军第一纵队，配备枪13991支（其中冲锋枪92支），火炮46门（其中75山炮12门），没有汽车。国民党军队的后勤补给能力也强于解放军，其下属的18家兵工厂月产步枪9000支、机枪1430挺、火炮875门；而各解放区的65家兵工厂月产步枪只有1000支，不能生产重武器。[1]

解放战争时期，人民解放军不但有高昂的士气，有各级指挥员的正确指挥，而且也非常注重部队武器装备的改善和部队战术的提高。由于有蒋介石这位"运输大队长"帮忙，解放战争进展一定程度的时候，人民解放军的武器装备有了很大的改善，到人民解放军进行战略进攻之后，敌我双方的武器装备恐怕已经不相上下了。

1947年11月27日，西北野战军司令员彭德怀、副司令员张宗逊关于攻打榆林及部队休整情况给中共中央的电报中说："部

---

[1] 军事科学院军事历史研究部：《中国人民解放军全国解放战争史》第1卷，军事科学出版社1997年版，338页；第2卷，第16页、13页。

队装备大改善(包括三纵在内),自动火器与重武器大增,除六〇小炮外,相等胡之第一军。"[1]胡宗南的整编第一军号称"天下第一军",属于国民党军中装备精良的部队,这也从一个侧面说明解放军装备的水平。

同年 6 月 12 日,陈毅在与邓子恢联名给中共中央的报告中说:"在八年抗战中,由于我们的队伍装备很差","但在这次战争中就起了基本变化。首先,我们的队伍已有近代化装备,有些野战军装备,并不亚于蒋之精锐部队。"[2] 1948 年 6 月 15 日,贺龙在陕甘宁边区领导机关党员干部大会上作报告时也说:"我军的装备怎样呢?东北的部队装备很好,华北我军也不比蒋军差多少,山东、晋察冀、晋冀鲁豫我军的装备都很好。就拿我们西北地区来说,经过一年零三个月的战争,部队的装备也得到了大大的改善,各战场上都打了胜仗。"[3]

随着解放战争的不断胜利,全国政权已是指日可待,全党的集中统一就显得十分重要,从 1948 年起,中共中央就一再强调要建立请示报告制度,要求各中央局、各野战军前委按每两个月向中共中央作一次综合报告。1948 年 9 月 7 日,东北野战军司令员林彪、政治委员罗荣桓、参谋长刘亚楼和政治部主任谭政在给毛泽东关于这年 7、8 两个月的综合报告中说:"根据两年来的经验,像东北我军现时所具有的装备(每个纵队平均三万八千多人、马四千七百余匹。一、二、三、四、六各纵是四万三千人,主力

---

[1] 第一野战军战史编审委员会:《中国人民解放军第一野战军文献选编》第 1 册,解放军出版社 2000 年版,第 576 页。
[2]《陈毅军事文选》,解放军出版社 1996 年版,第 460 页。
[3]《贺龙文选》,军事科学出版社 1996 年版,第 557—558 页。

纵队，迫击炮每团六门，六〇炮每营九门），如果没有比较固定的火车、汽车运输的补给线，几十万大军集中作战是比较困难的（冬季攻势我们是在有铁路和汽车担任补给的情况下作战，动员了民夫和民马达到两兵一夫一马）。"[1]报告中透露出东北野战军的装备已经相当可观了。随后，东北野战军发动辽沈战役，歼灭了蒋介石最精锐的全是美械装备新一军、新六军以及后编成的新三军、新七军，使得东北野战军的武装有了进一步的改善。1948年11月19日，罗荣桓在东北野战军政治工作会议讲话时明确表示："现在我们的装备已经超过敌人的任何美械化部队，比抗战时候日军的装备也有提高。"[2]

淮海战役结束后，中原野战军第四纵队司令员陈赓、政治委员谢富治在给中原野战军司令员刘伯承、政治委员邓小平、副司令员陈毅关于四纵军事工作的综合报告中说：淮海战役前四纵最大连队有137人，最小连队为74人，一般连队百人左右；淮海战役后，最大连队164人，最小连队90人，一般连队均在110人以上。"在武器方面：炮及自动火器较战前增多，步枪减少，因六〇炮增多，太行小炮与掷弹筒在部队全部淘汰了，总之装备较前加强。现团迫（击）炮连五至九门不等（如十旅之29R及十一旅之31R均为九门，十三旅38R为五门），营机炮连一般配重机枪六挺，六〇炮六门，个别配迫（击）炮两门（如十三旅），步兵连一般配轻机枪五挺，少数配四挺或六挺，六〇炮一至两门

---

[1]《罗荣桓军事文选》，解放军出版社1997年版，第464页。
[2] 同上书，第483页。

不等。手提大部配备到班，但不齐全。"[1]这说明此时人民解放军的装备已完全不逊于国民党军了。

人民解放军各野战军都十分重视部队装备的改善，特别是注重以炮兵为代表的特种兵建设。在没有海空军的情况下（国民党的海空军也很弱，海军在全面内战中几乎没有发挥多大的作用，空军拥有的飞机数量也不多），炮兵为代表的特种兵的多少和水平，很大程度上反映了部队的装备情况。东北野战军特种兵部队的发展，可以从一个侧面反映解放战争时期人民军队装备的改善状况。

在中共中央决定创建东北根据地时，各地进入东北的部队，除配有少数迫击炮以外，都无炮兵部队，有的部队进入东北时甚至把原有的武器留下，徒步出发，东北野战军的特种兵几乎是在白手起家的情况下建立起来的。1945年11月，延安炮兵学校大部人员（1069人）到达东北，中共中央东北局将这批干部分到各部队和军区。从此，东北民主联军开始有计划地进行炮兵部队的建设工作。到1946年5月，经过半年的努力，收集到日军遗留的各种火炮700门，炮弹50多万发，坦克12辆，汽车23辆，还有大批火炮零件和器材，组建了炮兵6个乙种团（各两个营）、4个丙种团（各3个连至4个连），另有炮兵6个营（各2个连至3个连）又20个连，共约合80个各种炮兵连，已经具有一定的规模了。

1946年10月，东北民主联军组建炮兵司令部，炮兵已开始成为一个独立的兵种。到1947年3月，东北民主联军炮兵部队已发展到9个炮兵团，27个炮兵营，120个炮兵连和1个战车大

---

[1]《陈赓军事文选》，解放军出版社2007年版，第460页。

队（3个战车队、1个汽车队），1个高射炮大队（2个连）；各种炮767门。[1] 同年8月，在炮兵司令部下成立炮兵纵队，下辖3个野榴弹炮团，两个摩托化重炮团，一个重迫击炮团，两个摩托化高炮团，共8个团。各野战纵队、师和团的炮兵团、炮兵营和炮兵连，也都得到加强。此时，东北人民解放军拥有山炮、野炮、榴弹炮、加农炮共618门，各类小炮4642门。[2] 东北野战军于1947年10月将战车大队扩编为战车团，到1948年6月，全团辖2个战车营，1个汽车营，装备各型坦克30辆，牵引车10多辆，装甲车和汽车40多辆。这些都表明东北野战军的特种部队已经有了相当的规模。自然，部队的武器装备不只是体现在特种兵的多少上，但在当时的历史条件下，火炮的多少与威力往往代表着军队武器装备的水平高低。

全面内战爆发之时，山东军区和各野战纵队，共有野炮8门、山炮41门、步兵炮和平射炮12门、高射机关炮1门，与国民党军相比自然差距很大。但随着战胜缴获的增多，由山东野战军和华中野战军合并而成的华东野战军特种兵也在不断壮大发展。1947年2月1日，粟裕就华东野战军的组成情况给中共中央军委及刘伯承、邓小平及华东局的报告中说："以现有之火器组成特种兵种纵队，以榴弹炮团（第一步完成三十六门）为炮十团，野炮三十门、重战防炮四门编为五团，另工兵一团、战车一营（可修好几辆）、汽车大队组成，以炮兵团长陈锐霆暂兼任纵队司令。

---

[1] 第四野战军战史编写组：《中国人民解放军第四野战军战史》，解放军出版社2017年版，第111—112页。
[2] 同上书，第282页。

另以鲁中炮兵团（全山炮）为炮二团，胶东炮兵团为炮一团，渤海炮兵团为第三团。"[1]1947年3月，华东野战军特种兵纵队正式成立。到1947年7月解放战争进行一年之时，华东野战军炮兵已有榴弹炮52门，野炮29门，山炮108门（另有两个纵队未统计在内），八二迫击炮360门，八一炮10门，共有559门。[2]到1948年10月淮海战役前夕，仅华东野战军特种兵纵队已拥有4个炮兵团、1个工兵团、1个骑兵团、1个坦克大队和1所特科学校。

与此同时，其他野战军的特种兵亦有很大发展。1949年2月3日，中共中央军委发出了《关于各野战军加强特种兵建设的指示》，要求各野战军在向全国进军的过程中，要特别重视和加强特种兵的建设。至解放战争第三年末，人民解放军已有了强大的炮兵、装甲兵和工兵。第一野战军（过去各野战军均冠以军区地名，随着解放战争的胜利，解放军即将向全国进军，再以地名作为野战军名称显然不合适，1949年1月，中共中央军委发出《关于各野战军番号按序数排列的指示》，规定西北野战军改称第一野战军、中原野战军改称第二野战军、华东野战军改称第三野战军、东北野战军改称第四野战军）编有11个炮兵团，1个工兵团；第二野战军编有1个特种兵纵队，4个炮兵团，1个工兵团和1个战车队；第三野战军编有1个特种兵纵队，21个炮兵团，1个工兵团和1个战车队；第四野战军编有1个特种兵司令部，3个炮兵师，1个战车师，19个炮兵团，3个工兵团和3个战车团。[3]

---

[1]《粟裕文选》第2卷，军事科学出版社2004年版，第240—241页。
[2] 陈锐霆：《走过百年》，中共党史出版社2007年版，第99页、123页。
[3] 冯长松：《中国人民解放军管理史》，国防大学出版社2013年版，第106页。

人民解放军的特种兵部队规模已经相当可观了。

到三大战役前后，人民解放军的武器装备已有很大改善，虽然还没有飞机参与作战，但大炮已经相当多了，各野战军都有数量不算少的特种兵特别炮兵部队。三大战役之时，朱德说：解放军"在数量上比敌人多一点，质量上比敌人高得多，武器上比敌人也不差"[1]。

1949年1月14日，平津战役中最大规模的天津之战打响，攻打天津的东北野战军不但数量上大大超过国民党守军，而且攻城火炮也占绝对优势。参加天津攻坚战的东北野战军炮兵、装甲兵和工兵共12个团，其中参战的榴弹炮、加农炮、野炮、山炮和重迫击炮共计538门，而天津守敌只有山、野、榴炮50余门，火炮数为守军数的10倍。

攻打天津时，东北野战军炮兵分为两个主攻方向、一个助攻方向。其中第一主攻方向，配备特种兵司令部（简称特司）所属地炮共89门，高炮15门，中、轻型坦克19辆，加上各纵队所属的山炮、野炮、榴弹炮和重迫击炮，共有地炮273门。第二主攻方向配备特司所属地炮共67门，高炮8门，中、轻型坦克10辆，加上各纵队所属的山炮、野炮和重迫击炮，共有地炮169门。助攻方向配备特司所属地炮共24门，装甲车14辆，加上纵队所属的山炮、野炮和重迫击炮，共有地炮96门。

为了便于统一指挥，东北野战军特种兵司令部将参战的火炮按不同口径与射程，统一编组炮兵群，统一计划区分火力任务，将装备150榴弹炮（包括美造155榴弹炮）和100加农炮的炮兵

---

[1]《朱德军事文选》，解放军出版社1997年版，第671页。

部队，编为远战炮群，由特种部司令部直接掌握，主要压制敌纵深重要目标和炮兵，阻击敌人反突击。其余装备野炮、100榴弹炮和重迫击炮的炮兵部队编为近战炮群，配属给主攻师及部分主攻团，主要为步兵突破前沿开口子和摧毁敌火力点及障碍物，并支援步兵向敌纵深发展。[1]

东北野战军第一纵队政治委员梁必业后来在回忆总攻天津炮兵的作用时说："10时，五颗红色信号弹升空，顿时，500多门大炮齐怒吼，千万发炮弹倾泻在敌军阵地上，一座座明碉暗堡被炸，道道铁丝网、鹿砦被掀掉，深深的护城河岸坍塌，高峭的围墙炸开了豁口……两架敌机临空助战，遭我高射炮火一阵射击，立时拖着浓烟坠毁。"[2] 东北野战军第二纵队司令员刘震、政治委员吴信泉后来也回忆说："配属的野司炮兵和纵队所属炮兵都采用攻克锦州的成功经验——先用不带引信的两发炮弹摧毁敌钢筋水泥碉堡，再用1发带引信的炮弹轰击，杀伤碉堡内外敌人，连连奏效。1时30分实施压制性射击，数百门各种口径大炮同时怒吼，如火山爆发，似滚滚雷霆，炮弹带着刺耳的呼啸声，准确击中目标，'轰、轰、轰'的爆炸声震撼着大地。顷刻间，敌人的阵地上火光冲天，烟柱四起，硝烟弥漫，鹿砦、碉堡伴随尘土飞上天空。持续50分钟的破坏性射击，使敌人苦心修筑的'固若

---

[1] 苏进：《天津攻坚战中的东北野战军特种兵》，中国人民解放军历史资料丛书编审委员会：《平津战役》，解放军出版社1991年版，第456页。

[2] 梁必业：《摧金汤，擒敌酋——天津攻坚战中的东北野战军第一纵队》，中国人民解放军历史资料丛书编审委员会：《平津战役》，解放军出版社1991年版，第456页。

金汤'的城防工事土崩瓦解。"[1]

天津之战，东北野战军共发射炮弹88772发，出动坦克、装甲车40多辆参战。东北野战军仅用29个小时就攻下了坚固设防的天津，特种兵部队发挥了重要作用。

1948年4月，华东野战军山东兵团发动潍县战役，集中华东野战军山东兵团第九纵队全部，第十三纵队第三十八师和渤海纵队和鲁中纵队大部，以及胶东军区西海军分区地方部队用于攻城。集中山东兵团第七纵队全部、第十三纵队和渤海纵队一部，负责阻击济南方面东来援兵。第十三纵队一部和胶东军区地方部队，负责阻击青岛方面来的援敌。潍县国民党守军总兵力为2.5万余人，在兵力部署上解放军具有优势。参加潍县攻坚战炮兵有华东野战军特种兵纵队炮兵第三团、第一团第二营、第二团第五连和工兵第一营，以及山东兵团各部队的炮兵，共计各种火炮893门参战。这也是华东野战军转入战略进攻后在一次战役中使用炮兵数量最多的一次。

同年8月下旬，华东野战军进行济南战役，决定组成攻城、打援两个兵团，参战部队共达32万余人，而参加济南攻坚战的华东野战军共有10个炮兵团，500余门各种火炮。华东野战军山东兵团政治委员谭震林在给毛泽东及华东军区和华东的报告中说："济（南）战役我军坦克队（五辆）已参战，战术上采用游击战，突然出现，达到了掩护步兵前进压坍敌人地堡之作用。连续作战

---

[1] 刘震、吴信泉：《天津攻坚战》，中国人民解放军历史资料丛书编审委员会：《平津战役》，解放军出版社1991年版，第456页。

二次，仅一驾驶员因胆大，开窗展望，手负伤外，余无损失。"[1]

人民解放军武器装备的改善自然主要来自战场的缴获。1947年5月，刘伯承在晋冀鲁豫中央局和边区政府机关干部会议报告中说："我们是无胜有，少胜多，坏胜好。我们要在战争中建军。""今天要注意炮兵和工兵的建设，这是环境的需要。在十个月的实际锻炼下，知道了炮兵的重要，一打胜仗大家都拼命抢炮，说'好炮，好炮'！打汤阴城，榴弹炮试了一下，打开了两个缺口，就冲进去了，不用云梯了。用炮和炸药炸开西门时，把人炸得只剩下一块脑壳皮。孙殿英说：'好厉害的炮！'其实还是他们的炮。"[2]在1948年9月召开的中共中央政治局扩大会议（九月会议）上，周恩来提供了一组数字："两年歼敌二百六十四万人，其中俘敌一百六十三万人。两年缴获步枪近九十万支、轻重机枪六万四千余挺、小炮八千门、步兵炮五千余门、山野重炮一千一百余门。后方的补充不算，单就两年的俘虏和缴获数目，已足扩大与装备成现时的我军。"[3]

华东野战军的战场缴获情况便能说明问题。1947年1月，华东野战军在鲁南战役歼灭国民党军两个整编师和一个快速纵队，缴获坦克24辆、各种火炮217门（其中105毫米榴弹炮48门）、汽车474辆、轻重机枪1048挺、电台13部、电话机66部。[4]在

---

[1] 中共山东省委党史研究室、山东省中共党史学会：《山东党史资料文库》第25卷，山东人民出版社2015年版，第169页。

[2] 《刘伯承军事文选》，解放军出版社1992年版，第371页。

[3] 《周恩来军事文选》第三卷，人民出版社1997年版，第426页。

[4] 中共山东省委党史研究室：《中共山东编年史》第6卷，山东人民出版社2015年版，第32页。

1947年2月的莱芜战役中,共歼敌7个师5.6万余人,获各种炮350门,各种枪支17000多支。[1]

1948年7月结束的豫东战役,华东野战军缴获各种口径炮290门(内有榴弹炮1门,野炮9门,山炮33门,重迫击炮8门,迫击炮82门,六〇炮107门)火箭筒19个,掷弹筒163个,火焰喷射器8个,枪弹筒2个,战防枪2支,重机枪195挺,轻机枪1020挺,汤姆、卡宾、加拿大等冲锋枪711支,长短枪7304支,地雷探索器1个,坦克4辆,电台12部,汽车50辆。[2]

同年9月的济南战役中,华东野战军共计毙伤俘国民党官兵84296人,另有2万国民党军战场起义。在战役中缴获:榴弹炮17门;野炮7门;山炮59门;步兵炮11门;战防炮41门;臼炮6门;高射炮10门;机关炮19门;迫击炮169门;六〇炮485门;小炮68门;火箭筒63个;掷弹筒304个;枪榴筒128个;火焰喷射器8具;高射机枪9挺;重机枪463挺;轻机枪2113挺;冲锋机枪1487挺;战防枪28支;卡宾枪365支;步马枪44848支;短枪2775支;各种炮弹226935发;各种子弹11210299发;各种榴弹28833发;炸药130吨;火车头40个,车厢400余节;飞机4架;坦克13辆;装甲车7辆;铁甲车4列;汽车500辆;骡马741匹;电台34部,电话总机54部;电

---

[1] 中共泰安市委党史资料征集研究委员会:《泰安党史资料》总第17期,1990年编印,第115页。
[2]《中共商丘党史资料选——新民主主义革命时期》第1卷文献(下),河南人民出版社1989年版,第570页。

话机778个；其他军用物资极多。[1]这些战场缴获都成为人民解放军的装备。特种兵属于技术兵种，无疑主要来源于国民党军的俘虏即解放战士。用国民党训练的士兵，使用国民党的装备，再去打国民党的军队，国民党军自然越打越少，而解放军则越打越多。

除了战场缴获外，各解放区均有数量不等、大小不一的军工企业，亦能自造一部分武器特别是弹药。1946年5月，东北民主联军确定以珲春、鸡西、佳木斯、哈尔滨为军工生产基地，在珲春建立了6个直属工厂；鸡西军工办事处辖手榴弹厂、迫击炮弹厂、翻砂厂等3个工厂；在佳木斯设手榴弹厂和军械修理所。在哈尔滨设立军工办事处，主要负责收集购置设备和原材料，并组织哈尔滨可利用的生产能力进行军工生产。1947年10月，中共中央东北局召开东北军工会议，成立军工部，将分散各地的军工厂执行统一的生产计划和统一的规格标准，组成一个规模较大的军工生产系统，有组织有计划地生产各种武器弹药。"这一时期制造了大量前线所需产品"，共复装各种子弹824.07万余发，92毫米步兵炮弹4218发，各种山野榴炮弹11.7万余发，制造手榴弹163.5万余枚，掷弹筒弹20.59万余发，60毫米迫击炮弹40.29万余发，81毫米、82毫米迫击炮弹50.58万余发，爆破筒2.1万余具，无烟药31吨，信号枪1483支，60毫米迫击炮1123门，81毫米、82毫米迫击炮48门，92毫米步兵炮4门，军镐和铁锹

---

[1] 中共山东省委党史研究室、山东省中共党史学会：《山东党史资料文库》第27卷，山东人民出版社2015年版，第496—497页。

3.99万余把,马刀3579把等。[1]到1948年11月,东北解放区已拥有生产企业55个,职工23674人,生产子弹8240万发,手榴弹1600万枚,迫击炮弹9200万发,各种山炮弹11万发,92步兵炮26门等。[2]

其他解放区的军工生产也有一定的规模。晋冀鲁豫解放区形成了以长治为中心的军工生产基地。到1947年10月时,晋冀鲁豫解放区仅山西境内和临近的兵工厂就有37个,职工2万余人。到1948年初,这里的"炮弹月产量,已不再是几千发、几万发,而是几十万发。炮弹的品种也由五〇弹、八二弹发展到一二〇弹、一五〇弹,还增加了加重型炮弹和七五山炮弹"。有人回忆说:"在发展炮弹生产的同时,为满足人民解放军进行大规模反攻的需要,我们的火炮厂在生产六〇、八二迫击炮的同时,根据华北野战军炮兵部队的要求,将在津浦铁路和平汉铁路北段缴获的废火车头轴和车厢车轴,运往工厂,作为制作大口径炮管的原材料,在技术人员和工人们的共同努力下,制造了482门一二〇和一五〇口径的迫击炮。"[3]

山东解放区成立了军工局,到1946年2月,山东已经有兵工厂27个,职工有6000余人。[4] 1948年10月和1949年1月济

---

[1] 第四野战军战史编写组:《中国人民解放军第四野战军战史》,解放军出版社2017年版,第120页。

[2] 《伍修权传》编写组:《伍修权传》,当代中国出版社2016年版,第116页。

[3] 兵工史编审委员会:《华北解放区军工史料》,中国兵器工业历史资料编审委员会1994年编印,第239页。

[4] 刘明逵、唐玉良主编:《中国工人运动史》第6卷,广东人民出版社1998年版,第102页。

南和徐州解放时，山东解放区已有 37 个兵工厂、1.7 万名员工。[1]到 1949 年新中国成立前夕，山东解放区仅胶东军事工业就有十多个厂，工人 1 万多人，每月可生产步枪 300 支，各式迫击炮 100 门，轻机枪 10 挺，各种迫击炮弹 30 万发，子弹 37 万发，山炮、野炮、榴弹炮弹 1000 余发，无烟火药万余斤，各种高级炸药 16 万余斤。[2]

1946 年 6 月全面，全面内战爆发后，陕甘宁部分兵工企业和设备转移到晋绥解放区。到 1948 年晋绥军区工业部已拥有 17 个军工厂，2943 名职工，军工产品由原来的 9 种发展到 16 种。[3]到 1947 年年底，晋察冀边区工业局所属的军工企业有 32 个，此外冀晋、察哈尔两个二级军区兵工管理处和冀热辽军区军工部所属的企业还有 20 多个厂，职工近万人。[4]

除了战场缴获与解放区兵工企业自造之外，东北解放区由于特殊的条件通过各种方式从苏军手中获得了一部分收缴获的日伪武器。"1946 年秋天起，将苏军收缴的日伪军武器大部分交给我国，使林罗很快装备起武器精良的五个纵队和四个独立师及炮兵、骑兵部队。使每个纵队装备起一个日式炮兵团；每个师装备起一个山炮营，并在次年 5 月夏季攻势中初显军威。东北军区获得苏联援助的武器后，根据中共中央军委的指示又通过海路输送

---

[1] 王兆春：《中国火器通史》，武汉大学出版社 2015 年版，第 566 页。

[2] 武衡：《延安时代科技史》，中国学术出版社 1988 年版，第 295 页。

[3] 周正 等：《中国近代工人阶级和工人运动》第 14 册，中共中央党校出版社 2002 年版，第 4 页。

[4] 兵工史编审委员会：《华北解放区军工史料》，中国兵器工业历史资料编审委员会 1994 年编印，第 301 页。

给华东和通过热察等地输送给晋察冀部队一部分武器。"[1]

对于苏军提供东北解放区武器装备的数量，学术界曾有不同的看法。比如有人提出，有关战后苏联远东军向东北民主联军提供的日本关东军武器数量，步枪约为70万支，机枪约为12000—14000挺，各种炮约4000门，坦克约600辆，汽车约2000多辆，另有弹药库679座，800余架飞机和炮艇若干。同时已知1948年前后苏军将绝大部分日本关东军武器提供给中共军队以后，还曾向东北的中共军队提供过一定数量的苏联制造和捷克制造的武器装备。也有人认为这些数字出自中苏关系恶化时苏联方面的宣传，自然不足以采信。

上述这些数字恐怕当时出于宣传的需要，可能会有夸大其词的地方。比如，其中提到苏军向东北民主联军提供了800余架飞机，应该说这个数字颇为巨大。据军事科学院军事历史研究部编撰的《中国人民解放军全国解放战争史》第1卷所载：全面内战爆发时国民党军共有各种飞机443架。亦有材料说国民党空军有飞机900余架。[2]就算国民党有飞机900余架，而苏军向东北民主联军提供了800架飞机，那国共之间飞机的数量差距不大。可是，对于解放战争，不论海峡两岸出版的相关战史还是各种亲历者回忆，国民党空军参与作战的记载不难找见，却鲜有解放军空军参与作战的记载。固然，飞机的使用离不开飞行员的培养，而飞行员的培养需要一个过程，1946年3月，东北民主联军成立航空学校，简称"东北老航校"，开始了航空人才的培养。如果东

---

[1] 姜克夫编著：《民国军事史》第4卷（上），重庆出版社2009年版，第187页。
[2] 王文政：《汤恩伯年谱》，上海人民出版社2009年版，第206页。

北民主联军拥有如此众多的飞机，不至于对这些飞机弃之不用。当然，有不少回忆材料表明，苏军曾以各种方式向东北民主联军提供过部分武器，这应该是一个可以确认的事实。

所以，虽然过去常讲的是"小米加步枪"的解放军打败了"飞机加大炮"的国民党军，但并不等于说解放军的武器装备就比国民党军低劣许多。全面内战之初双方在装备上无疑有很大的差距，但到解放战争中后期应该说这种差距并不明显，如果说国民党军队有优势，那就是人民解放军还没有空军，不过考虑到国民党军队的空军也不甚强大，因而对战争的影响并不大。因为有蒋介石这位"运输大队长"的支持，人民解放军获得了与国民党军基本相同的武器装备，加上高昂的士气，人民群众的支持，战略决策的正确，等等，国民党自然摆脱不了失败的命运。因此，过去说"小米加步枪"打败了国民党，不是说人民解放军不重视武器装备的建设，不是不重视武器装备在现代战争的作用。实际上，自开展武装斗争以来，中国共产党就十分重视部队武器装备的改善，只是很长时间囿于各种条件，致使人民军队的装备长期落后于敌人，这种状况到了解放战争中后期已经得到了明显的改变，与同期的国民党军队相比，解放军的武器装备并不落后。小米代表人民、步枪代表军队的解释，应该说更接近"小米加步枪"的含义，是人民和军队的密切配合，而国民党军是"飞机加大炮"，只有军队参战没有人民支持，当然摆脱不了失败的命运。

## 九 "英明的统帅方法和作风"

毛泽东曾说过:"胡宗南进攻延安以后,在陕北,我和周恩来、任弼时同志在两个窑洞指挥了全国的战争。"周恩来也说:"毛主席是在世界上最小的司令部里,指挥了最大的人民解放战争。"[1]为什么这个世界上最小的司令部凭借一封封电报,就能够指挥千军万马取得一个又一个胜利?一方面得益于毛泽东娴熟的领导与指挥艺术;另一方面也得益于中国共产党高度的集中统一和各级干部对中共中央决策的自觉并且创造性的贯彻执行。

中国共产党历来重视纪律建设,长期的纪律约束和纪律教育,形成了广大党员个人服从组织、全党服从中央的高度自觉。与国民党历来派系严重内部四分五裂相比,中国共产党始终是一个团结统一的整体。中国共产党的这种团结统一首先是建立在共同的理想追求和信仰选择上的,特别是经过延安整风,彻底消除了党内存在的各种山头主义,实现了全党思想上、行动上的高度一致,形成了团结和谐的党内关系。

中国共产党的团结统一,首先体现在全党上下具有高度的大局意识,虽然各个解放区还没有连成一片,但全党做到了步调

---

[1] 中共中央党史研究室一室:《〈中国共产党历史〉(上卷)注释集》,中共党史出版社1991年版,第369页。

一致，统一行动。1946年6月17日，贺龙在晋绥分局高级干部会议上说："我们这个地方好了，只能代表一个局部，延安好了，就代表全体，有重要的政治意义。中央好比是我们的头，头是一点病也害不得的，但手足有点毛病还不要紧，甚至失去了一只手，关系也不大。"[1]虽然各解放区同延安联系并不方便，但全党自觉把延安当作自己的"头"，服从这个"头"的指挥与调遣，同时又发挥自己的主动性和创造性。

可以说，贺龙本人就是讲大局服从大局的代表。抗日战争时期，晋绥解放区是由贺龙领导的红二方面军改编而成的八路军第一二〇师的主要活动区域。晋绥解放区战略地位十分重要，是陕甘宁和各个解放区联系的主要通道，八路军第一二〇师的一个重要任务就是保卫陕甘宁边区，但晋绥解放区面积小、人口少，且位于陕甘宁和各解放区之间，拓展余地有限，这也是抗日战争时期八路军3个师当中第一二〇师部队发展相对小的重要原因。尽管如此，晋绥解放区对延安是尽全力地支持与保障，用贺龙的话说，晋绥"这个地方小而穷，负担重，尽管我们自己的生活很艰苦，但仍然从财力上对延安进行大力支援，一九四二年，我去延安时，就从晋绥带去了一大笔经费。当时，我是站在中央立场上的，为了解决延安的财政困难，宁肯牺牲晋西北，就是晋西北垮了，也必须救延安。因为延安有我们的党中央，是我们的'京城'，经常有外国人、各党派、各方面、各种各样的人去，把延安搞好一点，对各方面的政治影响很大。"[2]解放战争时期，贺龙

---

[1]《贺龙文选》（下），军事科学出版社1996年版，第430页。
[2]《贺龙军事文选》，解放军出版社1989年版，第241页。

主要协助彭德怀指挥西北野战军，负责财经与后勤工作，这对于一个身经百战的将领来说是十分难得的。

正是因为全党上下具有高度的全局意识、大局意识，自觉服从中央的统一领导与统一指挥，才能做到全党一盘棋，因而在国共内战中具有强大的战斗力。前面提到的抗战胜利后中共中央确定的"向北发展，向南防御"的战略意图之所以能够很快实现，在很短的时间里从各战略区调集了十余万部队进入东北，充分体现全党对中央这一战略的高度认同和自觉贯彻。

"向北发展，向南防御"的战略方针提出后，全党上下迅速行动起来，晋察冀、山东根据地的八路军迅速挺进东北，华中的新四军移驻山东，江南的部队撤到江北，充分显示中国共产党人的大局观和团结统一的力量。据时任晋察冀军区司令员兼政委的聂荣臻回忆："我们支援东北，主要是为了贯彻中央的战略意图。我当时是这样考虑的：晋察冀是老根据地，基础好，区域大，人口多，不愁没有发展的余地，比如说我们可以向南发展。而东北地区则正在初创，各方面的基础比较薄弱，又是中央确定要首先夺取的地区。如果我们党占有了东北，进行解放战争就有了可靠的基地，这对全局是非常有利的。"[1]当时，山东军区司令员兼政委罗荣桓要求山东干部："我们山东不惜一切代价，中央要什么，我们给什么。"[2]进军东北的战略决策是基于全国解放战争胜利大局的考虑，广大干部战士离开业已发展良好的根据地，服从中央的统一指挥，体现的正是共产党人服从的大局意识。事实也证

---

[1]《聂荣臻回忆录》，解放军出版社2007年版，第481页。
[2] 黄瑶等：《罗荣桓传》，当代中国出版社1993年版，第379页。

明，占领东北是中国共产党致胜国民党的关键一招，共产党与国民党的战略决战首先是从东北开始的。

当时，进入东北的部队可以说是来自各路人马，从大的方面有来自华北的八路军、华中苏北的新四军和原来的东北抗日联军，在八路军中主体来自山东和晋察冀，但也有来自晋冀鲁豫、晋绥和延安总部。这些部队之间许多原本分属不同的系统，相互之间没有隶属关系。但是，他们都是共产党领导的部队，都能够自觉服从延安党中央和东北局、东北民主联军总部的指挥，没有出现国民党军队惯有的抢地盘、争码头现象，仅用三年的时间就形成了一支总数超过百万人的强大的人民军队。东北根据地的建立、巩固和发展，充分体现了中国共产党的内部凝聚力、组织向心力。

解放战争时期共产党的大局意识，还在著名的中原突围和后来的刘邓大军挺进大别山的战略部署中得到了充分体现。

中原解放区位于武汉和九江以北的鄂豫皖三省边界地区，是抗日战争时期中国共产党领导创建的19块根据地中的一块，到日本投降前，已经发展到60余县范围。1945年10月，由李先念率领的新四军第五师，由王震、王首道率领的八路军三五九旅南下支队，由王树声、戴季英率领的河南（嵩岳）军区部队，以及冀鲁豫军区水东部队，在桐柏地区胜利会师，组成了以李先念为司令员、郑位三为政治委员的中原军区，成为当时中国共产党领导的全国6大战略区之一（其他为陕甘宁晋绥、晋察冀、晋冀鲁豫、山东、华中和东北）。

中原解放区的战略地位十分重要，它位于南京、武汉、郑州之间。南京是国民党统治中央，武汉和郑州是极其重要的交通枢纽，而从中原解放区沿长江东下可以直指南京，向北可进入黄淮平原进而控制中原，挥师南下便是武汉，西进可切断作为去交通大动脉的平汉铁路进入江汉平原并控制荆州、襄阳。因此，对中国共产党来说，要实现"向北发展，向南防御"的战略意图，就必须迟滞国民党军由西南向华北和东北的进军；而对国民党来说，要达到控制华北、独占东北的目的，又必须尽快将其部队运送到华北和东北，而中原解放区的存在成为其重要障碍。正因为如此，蒋介石把发动全面内战的首要目标锁定在中原解放区上，自抗战胜利后，就不断地调集重兵进攻中原解放区。到1946年6月，围攻中原解放区的国民党军达到了8个整编师又2个旅共22万人。因此，中原解放区的坚持，对于其他解放区做好应对蒋介石全面内战的准备十分重要，而且由于中原解放区的存在可以牵制大量国民党军，因而相应地减轻了其他解放区的压力。

在中原突围前，中原军区副司令员兼参谋长王震受中原军区委派，于1946年3月到延安请示行动方针。毛泽东要王震告诉中原军区司令员李先念：蒋介石和国民党反动派对待我们共产党、八路军、新四军的原则是"能消灭的则坚决消灭之，现在不能消灭的则准备条件将来消灭之"，我们要以其人之道，还治其人之身。要求中原军区部队，继续完成牵制国民党军队的战略任务，并要准备做出重大的牺牲，即使是全军覆没，也要保障战略全局的胜利。[1]

1946年5月10日，国共双方曾在武汉签订了《汉口协议》，规定停止中原地区的武装冲突。然而，国民党军随即违反协议，

---

[1] 王震：《李先念与中原突围》，《人民日报》1992年7月26日。

继续围攻、蚕食中原解放区。6月26日拂晓起,向黄安(今红安)以西、经扶(今河南新县)以东、孝感以北的中原解放军阵地发起大举进攻。中原解放军除留部分地方部队在原地坚持斗争,以一个旅伪装主力向东转移迷惑国民党军队外,主力分南北两路于6月26日向西转移,中原突围开始。至7月底,中原军区各路部队均先后胜利突围。

中原突围后,蒋介石将追击和"围攻"中原解放军的兵力增加到32个旅,共36万余人。8月9日,中央军委致电刘伯承、邓小平、陈毅、粟裕说:"我中原军负担极重,急需援助。"[1] 要求刘邓和陈粟在1个月内各歼敌2至3个旅,以减轻中原解放军的压力。随后,晋冀鲁豫野战军开展了陇海路徐州至开封段的作战和定陶战役,山东野战军开始在淮北和胶济路作战,华中野战军取得了苏中七战七捷的胜利,蒋介石不得不从追击中原解放军的国民党军中陆续抽出一部分兵力去增援应急,但到9月11日,围攻中原解放军的国民党军仍然还有14个正规旅。

中原突围保存了主力,并且建立了豫鄂陕、鄂西北两个敌后新根据地,留下小部分兵力坚持原地广泛开展敌后游击战争,更重要的是曾牵制了国民党军队30余个旅的兵力。毛泽东曾对中原突围给予很高评价:"我中原各部为着反对卖国贼蒋介石的进攻,从去年七月起在陕南、豫西、鄂西、鄂中、鄂东、湘西等地,在极端困难条件之下,执行中央战略意图,坚持游击战争,曾经钳制了蒋介石正规军三十个旅以上,使我华北、华中主力度过蒋介石进攻的最困难时期,起了极大的战略作

---

[1]《毛泽东军事文集》第三卷,军事科学出版社、中央文献出版社1993年版,第396页。

用。"[1]同时也应看到,为了全局,中原解放军是付出了巨大牺牲的。虽然主要的部队都成功突围出去,但在突围过程中队伍分散了,由于国民党军的围追堵截,战斗频繁,必然给各突围部队以较大伤亡,因而人员也减少了,所以中原解放军后来未能形成大的战略集团。但是,由于中原解放军的坚持和成功突围,牵制了大量的国民党兵力,减轻其他解放区的压力,有力地配合了其他解放区的自卫战争。

中原解放军的坚持与及时突围,体现了中国共产党各级干部的大局意识。正如陈毅后来对中原解放区的干部所说的:"如果日本投降后你们马上出发,无论向东到华东解放区,还是向北到晋冀鲁豫解放区,你们都可以大摇大摆,连坛坛罐罐、尿盆夜壶都能平平安安地搬出来。""为什么党中央没有下这个命令呢?同志们,因为这样做对全国战局不利。中央考虑的,是实现战略上的转变,准备迎接两个阶级的决战,我们一切行动都是为了这个全局。""这就把老蒋很大一部分主力吸在中原,阻滞了国民党军队进军华北、华东各个战场,为战略全局争取了时间。"陈毅还说:"没有你们在宣化店六个月的坚持,没有你们艰苦卓绝的中原突围,全国战场要取得今天这个形势是不可能的。"[2]对中原解放军以自己的牺牲为全局所作的贡献做了充分的肯定。

1947年3月,蒋介石在对解放区发动全面进攻失败后,由于兵力不足,改向陕北和山东两个解放区发动重点进攻。在陕北战场上,国民党军全部兵力达到25个旅约25万人,而西北野战

---

[1]《毛泽东文集》第四卷,人民出版社1996年版,第250页。
[2]夏虁主编:《中原突围纪念文集》,1996年编印,第15页。

军只有6个旅2.6万人，另有3个地方旅和1个骑兵师1.6万人，总共才4.2万人，敌我力量之比是6比1，面临的压力可想而知。1947年7月29日，毛泽东在给刘伯承、邓小平、陈毅等人一份绝密电报中说："现陕北情况甚为困难（已面告陈赓），如陈谢及刘邓不能在两个月内以自己有效行动调动胡军一部，协助陕北打开局面，致陕北不能支持……"[1]"甚为困难"几字从毛泽东的口中说出，足以说明陕北的情况紧急。

当时，刘伯承、邓小平指挥晋冀鲁豫野战军刚刚渡过黄河，进行鲁西南战役，一举歼灭国民党军4个整编师共9个半旅6万余人，但同时也遇到不少困难，7月28日，刘伯承、邓小平在给中共中央的电报中说："南渡黄河后因连续作战，战果不小，但损耗甚大，伤亡约一万三千人，炮弹消耗殆尽，新兵没有"，"经费不足半月开支"，如果离开根据地远征，面临没有后方供应、缺少新兵补充等诸多问题。而鲁西南战役后，晋冀鲁豫野战军当面之敌战斗力不强，山东敌人又难西调，因而原本计划先依托豫皖苏，保持后方接济，仍坚持内线作战原则，在陇海路南北坚持两个月时间，消灭敌人8个旅以上后再向大别山进军，这样部队的人员装备能得到较好的补充。但是，接到毛泽东电报后，刘伯承、邓小平立即意识到迅速进军大别山对缓解陕北困难的重大意义，第二天即复电中央军委："接七月二十九日电，决心休整半个月后出动，以应全局之需。"[2] 8月11日，刘伯承、邓小平

---

[1]《毛泽东军事文集》第四卷，军事科学出版社、中央文献出版社1993年版，第158页。

[2] 中共中央文献研究室：《邓小平年谱（1904—1974）》（中），中央出版文献社2009年版，第675页。

指挥晋冀鲁豫野战军主力从民权至商丘和虞城地区分三路越过陇海铁路，开始向大别山进军。邓小平后来回忆说："我们打电报给军委，说趁势还能够在晋冀鲁豫地区继续歼灭一些敌人，吸引和牵制更多的敌人，形势很好啊。毛主席打了个极秘密的电报给刘邓，写的是陕北'甚为困难'。当时我们二话没说，立即复电，半个月后行动，跃进到敌人后方去，直出大别山。实际上不到十天，就开始行动。"[1]

刘邓大军离开长期战斗的晋冀鲁豫老解放区，千里跃进大别山，进行无后方作战，开辟新的根据地，其困难程度可想而知。过了陇海路就进入了著名的黄泛区，此时正值盛夏酷暑难当，道路泥泞，而国民党军前堵后追，为了轻装前进只得将重武器丢弃。过了淮河就进入了南方，部队除少数领导干部是南方人外，干部战士绝大多数都是北方人，南方的地理环境、生活习惯与北方有很大的不同。大别山这个地方我军几进几出，虽然晋冀鲁豫野战军的前身八路军第一二九师是由红四方面军改编而成的，而红四方面军是从大别山发展起来又从这里转移出去的，但红四方面军离开大别山后，国民党在这里进行残酷的反攻倒算，导致大别山遭受严重摧残，加之当年张国焘在主持肃反时曾乱打乱杀出现严重的扩大化，大别山的群众对此仍然心有余悸，一开始难免出现等待观望情绪。同时，由于敌我曾反复拉锯，导致这里的地主土顽武装众多且极为顽固反动。因此，部队进入大别山之初，"当时形势相当严峻，相当险恶"[2]。但是，刘邓大军克服了

---

[1]《邓小平文选》第三卷，人民出版社1993年版，第340页。
[2] 同上。

重重困难，在大别山地区站住了脚，到 1948 年 5 月，以大别山为中心的中原解放区已经发展到三千万人口。

刘邓大军挺进中原，千里跃进大别山之后，1947 年 8 月下旬，晋冀鲁豫野战军一部（第四、第九纵队和三十八军）在陈赓、谢富治的率领下，进入豫西。9 月下旬，华东野战军（司令员兼政治委员陈毅、副司令员粟裕，史称陈粟大军）主力越过陇海路，进入豫皖苏平原，三路大军构成品字形互相配合经略中原：1948 年 3 月，毛泽东就此评价说："我刘邓、陈粟、陈谢三路野战大军，从去年夏秋起渡河南进，纵横驰骋于江淮河汉之间，歼灭大量敌人，调动和吸引蒋军南线全部兵力一百六十多个旅中约九十个旅左右于自己的周围，迫使蒋军处于被动地位，起了决定性的战略作用。"[1] 刘邓大军在进军和经营大别山期间，一段时间曾减员严重，大别山战略机动范围不大，难以打大的歼灭战，因而不能有效地补充自己。由于进军大别山时重武器无法携带，以至于在后来淮海战役的时候中原野战军炮兵也比较少。但是，刘邓大军以自己的牺牲使全党全军赢得了战略的主动。

1947 年 9 月 28 日，周恩来在一次关于时局的报告中总结了中国共产党为什么能够取得胜利的原因。他认为体现在三个方面：一是人民拥护我们作战，相信我们是为他们做事的；二是我们的军队，是为人民的，是人民的子弟兵；三是党中央和毛泽东同志领导得好[2]。这实际上从人民、军队和统帅部三个角度来做了分析。

---

[1]《毛泽东选集》第四卷，人民出版社 1991 年版，第 1293 页。
[2]《周恩来军事文集》第三卷，人民出版社 1997 年版，第 271—272 页。

## 九 "英明的统帅方法和作风" 193

人民解放战争能够迅速取得胜利，与中国共产党有一个坚强有力的中央领导集体、人民解放军有一个英明的统帅部是分不开的。当时，全党自觉维护毛泽东为核心的中共中央权威，与中共中央保持高度一致，而毛泽东和中共中央对各战略区负责人高度信任，做到放手不遥制，充分发挥其主动性、创造性、积极性。

1946年6月21日，中共中央中原局向中共中央报告说，国民党军对中原解放区包围、封锁已愈益加强。"现在我区局势确已发展到必须迅速主动突围的地步"，"我们原谋向南突围有长江之隔，向东突围则因国民党在津浦路上控制有强大兵力，难于达到目的，由界首附近北渡黄河则由于不能徒涉的河川很多，危险极大，比较安全的只有由豫西南向鄂中向西突围的两条路，但这两条路最近因顽军之攻占我信、随地区已失去其一，如顽军最近再将应山、安陆、云梦各要点占去，则成纵队的集体突围的路线，则完全丧失。在此情况下，虽部分队伍还可以旅团为单位分散突围，但由于分散突围的路线也不很多，故可能有半数的部队突不出。""如果等顽军已经完全部署完毕，正式向我全面进攻时再突围，则我不仅在战略上即在战术上亦处于被动地位，那个局面很难设想的，因此我们提议中央能允许我们在本月底即开始实施主力突围的计划，即经鄂中分两个纵队分别向陕南及武当山突围，然后转至陕甘宁边区。我们认为就时间及敌情来说，现在主动突围较过去虽大大困难，在突围过程中可能遭受一定损失，但如再不主动突围，则以后更难了。"6月23日，毛泽东为中共中央起草致中原局电报，"同意立即突围，愈快愈好，不要有任何顾虑，生存第一，胜利第一"，并且明确表示"今后行动，一切由你们自己决定，不要请示，免延误时机"[1]，体现了对前方指战员的充分信任。

1947年2月莱芜战役之后，国民党军吸取了以往分路进攻易被分割歼灭的教训，对华东野战军采取"密集靠拢、加强联系、稳扎稳打、逐步推进"的新战法，使华东野战军无法将其分割和各个击破。1947年5月初，为了寻找战机，华东野战军主力主动后撤至莱芜、新泰、蒙阴以东地区待机，让国民党军放胆前进。果不其然，5月10日，国民党军集结15个整编师近30万人由临沂泰安一线，分三路北犯，进至莱芜、新泰、蒙阴、汤头之线，为华东野战军迎来了等待已久的歼敌机会。5月12日，毛泽东指示陈毅、粟裕，指出："你们须聚精会神选择比较好打之一路，不失时机发起歼击。究竟打何路最好，由你们当机决策，立付施行，我们不遥制。"[2]毛泽东的高度信任给陈毅、粟裕以很大的信心，他们原计划先歼击已进入沂水以南地区的敌第七军及第四十八师，在得知国民党"五大主力"之一的整编第七十四师孤军冒进后，决定先围歼整编第七十四师，并获得中央军委的批准。随后，华东野战军发动孟良崮战役，以对敌5∶1的绝对优势兵力，将该敌全歼，也由此打破了国民党军对山东解放区的重点进攻。

1948年6月中旬，华东野战军发动豫东战役。战役发动之前，华东野战军原计划在鲁西南地区歼灭国民党军整编第五军。

---

[1]《毛泽东军事文集》第三卷，军事科学出版社、中央文献出版社1993年版，第288页。

[2]同上书，第70页。

该军是国民党"五大主力"之一，是国民党的第一支机械化部队，有很强的战斗力，中原野战军和华东野战军曾多次同其交过手，但一直未能给予其歼灭性打击。6月13日，华东野战军代司令员粟裕和副参谋长张震向中共中央军委报告说，计划分三步歼灭国民党军整编第七十五师、第五军和整编第八十三师，决定于6月16日晚完成对第七十五师的分割包围，发起歼灭第五军战役。此电发出后，粟裕发现第五军与第七十五师靠拢，打第五军的条件不具备，遂决定先打河南省会开封再打援敌。6月15日，粟裕、张震致电中央军委，提出国民党军正寻找华东野战军在鲁西南决战，我军不宜在正面与敌对峙。因此，决定以一个兵团包围开封而攻占之，他们率3个纵队到曹县及其东南地区，阻击第五军等部西援，以掩护攻打开封我军完成攻歼开封守敌任务。这是对作战计划的一个重大改变。电报发出一天后，不见中央军委回复，粟裕又于16日致电中央军委，再次请示先打开封后打援敌的问题。6月17日，中央军委复电粟裕、张震："完全同意十六日午电部署。这是目前情况下的正确方针。""情况紧急时独立处置，不要请示。"[1]华东野战军随即发动豫东战役，一举攻克开封地，攻城加打援歼敌4万人，这也是全面内战爆发人民解放军攻占的第一座省会城市。接着，在豫东的睢县、杞县地区，又歼灭国民党军5万人。

1948年9月，济南战役临近结束时，粟裕就建议立即进行淮海战役，并得到了中共中央的批准。10月31日，粟裕在给中央军委并陈毅、邓小平、华东局和中原局电报中提出，战役将于

---

[1]《粟裕文选（1945.10—1949.9）》第2卷，军事科学出版社2004年版，第498页。

11月8日晚发起。然而，就在此时，蒋介石也正在组织"徐蚌会战"，企图在淮海地区同人民解放军决战，并派参谋总长顾祝同至徐州做具体部署。在徐州召开的军事会议上，国民党军各兵团负责人纷纷报告说在他们防区的正面发现解放军重兵集结，解放军主力将由鲁西南南下。于是，顾祝同决定放弃海州和连云港，固守徐州，将兵力集结于津浦路徐蚌段做攻势防御。粟裕了解这些情况后，决定将战役发动的时间提前两天，即由11月8日夜晚改为11月6日夜晚。11月6日戌时，粟裕、陈士榘（华东野战军参谋长）、张震等向中共中央军委和陈毅、邓小平等报告作战部署。第二天，毛泽东为中共中央军委起草致粟裕等并告陈、邓电，完全同意他们在战役开始后的具体作战部署，并指出："望你们坚决执行。非有特别重大变化，不要改变计划，愈坚决愈能胜利。在此方针下，由你们机断专行，不要事事请示，但将战况及意见每日或每两日或每三日报告一次。"[1]

11月22日，淮海战役第一阶段结束，黄百韬兵团12万人被歼。这时，淮海战场上国民党军仍有杜聿明集团、黄维兵团、李弥兵团、刘汝明兵团等军事集团。还在淮海战役发动之前，刘伯承、邓小平、陈毅就提出先打孤军冒进的黄维兵团。歼灭黄百韬兵团的第二天，刘、陈、邓请示中共中央军委："歼灭黄维之时机甚好"，"只要黄维全部或大部被歼，较之歼灭李、刘更属有利。如军委批准，我们即照此实行"。第二天，毛泽东立刻为中共中央军委起草电报答复："完全同意先打黄维"，"情况紧急时机，一

---

[1]《毛泽东军事文集》第五卷，军事科学出版社、中央文献出版社1993年版，第177页。

切由刘陈邓临机处置，不要请示"。[1] 11月25日，中原解放军完成对黄维兵团的合围，开始淮海战役第二阶段的作战，围歼黄维兵团，到12月15日，全歼黄维兵团12万人。中原野战军参谋长李达就此回忆说："军委、毛主席善于采纳前线指挥员的建议，及时修改计划，适应已经变化的情况，并再次重申给予总前委刘陈邓'临机处置'之权，这是淮海战役所以能顺利发展并取得全胜的一个重要原因。"[2] 很显然，这种"临机处置"之权，是建立在下级对上级权威的自觉维护、上级对下级能力的高度认同上的，这也是中国共产党上下团结一心的生动体现。

在解放战争中，毛泽东为中共中央、中共中央军委起草了大量的电报，其内容自然是作战指示的下达和前线指挥员请示的回复，许多电文已收入公开出版的多卷本《毛泽东军事文集》之中。翻阅毛泽东起草的这些电文，就会发现"甚念""甚慰"成为电文中的高频词，前者往往是对战况的询问，后者则是对前文请示的回电。文字虽短，但充分体现当时党内团结和谐的良好氛围，体现中共中央对前线指挥员的关心与信任。

在作战问题上，蒋介石不但亲自指挥而且常常越级指挥，结果老打败仗，但打了败仗还不承认自己的失误，而是诿过于人，指责手下。1947年上半年，国民党军在山东战场上连吃败仗。这年1月，鲁南战役失败，被歼5.3万人；2月，在莱芜战役中国民党军被歼5.6万人，连同南路和胶济路作战，共被歼7万余

---

[1]《毛泽东军事文集》第五卷，军事科学出版社、中央文献出版社1993年版，第269页。

[2]《李达军事文选》，解放军出版社1993年版，第291页。

人；5月，在孟良崮战役中国民党军"五大主力"之一的整编第七十四师3万余人被歼。对于鲁南战役的失败，蒋介石指责的对象是薛岳（时为国民党徐州"绥署"主任），他在日记中写道："此乃伯陵（即薛岳——引者）指挥错误，对战车重炮皆置于最前方突出部，且其时甚久，此无异送精械于匪部，违反战术原则所致也。"而对莱芜战役的失败，蒋介石找到的替罪羊是陈诚（时为国民党军参谋总长），他在日记中说："临沂收复以后，辞修（即陈诚——引者）以为匪已向黄河北岸溃窜，故对剿务一若已完者，故其自徐州回来请病休假，且时现自足之骄态。不料陈毅主匪已向我莱芜吐丝口一带进攻，前方布置未妥，多为匪在途中袭击消灭。"对于孟良崮战役的失败，蒋介石埋怨的对象是指挥这次战役的国民党陆军总司令部徐州指挥所主任顾祝同，说是"顾总司令先攻莒县不攻沂水，使我进攻坦埠之第七十四师孤立被围，其指导错误，殊乏常识，其愚拙不可恕谅，以致本晨匪部乘隙全力反攻，使坦埠之役功败垂成"[1]。总之，打了败仗就因为高级将领无识、无能，但他从不反思如此多的将领无能，岂不说明他这个统帅亦无能。"能领兵者，谓之将也"；"能将将者，谓之帅也"。国民党内不乏能领兵作战的将才，但缺少一个虚怀若谷的帅才，导致上下不能同心，左右难以合作。

毛泽东曾说过，打三个仗，两个打胜了，一个打了败仗，就算好的将军。邓小平也说："没有常胜将军，没有不打败仗的队

---

[1] 转引自蒋永敬、刘维开：《蒋介石与国共和战（1945—1949）》，山西人民出版社2013年版，第136页、第138页、第139页。

伍。"[1]与蒋介石在指挥作战时总是对部属指责,并且多方推卸自己的责任不同的是,中共中央对各战略区取得战役的胜利总是及时予以肯定与表扬,对偶尔的作战失利也予以充分的体谅。1947年5月的孟良崮战役之后,为了配合刘邓大军渡黄河南进,华东野战军于7月初实行分兵作战,由陈士榘、唐亮率3个纵队进军鲁西南,叶飞、陶勇率两个纵队向鲁南出击,陈毅、粟裕、谭震林直接指挥5个纵队继续在鲁中寻找战机进行内线作战,这便是华东野战军历史上的"七月分兵"。这次分兵使得华东野战军内线作战部队的实力明显下降,加之孟良崮战役之后产生了一定的骄傲轻敌思想,使得南麻战役和临朐战役打成了消耗战,未能歼灭敌人,且使敌人占领了胶济线,作为华东野战军重要后方物资基地的胶东有被敌人占领的危险。同时,进行外线作战的5个纵队由于离开了根据地,在多雨的夏季经过一个多月的连续作战,非战斗减员十分严重。

由于仗没有打好,具体负责战役指挥的粟裕于8月4日向中共中央和华东局发电作了检讨,请求处分。粟裕在电报中说:"自五月下旬以来,时逾两月,无战绩可言。而南麻、临朐等役均未打好,且遭巨大之消耗,影响战局甚大。言念及此,五内如焚。此外,除战略指导及其他原因我应负责外,而战役组织上当有不少缺点及错误,我应负全责。为此,请求给予应得之处分。"[2]

8月6日,华东局复电粟裕,非但没有责备粟裕,反而对其

---

[1]《邓小平文集》下卷,人民出版社2014年版,第334页。
[2]《粟裕文选(1945.10—1949.9)》第2卷,军事科学出版社2004年版,第332页。

做出充分肯定，电文说："二十年革命战争中，你对党对人民贡献很大。近两月来的战斗，虽未能如五月以前那样伟大胜利，却已给敌强大杀伤。近月来伤亡均较大，主观上虽可能有些缺点，但也有客观原因。只要善于研究经验，定能取得更大胜利。自七十四师歼灭后，你头晕病久未痊愈，我们甚为怀念，望珍重。"同一天，作为华东野战军主要负责人的陈毅也为此致电中共中央军委和华东局说："我认为我党二十多年来创造杰出军事家并不多。最近粟裕、陈赓等先后脱颖而出，前程远大，将与彭（德怀）、刘（伯承）、林（彪）并肩前进，这是我党与人民的伟大收获。"又说："我们对战役指导部署历来由粟负责。过去常胜者以此。最近几仗，事前我亦无预见，事中亦无匡救，事后应共同负责，故力取教训以便再战。"[1] 陈毅同样对粟裕作了高度评价，而且主动承担了责任。作为华东野战军的主要领导人，陈毅不居功，不诿过，放手让粟裕具体负责作战指挥，使粟裕的军事指挥才能得到充分的发挥。粟裕则十分尊重陈毅，1948年5月，中共中央决定陈毅去中原军区和中原野战军工作，粟裕得知后请求中共中央保留陈毅在华东野战军的职务，并且得到了中共中央的同意，充分体现了中共高级将领间的精诚团结，此与国民党内部的尔虞我诈形成鲜明的对比。

中共中央军委也在这天复电刘（伯承）、邓（小平）、陈（毅）、粟（裕）："目前整个形势对我有利，敌已分散，我已集中。""鼓励士气，整顿队势，以利争取新胜利。此次华东各部虽有几仗未打

---

[1]《粟裕文选（1945.10—1949.9）》第2卷，军事科学出版社2004年版，第332—333页。

好，但完成了集中兵力、分散敌人之巨大任务。待陈粟率野直及六纵到郓、巨，我军实力更厚，领导更强，对于争取新胜利极为有利。中央特向你们致慰问之意，并问全军将士安好。"[1]不但未对前方指挥员进行指责与批评，反而给予充满温暖的安慰与鼓励。

正是毛泽东和中共中央对前线指挥员的高度信任，使他们能够根据敌情的变化及时调整作战方针，达到在最有利的时机最大限度歼灭敌人的目的。粟裕后来就此评价说，毛泽东"总是既通观和掌握战争全局，又处处从战场实际情况出发。他十分重视战场指挥员的意见，给予应有的机动权和自主权，充分发挥战场指挥员的能动作用。""主要是对作战方针和战役中的关键性问题进行及时明确的指导，至于其他具体作战部署和战场处置，就由战役指挥员依据战场上千变万化着的实际情况去作出决定。这种英明的统帅方法和作风，同'左'倾错误统治时期的那一套，形成了鲜明的对照。"[2]

反观蒋介石，一方面要求部下要忠诚于他，另一方面对手下将领又缺乏基本信任，指挥部队作战"遥制"是常态，并且喜欢超级指挥，弄得下级无所适从。白崇禧评价说："蒋老总指挥作战，连一个交警大队、一个步兵营也要干涉，弄得前方将领束手束脚，动弹不得，别人说他是步兵指挥官，我说他是步枪指挥官。"[3]李宗仁也说："我方指挥系统的毛病亦多。最重大的一个缺点，便

---

[1]《毛泽东文集》第四卷，人民出版社1996年版，第281页。
[2]《粟裕回忆录》解放军出版社2007年版，第108页。
[3] 朱鼎卿：《蒋、桂矛盾的几点见闻》，政协广西壮族自治区委员会文史资料委员会：《新桂系纪实》下集，政协广西壮族自治区委员会文史资料委员会1990年编印，第344页。

是蒋先生越级亲自指挥"。"蒋先生既不长于将兵,亦不长于将将。但是他却喜欢坐在统帅部里,直接以电话指挥前方作战。抗战时,他常常直接指挥最前线的师长。抗战后对共军作战,他竟然连团长也指挥起来。他指挥的方法是直接挂电话,或直接打电报,故战区司令长官甚至集团军总司令和军长都不知其事。有时一军一师忽然离开防地,而前线最高指挥官还不知其事。但是蒋先生的判断既不正确,主张又不坚定。往往军队调到一半,他忽然又改变了主意,益发使前线紊乱。"[1]

蒋介石这种指挥方式是费力不讨好,反倒弄得自己十分辛苦。他的重要谋士张群说:"领袖无论在清晨,或午夜,有时甚至通宵,时时均有电话,或是接前方报告,或是给前方指示,不但在政治上要日理万机,而且还要管军事。这种忧劳的情形,自己多年来在中央服务,侍随左右,当然晓得。但再没有比这次到行政院后更为清楚。"蒋介石自己为此感到甚为委屈。他说:"现在有很多人批评,以为统帅部对各级将领限制太多,拘束过严,这是不合事实的。如果我们一般将领能够彻底奉行命令,誓死达成任务的话,那我何致像今天这样的辛苦?"[2] 要说蒋氏也很勤政,但缺少应有的领袖风范,喜揽权不善放权,对下级好指责而不为其担责,结果自己的忙碌换来的却是国民党的失败。

淮海战役之时,中原和华东野战军的总人数少于国民党军,而且汇集在淮海战场的国民党军几个兵团都具有相当的战斗力,

---

[1]《李宗仁回忆录》,广西师范大学出版社2005年版,第681—682页。
[2] 转引自朱宗震、陶文钊:《中华民国史》第3编第6卷,《国民党政权的总崩溃和中华民国时期的结束》,中华书局2000年版,第40页。

属于蒋介石的精锐部队，其指挥官如杜聿明（徐州"剿总"副司令）、黄百韬（第七兵团司令官）、黄维（第十二兵团司令官）、邱清泉（第二兵团司令官）、李弥（第十三兵团司令官）等也并非无能之辈，结果，在两个多月的时间里，其七八十万精锐武装被人民解放军歼灭55万余人，被歼人数竟然与解放军参战人数接近。随着淮海战役的结束，国民党彻底失败的大局已定。杜聿明后来回忆说："先是蒋介石对解放军估计过低，将自己估计过高，幻想不增加兵力，南北夹攻，打通津浦路徐蚌段，继而见解放军声势浩大，战力坚强，阵地森严，非蒋军可破，于是决心放弃徐州，以仅有的残部保卫南京。等到徐州部队出来后，蒋又被解放军的战略运动迷惑（误认为解放军撤退），再改变决心，令从徐州退却中之蒋军回师向解放军攻击，协同李延年兵团（即国民党军第六兵团——引者）解黄维之围。黄维兵团就是这样被套在解放军既设的口袋内，被重重包围，战力日益消耗，包围圈逐渐缩小。一直战到十月十日以后，蒋介石才发现从徐、蚌出来的蒋军都没有击退解放军的希望，于是决心要黄维在空军和毒气掩护下白天突围，黄维则认为白天无法突围。双方争执到十五日晚，黄维见情势危急，于是夜间突围。黄维一经突围，在解放军的天罗地网阻击下即土崩瓦解，除胡琏（国民党第十二兵团副司令——引者）个人乘战车只身脱逃外，全部被歼。事后蒋介石给我的信中，怪黄维不听他的命令在空军毒气掩护下突围，而擅令夜间突围，是自找灭亡的。蒋介石三变决心，全部完蛋。"[1]

---

[1] 杜聿明：《淮海战役始末》，中国人民政治协商会议全国委员会文史资料研究委员会：《文史资料选辑》合订本第6册，中国文史出版社1986年版，第426页。

由于蒋介石刚愎自用，对下属缺乏起码的信任，于是出现了这样的现象："凡是中央系的将领都知道蒋先生这项毛病。他们知道奉行蒋先生的命令，往往要吃败仗，但是如不听他的命令，出了乱子，便更不得了。所以大家索性自己不出主意，让委员长直接指挥，吃了败仗由最高统帅自己负责，大家落得没有责任。"[1]这样一来，国民党各级将领成了被动执行命令的机器，没有主动性可言，而战场情况往往瞬息万变，蒋介石这样的遥控指挥只能是处处被动。因此，"蒋介石作战指导中暴露出来的弱点很多，而最重要的一条便是主观同客观相脱离：不全盘而细心地研究实际情况，不认真听取第一线将领的意见，一味凭自己的主观愿望和主观意志办事。由于对战场的具体情况和可能发生的变化心中无数，往往说许多空话，提不出解决问题的切实办法。平时忙于一大堆枝节问题，一旦遇到出乎意料的情况时又只是被动应付，或者轻率地一再改变主意，使第一线将领无所适从或虽有不同意见也不敢提出，硬着头皮照办。这样的仗怎么能不败呢？"[2]

解放战争时期，毛泽东和中共中央不但充分信任前线指挥员，而且善于采纳吸收前线指挥员的意见建议，及时调整作战方针和重大决策。

1946年6月19日，在全面内战即将爆发之际，为了变被动为主动，通过战胜国民党军队从而使其停止大打，实现国内和

---

[1]《李宗仁回忆录》，广西师范大学出版社2005年版，第681—682页。
[2] 金冲及：《决战——毛泽东、蒋介石是如何应对三大战役的》（增订本），生活·读书·新知三联书店2020年版，第324页。

平。6月22日，中共中央就全局破裂后晋冀鲁豫和山东的战略任务致电两战略区负责人，要求晋冀鲁豫以豫东地区为主要作战方向，集中主要兵力尽可能攻取长垣、考城、民权等十几个县城，主要着重在野战中消灭敌军有生力量，相机占领开封；山东以徐州地区为主要作战方向，集中山东主要力量配合苏皖北部各区，攻取黄口、砀山、虞城等各点，主要着重调动徐州之敌于野战中歼灭之，相机占领徐州。同时要求"如形势有利，可考虑以太行、山东两区主力渡淮河向大别山、安庆、浦口之线前进"。[1]其战略意图是在外线出击中大量歼灭敌人有生力量，建立和扩大新解放区，保卫老解放区，并保障中原解放军的安全，即是说在全面内战爆发之时，人民解放军主动出击，进行战略进攻开展外线作战。

为了实施晋冀鲁豫和山东主力向南出击的计划，6月26日，中共中央致电华中分局，要求以华中野战军一部在苏中吸引并牵制（南）通扬（州）线上之敌，华中野战军司令员粟裕和政治委员谭震林率领不少于15个团之主力部队，兵出淮南，与山东野战军主力配合，一举占领蚌埠、浦口间铁路，彻底破路，歼灭该地区之敌，恢复淮南解放区，准备打大仗，歼灭由浦口北进之敌；并限于7月10日以前完成一切准备，待命攻击。[2]

粟裕接到中共中央的指示后，"对可能产生的各种情况进行了认真的分析研究"，认为淮南地区人口少，抗日战争后期，这

---

[1]《毛泽东文集》第四卷，人民出版社1996年版，第128页。
[2]《毛泽东军事文集》第三卷，军事科学出版社、中央文献出版社1993年版，第301页。

里环境比较安定,转入战时状况需有一个过程,如果华中野战军主力在淮南作战,后勤供应则仍需要苏中供给。而且由于华中野战军主力离开,苏中有可能被国民党军占领。苏中紧邻南京、上海,如果不战而弃不但政治影响不好,而且苏中地富人稠的有利条件将被敌人所用。同时,淮南之敌有国民党军"五大主力"中第五军和整编第七十四师一个旅,兵力较强,而苏中之敌较弱。基于这个情况,粟裕于6月27日致电中央军委和陈毅,建议华中野战军主力先在苏中打一仗之后再西移。随后,他又从驻地海安赶到华中分局所在地淮安,在同华中分局领导会商后于6月29日致电中共中央和新四军军部,再次建议先在苏中打一仗后再西移。[1]

粟裕的建议引起了中共中央的高度重视,同意华中野战军暂缓调动。7月初,中共中央从各方面了解到"胶济、徐州、豫北、豫东、苏北之顽可能同时向我进攻",于是明确指示"先在内线打几个胜仗再转至外线,在政治上更为有利"[2]。7月13日,中共中央进一步指出:"苏北大战即将开始","在此情况下,待敌向我苏中、苏北展开进攻,我苏中、苏北各部先在内线打起来,最好先打几个胜仗,看出敌人弱点,然后我鲁南、豫北主力加入战斗,最为有利"。这实际上改变了原来的敌进我进、外线作战计划,而是先在内线歼敌再转到外线。

这是一个重大的战略调整,不但赢得了政治上的主动,且表

---

[1]《粟裕回忆录》,解放军出版社2007年版,第283页。
[2]《毛泽东军事文集》第三卷,军事科学出版社、中央文献出版社1993年版,第320页。

明内线作战是蒋介石挑起内战,人民解放军不得不进行自卫反击,有利于获得社会理解与同情,能够利用解放区的有利地理和群众条件歼灭敌人,以达到初战必胜的目标,鼓舞解放区军民的士气和胜利的信心,对于解放战争的胜利起到了重要作用。作这么大的战略方针的调整是很不容易的,这也说明当时毛泽东和中共中央虚怀若谷、从善如流的胸襟,解放战争之所以取得一个又一个胜利,是集全党智慧的结果。

人民解放军从战略防御转入战略进攻后的半年时间里,刘伯承、邓小平率领的晋冀鲁豫野战军主力千里跃进大别山地区,初步在这里站住了脚;陈赓、谢富治率领晋冀鲁豫野战军一部在豫西和豫陕边界建立了豫陕鄂根据地;陈毅、粟裕率领的华东野战军主力转战豫皖苏地区。刘邓、陈粟、陈谢三路大军挺进中原,对蒋介石的长江防线和南京、武汉构成严重威胁。蒋介石为了摆脱战略上的被动地位,决定将全面防御改为重点防御。1947年12月,蒋介石在九江设国防部前线指挥所,由其国防部长白崇禧负责,调集33个旅的兵力对大别山开展大规模的"围剿"。在整个中原战场的敌我兵力对比上,国民党军还有一定的优势,共34个整编师、79个旅,除用一部分兵力担负重点点线的防御,还可以集中较大的机动兵力在各要点之间往返驰援,对解放军进行战略进攻,"国共两军在整个中原地区,基本上处于胶着相持的状态"[1]。

为打破中原战场的这种僵局,迫使蒋介石改变战略部署,吸

---

[1] 中共中央文献研究室:《毛泽东传(1893—1949)》,中央文献出版社1996年版,第842页。

引国民党军 20 至 30 个旅回防江南，1948 年 1 月 27 日，中共中央军委致电粟裕（陈毅因参加十二月会议此时尚在陕北）：由粟裕率华东野战军外线兵团第一、第四和第六纵队渡江南进，"执行宽大机动任务问题"，"以七八万人之兵力去江南，先在湖南、江西两省周旋半年至一年之久，沿途兜圈子，应使休息时间多于行军作战时间，以跃进方式分几个阶段达到闽浙赣，使敌人完全处于被动应付地位，防不胜防，疲于奔命"，"至于渡江的时间，可在 2 月、5 月或秋季"[1]。

接到中共中央军委的指示后，粟裕从驻地河南临颍立即率华东野战军第一、第四和第六纵队北渡黄河，于 3 月 16 日到达濮阳地区休整并做南渡长江的准备。与此同时，粟裕也在考虑究竟是分兵南下渡江作战有利，还是集中兵力在中原作战有利的问题。经过一个多月的反复考虑，粟裕觉得"从全局来看，为了改变中原战局，进而协同全国其他各战场彻底打败蒋介石，中原和华东我军势必还要同国民党军进行几次大的较量，打几个大歼灭战，尽可能多地把敌人主力消灭在长江以北"。粟裕认为，三个纵队南渡长江进入江南，固然会对国民党产生相当的震惊、威胁和牵制，但三个纵队渡江到江南达不到打大的歼灭战的目的，而且会面临国民党军的围追堵截，无后方依托因而面临兵员补充、粮弹供应、伤病员安置困难等不利条件，并可能造成南下部队大幅减员。在山东战场，由于国民党军坚固设防地域较多，解放军作战地区比较狭窄，暂时也难以打大的歼灭战。而在中原黄淮

---

[1]《毛泽东年谱（1893—1949）》修订本（下），中央文献出版社 2013 年版，第 271—272 页。

地区，打大歼灭战的条件却正在成熟，这里国民党虽然集结了重兵，但需要守备的点线多，其机动兵力相对减少；黄淮地区虽然交通发达，便于国民党军互相支援，但也有利于解放军实施广泛的机动作战，迅速集中兵力，实现战役上的速战速决；这里虽属外线，但背靠山东和晋冀鲁豫老解放区，可以及时得到大批人力物力的支援，而且新开辟的新解放区各项工作已有初步基础，已有一定的支援战争的力量。[1]

在经过反复考虑并征得陈毅、刘伯承和邓小平的同意后，4月18日，粟裕致电中共中央说，我大兵团远离后方作战，得不到群众较好配合，行动不易保密，伤病员难安插，补给困难，重装备不能发挥作战能力，变成拖累。如我军南进未能调动国民党军在中原的几个最强的整编师南下，会使中原地区遭到摧残而难于恢复。粟裕建议在中原刘邓、陈粟、陈谢三路大军依托后方作战，以便得到足够的炮弹、炸药等补给，发挥现有装备之作用而大量歼灭敌人，求得在中原地区打几个较大规模的歼灭战，使战局得到较快与较大的发展。[2] 同一天，刘伯承和邓小平也致电中共中央军委，认为粟部"如果过江与自身准备尚不充分，则可迟出几个月为好（先派多支小部队去），而在季节上说，以秋末冬初为有利。如果粟部迟出，加入中原作战，争取在半后方作战情况下多歼灭些敌人，而后再出亦属稳妥，亦可打开中原战局"[3]。

---

[1]《粟裕回忆录》，解放军出版社2007年版，第426—427页。
[2] 中共中央文献研究室：《毛泽东年谱（1893—1949）》（下），中央文献出版社2013年版，第303页。
[3] 中共中央文献研究室：《邓小平年谱（1904—1974）》，中央文献出版社2009年版，第730页。

毛泽东和中共中央对粟裕及刘、邓的建议十分重视。4月21日，中共中央军委致电陈毅、粟裕，要其尽快到中共中央当面汇报。4月30日，陈毅和粟裕到达中共中央所在地河北阜平县的城南庄，在听取陈毅、粟裕的汇报后，毛泽东和中共中央同意了粟裕提出的方案。5月5日，中共中央致电刘伯承、邓小平并华东局指出："将战争引向长江以南，使江淮河汉地区之敌容易被我军逐一解决，正如去年秋季以后将战争引向江淮河汉，使山东、苏北、豫北、晋南、陕北地区之敌容易被我军解决一样，这是正确的坚定不移的方针。惟目前渡江尚有困难。目前粟裕兵团（一、四、六纵）的任务，尚不是立即渡江，而是开辟渡江的道路，即在少则四个月多则八个月内，该兵团加上其他三个纵队在汴徐（即开封和徐州——引者）线南北地区，以歼灭五军等部五六个至十一二个正规旅为目标，完成准备渡江之任务。"[1]

由派部分主力先遣江南作战转变为决战中原，这是一个重大的战略转变，"对需要高度集中的军事指挥来说，这可以说是决策民主化和科学化的典范"[2]。对如此重大的战略决定提出改变建议，对这样的建议大胆予以采取，这对建议者和采纳建议者来说都是需要很大勇气的。随后，依照在中原打几个较大的歼灭战的方针，华东野战军在粟裕的指挥下（陈毅、粟裕到中共中央汇报后，中共中央决定陈毅任中原军区、中原野战军第一副司令员，并根据粟裕的建议，仍兼任华东野战军司令员及政治委员，陈毅在华

---

[1]《毛泽东军事文集》第四卷，军事科学出版社、中央文献出版社1993年版，第459页。

[2] 中共中央文献研究室：《毛泽东传（1893—1949）》，中央文献出版社1996年版，第847—848页。

东野战军的职务由粟裕代理），相继发动豫东战役、济南战役，并与中原野战军一起发动了淮海战役，将南线的国民党精锐部队消灭在中原战场上，大大加速了解放战争胜利的进程。

## 十 "补充的都是俘虏兵"

在三年多的解放战争中，人民解放军不但消灭了大量的国民党军，而且在战争中不断发展壮大自己，由战争之初的不到130万人发展到1949年战争取得根本胜利时的500万人，兵员增加了近4倍。人民解放军的兵源主要是两部分人，即土地改革后的翻身农民和国民党军俘虏兵而来的解放战士。如果说，全面内战爆发之初，人民解放军的补充主要是动员解放区的翻身农民，那么，到由战略防御转入战略进攻后，则主要依靠俘虏兵了。到这时，解放战争实际上是共产党用蒋介石送来的人员和武器装备与蒋介石进行作战。

中国共产党历来重视对俘虏的改造，早在井冈山时期就开始形成较为完整的俘虏政策，强调不虐待俘虏，并开始动员俘虏参加红军。1928年11月，毛泽东在写给中共中央的报告（即《井冈山的斗争》）中说，井冈山红军的来源"（一）潮汕叶贺旧部（即朱德、陈毅率领的南昌起义余部——引者）；（二）前武昌国民政府警卫团（即秋收起义部队——引者）；（三）平浏的农民；（四）湘南的农民和水口山的工人；（五）许克祥、唐生智、白崇禧、朱培德、吴尚、熊式辉等部的俘虏兵；（六）边界各县的农民。但是叶贺旧部、警卫团和平浏农民，经过一年多的战斗，只剩下三分之一。湘南农民，伤亡也大。因此，前四项虽然至今还是红军第四军的骨干，但已远不如后二项多。后二项中又以敌军俘虏为多，设无此项补充，则兵员大成问题。"[1]红军时期已形成了一整套的改造俘虏兵的政策与做法，俘虏兵已成为红军的重要来源。

抗战一胜利，蒋介石就挑起内战，战争必定会造成人员的伤亡，如何在有效地减少自己伤亡的同时补充发展，除了动员解放区农民参军之外，中共中央十分重视对国民党军俘虏的改造，以实现化敌为友、化敌为我的目的。1945年10月16日，中共中央曾发出《关于战俘处理办法》，提出俘虏中一切精壮士兵，均应争取补充我之部队；一切官佐均加争取，其愿为我军服务令其服务，如不愿为我军服务或坚决顽抗者，则加以看管教育并令其生产，一律不放回，如果集中看管困难，则分散交地方看管教育与生产，以便战争结束时同国民党交换我方之被捕被俘人员；至于老弱病残则是予以宣传教育之后放走。按照这个规定，国民党军俘虏除老弱病残之外其余被俘人员一律不予放走。同年11月3日，毛泽东在为中共中央起草的《对俘虏官兵的处理办法》再次强调对"一切俘虏官兵照中央指示原则上均收留教育，反动者监视，均不放走，仅在必需时可考虑放走个别的人"[2]。

这个政策的目的无疑在于补充自己，削弱敌人。但是，全面内战爆发之后，战争规模越打越大，被俘的国民党军官佐数量日多，由于释放的人员过少，一方面将被俘的国民党军官佐不分大小地全包下来，不但加重了解放区的经济负担，而且需要大量的看管人员；另一方面也造成国民党方面任意曲解我之俘虏政策，甚

---

[1]《毛泽东选集》第一卷，人民出版社1991年版，第63页。
[2]《毛泽东文集》第四卷，人民出版社1996年版，第61页。

至导致有的国民党军官在战争上顽固抵抗。为此，1946年11月14日，中共中央发出《对俘虏工作指示》，提出对俘虏的释放或留用应灵活运用，不应消极放走了事。对于被俘的旅级以上军官基本上不释放，进行教育争取；对于团营级军官则送军区教育训练，争取部分为我所用，选择其中比较进步而又愿意回去者，给以任务个别先行释放，其余的除个别极顽固反动或有交换价值者，一律分期释放；对于连排级军官经短期训练后，除可留用者外给以任务即时释放；对于士兵俘虏中的老弱病残、兵痞及不易教育者进行简单的教育启发、诉苦后释放，其余大部分争取补充我军，或选择一部分进行教育后放回做敌军的瓦解工作。

1947年7月27日，中共中央又发出《关于对俘虏军官处理办法的规定》，提出凡俘虏的国民党军尉级军官经短期训练后，除自愿留我军工作者外，一律释放；校级军官可选择部分释放，决定之权属于各军区政治部，并须经军区首长批准；将级军官可以个别释放，但须经军委批准；特务分子经训练争取后如何处置，决定之权属于各军区政治部（由保卫机关提出意见），并须经军区首长批准；技术人员及有专门技能的人员，如特等射手、炮兵、工兵、通信交通兵、医生等，经过深入的思想教育后，尽量争取为我军服务。[1]

战争的第一年，人民解放军进行内线作战，战争是在解放区境内进行的。由于采取不计较一城一池之得失、以歼灭敌人有生力量为目标的作战方针，解放区面积人口有所缩小。一年之后，

---

[1] 中共中央文献研究室、中央档案馆：《建党以来重要文献选编（1921—1949）》第24册，中央文献出版社2011年版，第260—261页。

人民解放军转入战略进攻，战场转入国民党统治区，但新解放地区需要一个巩固的过程。因此，各解放区农民承担着繁重的参军、支前等战勤负担。以在晋察冀解放区为例：1948年2月时，有野战军14.6万人，军队直属机关及伤病员4.3万人，新兵、俘虏平均每月3万人，地方军（两地方纵队在外）3.3人，各随营学校及新编人员0.7万人，总共军队系统27万人。此外，各级党政机关学校团体还有一部分脱产的干部，而晋察冀解放区只有1300万人。聂荣臻在给毛泽东的一份报告中说："在人力物力动员上都是最大的限度了。"[1]这样的情况自然不只是晋察冀一个地方存在。作家知侠在其战场日记中写道："解放战争开始时，还可以在解放区发动青壮年参军，来补充部队。可是随着战争的扩大，解放区再抽不出青年去参军了，不仅抽不出青年，甚至连中年和老年人也不多了，因为他们都为了保卫解放后的胜利果实，参加了民工团去支援前线了。解放区后方只剩下儿童、老人和妇女了，就是他们也担负着农业生产和后方治安的任务。"[2]

同时，随着人民解放军从战略防御转入战略进攻，开始进行无后方作战，开辟新解放区。这时，一方面经过一年多的参军动员，老解放区能够参军的青壮年已经所剩无多；另一方面新区各项工作的开展需要一个过程，并非新区一建立就可以动员组织农民参军参战，而且新区也因为国民党的多年征兵以及随之而来的"躲壮丁"，在乡青壮年大为减少。在这样的情况下，将俘虏兵改造为解放战士及时补充兵源就显得十分重要。1947年9月13日，

---

[1]《聂荣臻军事文选》，解放军出版社1992年版，第280页。
[2] 知侠：《战地日记——淮海战役见闻录》，上海文艺出版社1993年版，第86页。

毛泽东为中共中央军委起草致陈毅、粟裕电中明确提出:"对俘虏应采取即俘即补方针。俘获后有数天训练,开一个翻身会(吐苦水),即可补入部队。彭习野战军全靠俘虏补充,即用此种方法,而战斗力很好。用此种方法,只要不打无把握之仗,每战均有俘获,即能保持兵员的经常状态。"[1]从这个时候起,人民解放军的兵源主要是将俘虏兵改造成解放战士。

为了使解放区能够休养生息,除了将战争引向国民党统治区之外,中共中央决定战争第三年起各解放区原则不再征兵。1948年7月17日,中共中央就各地战况及今后的兵源问题发出指示:"今年华北,华东,东北,西北各区除个别地方原定扩兵计划准予完成外,其余均不应扩兵。""各区扩兵(包括东北在内)均已至饱和点。支前供应和后方可能性之间发生极大矛盾,此项矛盾如不解决,则不能支持长期战争。故今年后方原则上不应扩兵,明年是否扩一点兵,还要看情形才能决定。"今后前线兵源全部依靠俘虏及一些地方部队之升格,中共中央估计今后攻城野战所获俘虏可能大为增加,因此,"各区及各军应用大力组织俘虏训练工作,原则上一个不放,大部补充我军,一部参加后方生产,不使一人不得其用。我军战胜蒋介石的人力资源,主要依靠俘虏,此点应提起全党注意"[2]。

如果说解放战争之初,解放军的兵源还基本来自动员解放区农民参军的话,到解放战争中后期,相当多的部队兵源已主

---

[1] 中共中央文献研究室:《毛泽东年谱(1893—1949)》(下),中央文献出版社2013年版,第229页。
[2]《毛泽东军事文集》第四卷,军事科学出版社、解放军出版社1993年版,第530页。

要来自解放战士,有的时候甚至当天俘虏当天就参加解放军,连军装都来不及更换,就掉转枪口参加战斗,创造了战争史上的奇迹。

陕北一度是国民党重点进攻的地区,这里本来人口就不多,可动员入伍的青壮年相应少,加之这里是老根据地,群众觉悟高,能够参军或参加革命的人大体都离开了家乡。因此,战斗在这里的西北野战军的补充除了其他解放区的支持外,主要依靠俘虏兵,西北野战军中解放战士的比例很高。

1947年8月24日,毛泽东在给陈毅、粟裕并告刘伯承、邓小平及华东局的一份电报介绍说,西北野战军"五个多月(三月十九日起)作战,完全未补充解放区新兵,补充的都是俘虏兵"[1]。同年11月27日,彭德怀、张宗逊向中共中央军委报告说:"现在人数,一纵队一万零数百人。三、六两纵人数相等,较蟠龙青化砭战斗时尚多。那时一纵不及八千人。惟部队补入俘虏有些已超过百分之八十,有些百分之六十,平均当在百分之七十左右。"[2]1949年2月8日,彭德怀关于西北敌军动态及野战军部署在致毛泽东电中又说:"俘虏兵约占全军百分之八十,连队比例更大,班长绝大多数是俘虏兵,排长副排长亦近半数,连长指导员各军中均有个别。绝对多数是四川人(除四纵外),基本上已成为南方军队。"[3]习仲勋也说:"在西北野战军转入战略反

---

[1]《毛泽东文集》第四卷,人民出版社1996年版,第292页。

[2] 第一野战军战史编审委员会:《中国人民解放军第一野战军文献选编》第1册,解放军出版社2000年版,第576页。

[3] 第一野战军战史编审委员会:《中国人民解放军第一野战军文献选编》第2册,解放军出版社2000年版,第251页。

攻的前后，部队的俘虏兵成分不断增多，多数单位占一半以上，有的连队竟达百分之八十。当时，补充到部队的俘虏兵，经过教育都能掉转枪口杀敌立功。"[1]

时任西北野战军第一纵队政治委员的廖汉生回忆："解放战争开始前我纵三五八旅、独一旅的战士基本上都是根据地入伍的子弟兵。后来随着战争发展，一方面大量减员，一方面俘虏了大批敌军士兵，而在人烟稀少的陕甘宁和晋绥边区兵员困难，新成分的补充从过去主要靠子弟兵变为几乎全部从俘虏兵中解放入伍。解放兵在全纵各连的比例平均占到60%以上，有些连队占到80%。"[2] 1948年5月4日，陈毅在华东野战军团以上干部会上的讲话，介绍西北野战军的经验时说："他们一年多没有补充解放区参军的新兵，主要是吸收解放战士。现在部队中解放战士成分也占到百分之七十到八十，争取解放战士参军的经验和我们差不多。"

华东野战军中解放战士的比例也很高。1947年7月19日，陈毅、粟裕、谭震林向中共中央报告说："去掉俘虏四十万中参加野战军最低估计十万，与自愿参军相等或越过，野战军俘虏兵比例百分之四十到八十。"[3]华东野战军"每一战役后，每个团要补充一千多俘虏兵，俘来后就给发枪打仗"。"我们补兵员十分之三是翻身农民，十分之七是解放战士。有些部队则不要，以翻身农民同别人换解放战士，后来因在困难时解放战士逃跑多，大家

---

[1]《习仲勋文集》（下），中共党史出版社2013年版，第1274—1275页。
[2]《廖汉生回忆录》，解放军出版社2012年版，第260页。
[3] 中国人民解放军政治学院政治工作教研室编：《军队政治工作历史资料》第11册，战士出版社1982年版，第11—12页。

不愿要解放战士了。部队补兵最好比例是翻身农民十分之四,解放战士十分之六。一年来,我们补充了二十万解放战士,十二万翻身农民。"[1]

淮海战役时,华东野战军对俘虏实行即俘即补即教即战的政策。"淮海战役开始,华野为三十六万九千人,战役过程中伤亡十万五千人,战役结束时达到五十五万一千人,这中间除整补了几个地方团外,补进的主要是解放战士。"[2]一场规模如此大的战役下来,华东野战军总人数不但没有减少,反而增加了18.2万人,如果再加上伤亡10.5万人,在战役期间参加华东野战军的达到了28.7万人,其中只补充了几个地方团,以每个团按2000人计算,几个团也就是万人左右,这就意味着淮海战役中华东野战军俘虏的国民党军,大部分士兵成为解放战士。

晋冀鲁豫野战军(1948年5月改称中原野战军)在挺进大别山之前,因为活动区域多为老解放区,这里土地改革进行比较早,因而翻身农民参军的比例高一些。在解放战争头4个月的作战中,"由于连续几个月的作战,部队的老战士有相当的减员,大量翻身农民和解放战士补入部队。这样,部队的成分就发生了很大的变化,老战士相对地减少了,新参军战士和解放战士大量增加了,每个连队,三种战士大体各占1/3"。在解放战争的第一年中,晋冀鲁豫解放区"有24万翻身农民踊跃参军,10余万解

---

[1]《陈毅军事文选》,解放军出版社1996年版,第434—435页。
[2]《粟裕回忆录》,解放军出版社2007年版,第540页。

放战士经过教育改造补充到部队，使我军兵员充实"[1]。进入大别山后，由于是无后方作战，在新区动员农民参军需要一个过程，因此，中原野战军的兵源补充就主要依靠俘虏兵了，"部队在去年淮海战役后，本来俘虏成分就普遍达百分之六十左右。现在则普遍的已达百分之八十左右"[2]。

解放战士所占比例相对比较低的是东北野战军。东北土地较多，土改后农民分得土地也多，而且自根据地建立之后广大农村基本没有被国民党军占领，兵源主要靠翻身农民参军，在一段时间也不太重视俘虏兵的工作。1947年10月，东北民主联军副政治委员罗荣桓（1948年8月任东北军区第一副政治委员兼东北野战军政治委员）在一个报告中承认："过去俘虏争取工作做的不够，夏季攻势共五万俘虏，现在补充到部队只有八千人，在后方训练的八千人，其余的不知何处去了。明年要争取有一万俘虏补充部队。"1948年5月，罗荣桓在东北人民解放军总部师以上干部会议上还说："争取俘虏工作很差，消灭敌人三十万，只争取了五万人。"[3]随着辽沈战役的胜利，大批的国民党军被俘，东北野战军的解放战士也逐渐增多。"俘虏兵大部已由各纵自行组成解放团，有的一万至二万五，另由地方接收一部。""困难的问题是数量太多，一时无更多干部来专门集训俘虏。"[4]辽沈战

---

[1]第二野战军战史编审委员会：《中国人民解放军第二野战军战史》，解放军出版社2017年版，第91页、第118页。

[2]中国人民解放军政治学院政治工作教研室编：《军队政治工作历史资料》第13册，战士出版社1982年版，第199页。

[3]《罗荣桓军事文选》，解放军出版社1997年版，第415页。

[4]同上书，第482页。

役结束后，东北野战军补充了6万余名新兵和11万余名解放战士。1949年1月上旬，罗荣桓在中共中央政治局会议上报告说："现在我军百分之八十是东北人，只有百分之十五是俘虏的南方人。"[1]平津战役后，东北野战军中的解放战士骤增，解放怀来、天津后，补入5万人，北平和平解放后，再补入傅作义接受改编的部队10万余人，加上辽沈战役时补充的11万人，在3个月的时间里，东北野战军共补入约26万起义、解放战士。有的连队起义、解放战士占半，有的超过了一半。[2]

对于晋察冀野战军中的解放战士比例情况，1947年3月25日，罗瑞卿（军区政治部主任）在军区政治工作会议曾说："对待解放战士，主要的亦应是争取的政策。一年多以来，我们争取了一大批解放战士参加了部队，经验证明：这一政策是正确的。参加我军的解放战士，许多人已加入共产党，并成为战斗英雄或模范工作者，为着人民的解放事业，他们坚决奋斗和英勇牺牲。"罗瑞卿同时要求把解放战士的"补充数目限制在一定的比例之内（大约不超过百分之四十到五十）"[3]。同年7月20日，朱德给毛泽东的信中说："晋察冀工作，这三月来已有转变，前已电呈。现在野战军已完全组成，所委人员已到职，人员补充也正在进行，约可得一万补充兵，大部是俘虏。"[4]因此，"以致目前（1947年

---

[1]《罗荣桓军事文选》，解放军出版社1997年版，第516页。
[2] 第四野战军战史编写组：《中国人民解放军第四野战军战史》，解放军出版社2017年版，第381页。
[3]《罗瑞卿军事文选》，当代中国出版社2006年版，第471页。
[4]《朱德军事文选》，解放军出版社1997年版，第611页。

8月)解放军中已有50%至70%是解放战士"[1]。1948年8月16日,聂荣臻将华北军区综合情况向毛泽东报告说:"补训兵团第一期接收之察南战役的解放战士8449名,洗刷475人,调出军官及技术人员353人,实留7351人,逃亡203人,病死3人,争取参加我军者7145人,占总数97.2%。"[2]

正如毛泽东所说:"我们的俘虏政策完全成功。对放下武器的国民党士兵,一个不杀,其中大部分可以参加我们的部队,五分之一至四分之一的国民党军官,经过改造可以为我们所用。蒋介石搞关门主义,我们放回去的国民党军官他也不敢用。我们比他胆大,对他的军官,一部分大胆地用,大部分放回去。放的时候和他订个条件,要他出去做工作,只要做一点工作,对我们就有帮助。"[3] 1949年7月7日,周恩来在中华全国文学艺术工作者代表大会的政治报告中说,三年中,"在敌人所损失的五百六十九万人当中,被我们俘虏的人数达到百分之七十,即四百一十五万,而俘虏中又有二百八十万变成了解放军"[4]。

在解放战争中,人民解放军将大量的俘虏兵转变成解放战士,成为自己队伍的一员,极大地减轻了解放区人民的负担,对枯竭国民党的兵源起到了釜底抽薪的作用。这些俘虏兵如果不转化为解放战士,释放回去之后,很可能被国民党重新作为壮丁抓住

---

[1] 鲁煤:《大清河北参战记》,晋察冀文艺研究组编:《文艺战士话当年》13,第359页。
[2]《聂荣臻关于华北军区的情况向毛泽东的报告》(1948年9月16日),中国人民解放军档案馆:《解放城市》(上),中国档案出版社2010年版,第55页。
[3]《毛泽东文集》第五卷,人民出版社1996年版,第23页。
[4]《周恩来选集》上卷,人民出版社1980年版,第346—347页。

再编入部队，而将之转化为解放战士，不但扩大了解放军的兵源，壮大了解放军的力量，而且使国民党在其统治区可征用的兵源日益减少。这些解放战士基本上都是贫苦农民出身，他们当兵都是迫不得已被国民党抽壮丁抓来的，一旦经过诉苦教育启发觉悟，就有可能成为勇敢的战士。他们在国民党军队中一般都经过一段时间的军事训练，有不少还是参加过抗战的老兵，因而都有一定的军事技术和作战经验，往往比刚刚参军的翻身农民更有战斗力。

事实上，在三年解放战争中，不少解放战士成长为战斗英雄。晋冀鲁豫野战军第六纵队第十八旅的王克勤就是其中的一个代表。王克勤1920年生于安徽阜阳一个贫苦农民家庭。1939年7月被国民党军队抓壮丁。1945年10月在邯郸战役中被俘后参加中国人民解放军。一年后因为表现出色提升为班长，并加入了中国共产党。1946年10月6日，在山东巨野县徐庄阻击战中，王克勤带领全班与国民党军激战一天，打退敌人数次进攻，歼灭大量敌人，全班无一伤亡，圆满地完成任务。战后，全班荣立集体一等功，3人被评为战斗英雄，王克勤被提升为排长。1947年7月10日，王克勤在定陶战役中英勇牺牲，年仅27岁。从1946年6月解放战争开始到牺牲前短短1年的时间里，王克勤毙伤敌232人，俘敌14人，缴获步枪8支，曾8次立功。在三年人民解放战争中，从解放战士中涌现出一大批王克勤式的战斗英雄。各部队也创造了许多转化俘虏兵、培养解放战士的办法和经验。将俘虏兵改造成解放战士，充分显示中国共产党俘虏政策的威力，也体现了政治工作的力量。

在解放战争中，有多达280多万人的国民党军队士兵参加解放军而成为解放战士，又有170余万人部队或起义或接受和平改编，二者相加达到450余万人。到1950年八一建军节时，人民解放军总数为500万人（当然不能说这500万人中有450万是解放战士和国民党军的起义或投诚部队，因为战争过程中难免出现人员的伤亡和其他情况的减员）。因此，解放战争的中后期，人民解放军的主体已是原国民党军队的士兵。通常说解放战争消灭了800万国民党军队，其实其中的一半被转变成为人民解放军。在解放战争中，蒋介石这个"运输大队长"，不但给共产党运送了大量的武器装备，而且也为共产党运来了源源不断的兵源。

# 十一 "政策和策略是党的生命"

毛泽东说过："战争是力量的竞赛，但力量在战争过程中变化其原来的形态。在这里，主观的努力，多打胜仗，少犯错误，是决定的因素。客观因素具备着这种变化的可能性，但实现这种可能性，就需要正确的方针和主观的努力。这时候，主观作用是决定的了。"[1]这里的力量不单是军力，也包括双方的经济实力、政治影响力、组织动员能力。战争的胜利首先是战场上取得的胜利，但战争不仅仅是双方军队的较量。战争的胜负本质上还是双方综合实力的比拼，而人民群众的支持度可以说更是决定战争双方胜负的决定性因素。

1946年全面内战爆发之时，虽然解放区面积人口比国民党统治区小得多也少得多，人民解放军的数量与武器装备也比不上国民党军队，但是，中国共产党制定了一系列正确的方针政策，因而赢得了人民的拥护与支持。

旧中国是一个半殖民地半封建社会，在阶级结构上是两头小中间大，即无产阶级和地主官僚资产阶级人数少，中间的农民阶级、小资产阶级和民族资产阶级人数众多。中国的新民主主义革命，本质上是中国工人阶级的先锋队中国共产党与代表地主官僚资产

---

[1]《毛泽东选集》第二卷，人民出版社1991年版，第487页。

阶级利益的国民党蒋介石集团之间的斗争。由于国民党是执政的党，蒋介石集团又掌握着一支庞大的军队，因此，中国革命要取得胜利，在斗争的方式上必须以武装的革命反对武装的反革命，开展武装斗争，建立一支强大的革命军队；同时无产阶级要取得胜利单靠自己单枪匹马是远远不够的，一定要争取中间阶级以造就广大而又可靠的同盟军。

在半殖民地半封建的中国，近代工业很少，资本主义有了一定的发展但不充分，大量的人口是农民，而城市又是反动统治的中心，农村则是其统治力量相对薄弱的地方，中国革命必须走也只能走农村包围城市的道路。因此，农村是中国革命的主要阵地，农民是中国革命的主力军，中国共产党领导的革命战争本质上就是农民战争。毛泽东强调："人民大众最主要的部分是农民，其次是小资产阶级，再其次才是别的民主分子。中国民主革命的主要力量是农民。忘记了农民，就没有中国的民主革命；没有中国的民主革命，也就没有中国的社会主义革命，也就没有一切革命。我们马克思主义的书读得很多，但是要注意，不要把'农民'这两个字忘记了；这两个字忘记了，就是读一百万册马克思主义的书也是没有用处的，因为你没有力量。靠几个小资产阶级、自由资产阶级分子，虽然也可以抵一下，但是没有农民，谁来给饭吃呢？饭没得吃，兵也没有，就抵不过两三天。"[1]毛泽东对农民问题在中国革命的重要性上的分析可谓鞭辟入里、入木三分。

农民与土地是共生关系，没有土地或缺少土地是广大农民生活贫穷和社会地位低下的根源。中国共产党之所以能够把农民组

---

[1]《毛泽东文集》第三卷，人民出版社1996年版，第305页。

织动员起来，就在于抓住了农民问题最本质的土地问题，制定了能够调动农民参加革命战争积极性的相关土地政策，所以1927年至1937年的国共内战在中共党史上亦称之为土地革命战争，"打土豪分田地"就成为这个时期最为吸引农民投身革命的口号。当时，各个革命根据地都制定了相关的土地政策，核心就是将地主的土地分配给农民。当然，由于缺乏经验，加上"左"倾教条主义的影响，在制定土地革命政策时也曾发生过偏差，如土地革命中期执行的"地主不分田、富农分坏田"。地主作为剥削阶级凭借所占有的土地剥削农民，过着不劳而获的生活，农民因为没有土地或者土地不足不得不租种地主的土地，因而缴纳数量不菲的地租而生活贫穷，通过土地革命将他们的土地分配给农民是必要的，否则无法调动农民革命的积极性。但是，消灭地主阶级主要是消灭他们赖以生存的封建土地制度，而不是把他们从肉体上消失；相反，而是要通过劳动让他们改造为自食其力的劳动者，使他们能为社会发展创造财富。实行"地主不分田、富农分坏田"政策的结果，等于不给地主富农以生活出路，这就人为地扩大了他们对革命的抵触与反抗，这也是各根据地反"围剿"最终失利的一个重要因素。

长征结束后，由于日本帝国主义已经成为中华民族的共同敌人，国内主要矛盾由阶级矛盾转变为民族矛盾，经过遵义会议的中国共产党已经成熟起来，能够根据实际情况决定工作方针，大力倡导建立抗日民族统一战线，也进行了相应的政策调整，在农村不再实行土地革命，而是进行减租减息，所以整个全民族抗战过程中，减租减息是中共最重要的农村政策。之所以采取减租减息而非没收地主阶级土地分配给农民的政策，因为抗战是整个全民族的事业，只要是中国人，只要他愿意抗日就应该团结争取。地主阶级虽然剥削农民，但他们毕竟是中华民族的成员，他们中许多人也有抗日的要求，甚至有人以自己的实际行动支持抗战，如果对其仍采取没收土地分配农民的政策，固然有利于调动农民抗日的积极性，但不利于建立最广泛的抗日民族统一战线。同时，抗日的主力毕竟是广大农民，要调动农民参加抗日也必须给他们以切实的物质利益。为了动员包括地主在内的社会各阶层都参加抗日民族统一战线，于是各抗日根据地实行的是减租减息政策，即地主照样可以收租收息但与过去相比要少收一点，农民也仍要交租交息，但比过去少交一点，目的在于既动员农民也争取地主抗日。实践证明这个政策是正确的，它最大限度地动员了农民与争取地主共同抗日。

经过多年的抗日战争，中国农民已经付出了巨大的牺牲，面对蒋介石强加的这场内战，用什么方式去组织动员农民，就成为中国共产党不能不面对也必须认真解决好的问题。抗日战争胜利后，人民不想打内战，中国共产党也不希望内战的发生。不论是重庆谈判，还是政治协商会议，中国共产党之所以一再做出让步，目的都是为了争取国内和平、避免内战的发生。但是，蒋介石是铁了心要消灭共产党的，除非共产党能交出军队，能放弃解放区，但中国共产党人因为有了大革命失败的教训，已经完全懂得了武装斗争的重要。所以当时毛泽东说："人民的武装，一枝枪、一粒子弹，都要保存，不能交出去。"[1]因为交出去了，联合政府也好，人民的民主自由也好，全都会成为泡影，蒋介石只会

---

[1]《毛泽东选集》第四卷，人民出版社1991年版，1161页。

拿起武器屠杀人民。1927年大革命后期,当时中共方面为了维护国共合作的局面,不敢同国民党内的右派集团开展坚决的斗争,而且表达了自己的诚意,将工人纠察队的武器交给了国民党,甚至连童子军手中的木棍都交出去了,换来的却是国民党反动派的大屠杀。抗日战争胜利之时,中国共产党一方面尽力争取和平,但也不得不做国民党即将发动全面内战的准备。对于可能发生的国共大规模内战,必须得到解放区农民强有力的支持,而要得到农民的继续支持,就必须给农民以新的物质利益。正如毛泽东在1945年12月28日为中共中央起草的关于《建立巩固的东北根据地》的指示中所说:"我党必须给东北人民以看得见的物质利益,群众才会拥护我们,反对国民党的进攻。否则,群众分不清国民党和共产党的优劣,可能一时接受国民党的欺骗宣传,甚至反对我党,造成我们在东北非常不利的形势。"[1]

抗战胜利后的一段时间内,国共之间是谈谈打打,双方关系还没有破裂,为了不刺激国民党,解放区的土地政策继续实行减租减息。到1946年春夏之际,国民党发动全面内战的迹象越来越明显,解放区必须加紧备战。但是,减租减息这个曾经有效的政策,已经难以继续作为动员组织农民的方式了。这是因为经过多年的减租减息,租息已没有多大可以降减的空间,农民开始伸手向共产党要土地所有权了。还在中共七大的时候,毛泽东就提醒全党一定不要忘记了农民问题的重要性。他说:"不是有一个时期我们忘记过农民吗?一九二七年忘记过,当时农民把手伸出来要东西,共产主义者忘记了给他们东西。抗战时期,这种差不

---

[1]《毛泽东选集》第四卷,人民出版社1991年版,第1180—1181页。

多相同性质的问题也存在过。靠什么人打败日本帝国主义？靠什么人建立新中国？力量在什么地方？有些人在这个时候弄不清楚，给忘记了。"他还说："无产阶级领导，主要应当领导农民，他不要农民，当农民伸出手来的时候，就泼冷水，因为地主也伸出手来了。地主说：共产党，你可不行！于是乎，共产党就夹在地主与农民中间，最后接受了地主的影响，向农民泼冷水。反帝反封建不要农民，还有什么反封建？没有反封建，还有什么反帝呢？"[1]

1946年上半年，国内的政治局势在一定程度上类似于大革命后期，国共两党的关系表面上还在维系，国共谈判还在进行，但国共关系究竟走向何方，有没有彻底破裂的可能，这是中共领导人不得不考虑的重大问题。如果国共关系最终破裂，国共之间的矛盾只得通过战争的方式才能解决，就必须争取农民成为中共坚定的支持者，没有农民的参与与支持，解放区就难以巩固，战争所需要的人力物力就难以保证，甚至兵员的扩充都是问题。为此，毛泽东指出："解决土地问题，是一个最根本的问题，是一切工作的基本环节。"[2]正是在这样的背景下，这年5月4日，中共中央发布《关于土地问题的指示》，即"五四指示"，决定将以往的减租减息政策转变为实行"耕者有其田"的政策，随后在解放区开展了轰轰烈烈的土地改革运动。

"五四指示"后，解放区开展大规模土地改革的意义，不只

---

[1]《毛泽东文集》第三卷，人民出版社1996年版，第305页，第307页。
[2] 中共中央文献研究室：《毛泽东年谱（1893—1949）》修订本（下），中央文献出版社2013年版，第79页。

是分配给了多少土地给农民的问题，更重要的是加深了农民与战争胜利的直接关联。各解放区经过抗日战争时期的减租减息，土地关系已发生了很大变化，地主占有的土地在减少，中农的比例在上升，贫农的比例在下降。对于这方面的情况已经有不少的材料予以证明。在这样的情况下，为什么要用群众运动的方式开展土地改革？一方面，还有相当多的地方特别是抗战进入反攻阶段后新解放地区土地问题没有解决，就是减租减息比较彻底的老解放区也还有一部分农民有土地要求；另一方面也是即将到来的全面内战需要有一种有效的方式去组织动员农民。

"五四指示"发布的时候，各地还基本上是采取比较温和的方式进行土改，主要的方法是反奸（汉奸）清算（清算地主过去的封建剥削）、开明绅士献田等。在陕甘宁边区还试图用土地债券，即将地主多余的土地购买由无地少地农民承购，农民有偿而不是无偿地获得土地。这也就是人们常说的和平土改。之所以如此，因为"五四指示"发布之时及之后一段时间，国共关系还没有完全破裂，中共方面的想法是大打半年之后将蒋介石打痛，使其不得不停止战争，因而在土地问题上还须适当顾及国民党方面的反应。进入1947年之后，由于国共关系已经完全破裂，中国共产党决心用战争的方式推翻国民党的反动统治，为了进一步组织动员农民，各解放区基本采取无偿没收地主的土地分配给农民的政策。1947年下半年全国土地会议之后，更是采取抽多补少、抽肥补瘦的方式按人口平均分配土地。在这个过程中，由于没有制定具体明确的划分阶级成分的规定，加上对前一阶段土地改革的成绩估计不够，曾一度发生了"左"的偏差，主要表现是将中农拔高成地主富农，将地主在城镇中拥有的工商业也当作封建剥削而没收等，甚至发生了乱打乱斗。1947年底开始，毛泽东和中共中央采取各种措施对土改中"左"倾错误进行了纠正。

土地改革运动不但满足了农民的土地要求，更为重要的是让众多农民实现了他们的政治参与。在中国农村，地主的数量并不多，他们的情况也千差万别。地主当中既有欺男霸女、鱼肉乡里的恶霸，也有平时与农民关系不甚紧张的普通地主。在过去的历史述说中，或许存在把地主形象简单化的问题。土地改革前，一般情况下地主们的社会地位比农民高、社会影响比农民大、在乡村社会拥有较大的话语权，尽管不同的地主在乡村社会的地位与影响会有很大的不同。在中国传统社会皇权不下县的情况下，乡绅是农村基层的实际统治者，乡绅未必都是地主，地主也未必都是乡绅，但乡绅的主体是地主恐怕是事实。土地改革运动中，与土地分配相伴随的是乡村社会的改造，在运动中各地普遍建立了农会并且一度成为乡村权力的中心，一批过去没有话语权的贫雇农成为农会干部，而过去的乡绅因为他们大多是地主属于被打倒的对象，这是中国农村从未有过的社会现象。土地改革之所以被赋予农民翻身、解放的意蕴也在于此，它不仅体现在农民在土改中得到了胜利果实，同时也在于他们的社会地位发生了重大变化。

土地改革的结果，不但提高了农民的政治觉悟和参加革命战争的自觉性，提高了农民的组织化程度，同时也将战争与农民的土地紧密地联系起来。道理很简单，土地改革使农民得到了土地，而国民党对解放区的进攻一旦得逞，解放区就会被国民党军占领，被分掉土地的地主们就有可能反攻倒算，将农民家的土地要回去。农民要想将土地保留在自己手中就必须参军参战，打退国民党军的进攻,并且只有彻底打倒蒋介石,在土地改革运动被打倒的地主们才不敢也不能变天。开展土地改革调动农民参战的积极性,是解放战争取得胜利的重要因素。

在解放战争中,解放区农民的负担其实是相当重,大批的青壮年或参军或作为常备民工长年支前。仅在淮海战役中,共动员民工543万人次,运送弹药1460多万斤,粮食9.6亿斤。粟裕回忆说:"淮海战役是华东野战军同中原野战军的联合作战。参战兵力达六十万人,作战地域:东起海州,西止商丘,北起临城,南达淮河,参战部队加支前民工每日需粮数百万斤。加之气候寒冷,供应线长,运输不便。因此,粮食的供应,就成为淮海战役能否取胜的一个重要关键。""在整个淮海战役期间,山东解放区每天平均运出原粮三百万斤,在各解放区支援前线的四亿五千万斤粮食中,山东就占两亿三千万斤。淮海战役后期,敌人在我军重重围困中,因断粮而互相殴斗、火并,甚至掘地挖坟,以棺木死尸为柴,烤烧战马充饥;我军阵地上,却是粮足饭香,兵强马壮。待战役结束时,前方尚存余粮四千多万斤。"[1] 人们都知道陈毅有一句名言:"淮海战役的胜利是人民群众用小车推出来的。"解放区农民之所以愿意为解放军推小车,就是因为经过土地改革使农民明白了战争胜利与自己的密切关系。试想,如果没有土地改革,能否找到更好的组织动员解放区农民的方式? 土地改革成为解放战争有效的政治动员。正如周恩来所说:"土地问题解放得好,人民就拥护我们,仗就打得好。全国人口中百分之八十是农民,其中得到土改利益的占百分之九十以上,这样大的力

---

[1]《粟裕回忆录》,解放军出版社2007年版,第511—512页。

量，能不打胜仗吗？"[1]

在组织动员农民的同时，中国共产党通过保护民族工商业的政策争取了民族资产阶级。保护民族工商业，允许私人资本主义工商业存在的发展，是中国共产党在新民主主义革命时期的一项重要政策。由于中国社会的半殖民地半封建社会的性质，这就决定了中国革命的性质是属于反帝反封建的民主革命，革命的锋芒主要针对帝国主义和封建主义。因此，对中间阶级特别是民族资产阶级必须采取十分慎重的政策，尤其是不能提出超越中国资产阶级民主革命的主张，不懂得团结民族资产阶级的重要性，不将之作为革命的盟友而是当作革命的对象，企图在民主革命阶段消灭资本主义，并由此制定相关的方针政策。

对于新民主主义革命阶段为何允许私人资本主义存在和发展，毛泽东在中共七大上就此指出："有些人不了解共产党人为什么不但不怕资本主义，反而在一定的条件下提倡它的发展。我们的回答是这样简单：拿资本主义的某种发展去代替外国帝国主义和本国封建主义的压迫，不但是一个进步，而且是一个不可避免的过程。它不但有利于资产阶级，同时也有利于无产阶级，或者说更有利于无产阶级。现在的中国是多了一个外国的帝国主义和一个本国的封建主义，而不是多了一个本国的资本主义，相反地，我们的资本主义是太少了。"[2]这将为什么要采取允许资本主义存在和发展政策的原因讲得很清楚了。中共七大关于私人资

---

[1]《周恩来军事文集》第三卷，人民出版社1997年版，第271页。
[2]《毛泽东选集》第三卷，人民出版社1991年版，第1060页。

本主义相关政策的阐述，产生了极大的社会效果，连蒋介石身边的人也由此感叹说："主张保持私有财产并发展资本主义，这是中共一个很大的转变。这一个转变在中国收到很大的效果，后方许多工商界和国民党内部失意分子，过去对于共产党的恐怖性心理，已完全改观。"[1]

中国共产党对于民族资产阶级的这种政策，并没有因为国共内战而改变。1947年12月的中共中央扩大会议即十二月会议上，毛泽东提交的《目前形势和我们的任务》的书面报告中，亦明确提出："新民主主义的革命任务，除了取消帝国主义在中国的特权以外，在国内，就是要消灭地主阶级和官僚资产阶级（大资产阶级）的剥削和压迫，改变买办的封建的生产关系，解放被束缚的生产力。被这些阶级及其国家政权所压迫和损害的上层小资产阶级和中等资产阶级，虽然也是资产阶级，却是可以参加新民主主义革命，或者保守中立的。他们和帝国主义没有联系，或者联系较少，他们是真正的民族资产阶级。在新民主主义的国家权力到达的地方，对于这些阶级，必须坚决地毫不犹豫地给以保护。"[2]十二月会议提出了新民主主义革命的三大经济纲领，即没收封建地主阶级的土地归农民所有；没收垄断资本归新民主主义的国家所有；保护民族工商业。

针对土地改革运动中有的地方出现侵犯民族工商业的问题，1948年上半年在纠正土改中"左"倾偏差时，毛泽东和中共中央一再强调必须保护民族工商业。1948年2月27日，毛泽东为中

---

[1]唐纵：《在蒋介石身边八年》，群众出版社1991年版，第522页。
[2]《毛泽东选集》第四卷，人民出版社1991年版，第1254页。

共中央起草关于工商业政策的指示,批评某些地方的党组织违反中央的工商业政策造成严重破坏工商业的现象,强调不能把在农村斗争地主富农、消灭封建势力的做法应用于此。指示指出:"政策是革命政党一切实际行动的出发点,并且表现于行动的过程和归宿。一个革命政党的任何行动都是实行政策。不是实行正确的政策,就是实行错误的政策;不是自觉地,就是盲目地实行某种政策。"并强调:"全党同志须知,现在敌人已经彻底孤立了,但是敌人的孤立并不就等于我们的胜利。我们如果在政策上犯了错误,还是不能取得胜利。具体说来,在战争、整党、土地改革、工商业和镇压反革命五个政策问题中,任何一个问题犯了原则的错误,不加改正,我们就会失败。"[1]

同年3月1日,毛泽东在为中共中央起草关于民族资产阶级和开明绅士问题的指示中再次指出:"在新民主主义革命阶段,民族资产阶级是人民大众的一部分,他们在经济上具有重要性,他们可以参加反对美蒋,或者采取中立的态度,因此有可能和有必要去团结他们。对这个阶级的经济地位必须慎重地加以处理,必须在原则上采取一律保护的政策。否则,我们便要在政治上犯错误。"[2] 3月12日,毛泽东在为中共中央起草的关于情况的党内通报中又指出:"最近几个月,我党在战争、土地改革、整党整军、发展新区和争取民主党派等方面均有成绩,在这些工作中所发生的偏向有了着重的纠正,或正在纠正中,这样就可以使整个中国革命运动走上健全发展的轨道。只有党的政策和策略全部

---

[1]《毛泽东选集》第四卷,人民出版社1991年版,第1286页。
[2]同上书,第1289页。

走上正轨，中国革命才有胜利的可能。政策和策略是党的生命，各级领导同志务必充分注意，万万不可粗心大意。"[1]正是由于采取保护民族工商业的政策，稳定了广大的民族资产阶级，扩大了人民民主统一战线。

毛泽东在十二月会议曾指出：政治方面，人心动向变了，蒋介石被孤立起来，群众站在我们方面。这个问题在长时期没有解决。十年内战时期我们孤立，抗战时期蒋介石逐渐失掉人心，我们逐渐得到人心，但仍未根本解决。直到抗战胜利以后这一两年来才解决了这个问题。军事方面，蒋介石转入防御，我们转入进攻。以前讲反攻，不完全妥当，以后都讲进攻。经济方面，蒋介石的情形到了今年已经很严重，我们现在也困难，特别是山东、陕北两处，但我们的困难可以解决。根本上是我们有土地改革，蒋介石没有。[2]毛泽东一再强调，政策和策略是党的生命，在人民解放战争中，之所以实现了"人心向我"，就在于中国共产党制定了一系列正确的政策。

一个政党是否得民心，关键在于这个政党的政策是否切合实际，是否符合大多数人的利益。毛泽东说到十年内战时期共产党是孤立的，是因为当时处于"左"倾错误的影响下，提出的路线方针和政策主张，往往脱离了实际，也脱离了群众。比如，在土地问题上，一个时间执行"地主不分田、富农分坏田"，实际上不给地主、富农以生活出路，这不但有可能将许多原本不会激烈

---

[1]《毛泽东选集》第四卷，人民出版社1991年版，第1298页。
[2] 中共中央文献研究室《毛泽东年谱（1893—1949）》，中央文献出版社1993年版，第261页。

与我对抗的地主、富农逼成坚定的反革命者,而且也会加重农民负担。又比如,在日本发动九一八事变侵占中国的东北后,抗日救亡成为压倒一切的任务,而当时"左"倾教条主义竟然不顾国内主要矛盾的变化,依然高喊"武装保卫苏联",并且继续强调"中间阶级是最危险的敌人",这必然造成自己的孤立。全民族抗战之后,中国共产党的政治影响之所以不断扩大,党领导的武装力量和抗日根据地也不断发展,就在于高举抗日的旗帜,大力倡导并维护抗日民族统一战线,所制定的各项政策都围绕是否有利于抗日这个大局,所以同情和支持中国共产党的人越来越多,但由于蒋介石毕竟还在抗日,因而还有相当的政治影响。到解放战争时期,在国共对立中才从根本上解决"人心向我"的问题。这是因为蒋介石的内战政策,他的独裁专制统治,违背了中国大多数人的愿意与要求,从而失去了人心,而中国共产党在抗战胜利后对和平的维护与争取,并且制定一系列的符合实际、维护绝大多数人利益的方针政策,使人们把中国的希望寄托到中国共产党身上。

与共产党"人心向我"相反,抗战胜利后国民党却不断地失去人心。本来,抗战胜利之后,蒋介石还是有相当的威望的。在抗战过程中,蒋介石虽然坚持抗战与反共并举的方针,但毕竟留存抗日阵营之中,在支撑着正面战场的抗战,并最终与敌后战场一道共同迎来了抗日战争的胜利。由于中国成为东方反法西斯战争的主战场,提高了国家地位,中国也由此成为世界五大国之一,成为联合国的创始国。当时国民党手上本来一手好牌,结果被蒋介石打得稀烂。

国民党之所以失去人心,其根源在于蒋介石的内战政策。为打内战,抗战一胜利就急于抢占地盘,于是日本一宣布投降就急急忙忙派各路接收大员去搞所谓的接收，由于将接收变成"劫收"，结果，非但未能收拢沦陷区的人心，反而成为失去人心的第一步。

抗日战争时期，蒋介石退守西南，西南、西北之外的全国大中城市沦入敌手。抗日战争胜利后，在美国的支持下，蒋介石获得了中国战区的受降权，在调遣军队向解放区进攻的同时，派遣大批的"接收大员"前往各大中城市"接收"。由于政治腐败导致官僚机器贪污，这些"接收大员"到沦陷区之后，不是安抚长期受到日伪摧残的民众，而是趁机大肆搜刮，劫收横财，时称"五子（位子、金子、房子、车子、女子）登科"，使国民党政权的腐败无能暴露无遗，使沦陷区人民对其由希望顿时陷入失望甚至绝望。

因为日本投降来得突然，蒋介石事先并无准备，对沦陷区的接收事先并无统一规划，加以国民党一向纪律涣散各自为政，因此对各地接收往往陷于无序混乱状态。安庆虽然曾是安徽的省会，但这个当时只有八万人口的小城市，日本一宣布投降，就有六路人马前来反复进行接收。在这六路人马中，有的来自国民党正规部队桂系的第四十八军，有的来自地方保安部队，有的来自国民党安徽省党部，也有的来自国民党特务系统。各路人马抗日之时大都不见踪影，抢占胜利果实却很积极。本来按分工是分系统进行接收，但各路接收大员把重点都放在经济、物资方面。"桂系四十八军，以抗战有功自居，岂容CC和'中统'来分肥。于是'中统'特务以省党部名义抓了四十八军接收人员，四十八军的接收大员们，又以'汉奸'的大帽子抓走了'中统'分子，互相抓人，你争我夺，互不相让，十分紧张。"[1]这样的闹剧各地均有发生。"在上海,汤恩伯的部队因与上海警备司令部争夺一所日本俱乐部,竟互相开枪,死伤多人,发生了流血事件;而北平市市长熊斌与第十一战区长官部宋参谋长为争夺西堂子胡同的一所德军房屋久争不让。"[2]

国民党的各级官员还把对沦陷区的接收当作大发横财的机会。日本投降后,国民党第六战区(司令部设在湖北恩施)成立了接管日方物资委员会,由该战区副司令长官郭忏担任主任委员,负责接收武汉及湖北境内所有的敌伪物资。郭忏在行政系统的接收改由行政院主持之后,为了收买部属,从接收物资中提出共值 40 亿元的 140 多种绸缎布匹和日用品,无代价地分配给第六战区长官部、六战区兵站总监部和武汉警备总司令部的官兵眷属,作为赠品。在这批物资中,有绸绢呢绒 15 万尺,布类 39 万尺,羊毛衣裤 2.1 万件,衬衣裤 11.5 万件,袜子 35 万双,棉被 2.3 万条,被单 3660 条,毛巾 10 万条,皮鞋 9.11 万双,棉衣裤 3.14 万件,香烟 217 万包,纸类 42 种共 5226 万张,食糖 8.54 万斤,干鱼 5.21 万斤,食盐 16.34 万斤,留声机 367 架,脚踏车 104 部等。郭忏贪污的财物自然更多。"据估计,郭忏贪污受贿的总数,当在 500 亿元以上。"[3]国民党第六战区副参谋长谢士炎担任武汉前进指挥所主任,全面负责武汉接收事宜。在这期间,就接受了日伪方面馈赠的在日租界中的洋房 3 幢,别克轿车 3 部,

---

[1]《安庆文史资料》编辑部:《安庆文史资料》第 18 辑,《解放战争时期的安庆专辑》,安徽人民出版社 1989 年版,第 3—4 页。

[2]齐涛主编:《中国政治通史 11——巨变与重组的民国政治》,泰山出版社 2003 年版,第 455 页。

[3]何汉文:《大"劫收"见闻》,《文史资料选辑》第 55 辑,1965 年版。

金条200多根,伪储备券两汽车。谢恐事情败露,又将1幢洋房、1部轿车转送给郭忏。[1]这样的例子不胜枚举。

国民党的各路接收大员不但利用接收的机会将日伪的财物占为己有,而且还在接收日伪物资的名义下,把一些民营资产、民有房屋也视为所谓敌产加以搜刮。1947年6月,湖北省参议会上即有人提出质询:"今复员将近两载时间不为不久,(人民房屋)仍多为军事机关继续占用……人民房产被日寇强占流离转徙,既经七载,胜利两年收回旧业仍遥遥无期,在此房荒严重之时,人民实不堪苦。"[2]

国民党对沦陷区这种抢劫式的接收,当时人们称之为"劫收",引起了沦陷区人民的强烈不满。著名新闻记者赵超构1945年11月在一篇文章中写道:"匪区,无从知悉。现在据我们所知道的而言,则京沪平津确已部分匪化了。那里有接收人员,同时也有劫收人员,劫收人员的数目虽然不多,但确确实实在干着和土匪差不多的行为。""大概抗战八年,把他们这种人抗穷了,个个都像好久没有吃到人血的臭虫,一见那些高楼大厦、家具物资,不管主人是汉奸或是良民,先拿那机关的封条一封,随后便是大开后门,连夜地搬、搬、搬,老百姓只好眼睁睁地看他们搬,谁说一声'不'字,谁就是汉奸。"[3]1945年9月27日,重庆《大公报》发表《莫失尽人心》的社评说:"京沪的情况兴奋极了,也乱极了。在热烘烘、乱嚷嚷中,这二十几天时间,几乎把京沪一带的人心

---

[1] 刘晓宁:《国府还都》,南京出版社2015年版,第87页。
[2] 涂文学主编:《武汉通史——中华民国卷》(上),武汉出版社2006年版,第364页。
[3] 《赵超构文集》第3卷,文汇出版社1999年版,第141页。

丢光了。有早已埋伏在那里的，也有由后方去的，只要人人有来头，就人人捷手先抢。一部汽车有几十个人抢，一所房子有许多机关争；而长长的铁路，大大的矿场却很少人过问。"

国民党对沦陷区这种土匪式的接收，极大地损坏了国民党的形象。唐纵在其日记中写道："与各地将领谈话，彼等经过接受敌军投降后之比较，尤论管理、保育、教育、训练，与敌军比较，真是愧。在敌人手中的营房、武器、马匹，都是很有规模，到了我们手中，不是管理不好，就是保育不好。敌人营房有水电设备，到了我们手中，移防的部队就要拆走，请示中央增加管理人员与管理费用，中央不理，宁可听其毁坏。马匹因为马粮不敷，均患肠胃病，相继倒毙，日人闻之窃笑不已！"[1]时任国民政府军事委员会北平行营（后改称国民政府主席北京行辕）主任的李宗仁后来回忆说："当时在北平的所谓'接收'，确如民间报纸所讥讽的，实在是'劫收'。这批接收人员吃尽了抗战八年之苦，一旦飞入纸醉金迷的平津地区，直如饿虎扑羊贪赃枉法的程度简直骇人听闻。他们金钱到手，便穷奢极欲，大肆挥霍，把一个民风原极淳朴的故都，旦夕之间变成了罪恶的渊薮。中央对于接收权的划分也无明确规定，各机关择肥而噬。有时一个部门有几个机关派员接收以致分赃不匀，大家拔刀相见。无法解决时，便来行营申诉，我这身为最高长官的行营主任竟成了排忧解纷的和事佬。"[2]

在接收沦陷区的过程中，国民党政府还借伪币兑换法币之机，人为地压低伪币与法币的兑换比值。当时，伪中国联合准

---

[1] 唐纵：《在蒋介石身边八年》，群众出版社1991年版，第592页。
[2]《李宗仁回忆录》，广西师范大学出版社2005年版，第603页。

备银行和伪中央储备银行是沦陷区伪政权建立的两家主要银行，国民党政府规定伪中央储备银行的"中储券"200元兑换法币1元，伪中国联合准备银行发行的"联银券"5元兑换法币1元。这个比值仅这两种货币实际购买力的四分之一或十分之三。这就是说，广大沦陷区人民手中持有的购买力，无形中被削弱了70%以上。1945年10月24日，《大公报》发表社评《为江浙人民呼吁》，尖锐地指出："有极大部分人受到了胜利的灾难。"江南地区"地方归回祖国的怀抱已两个月，家家户户，老老少少，谁都为胜利感泣过，谁都为胜利狂欢过。现在呢？他们仍然过着胜利的日子，却有很多很多的人发现自己破了产，纵然省吃俭用，生活也要成问题。物价在跳涨，市场在一种变态繁荣中，工商业要破产。这变化太大了，人人都从日常生活中切肤地感到了这变化。这变化是什么呢？是随着胜利而来的财富大转移，是用伪币的人的财富转移到用关金法币的人手里，购买力与享受欲都跑到关金法币这一边来。"

可以说，抗战胜利后国民党对沦陷区这种抢劫式、掠夺式的接收，就是国民党走向失败的开始。沦陷区的民谣说，"盼中央，望中央，中央来了更遭殃"；"欢庆胜利停生意"，"欢迎国军饿肚皮"；"天上来，地下来，老百姓活不来"。这就是沦陷区人民对国民党的失望和不满的体现。美国政府中的一些人也承认："国民党的文武官员在自日本手中收复之地区中的举止，已使国民党迅速地在这些区域中丧失了人民的支持和他们自己的声望。"[1]

---

[1]《中美关系资料汇编》第1辑，世界知识出版社1957年版，第35页。

曾任国民党中央宣传部部长、上海市市长和台湾省主席的吴国桢回忆说："由于事先并未对接收做周密的安排，没有制定个确保良好和有效管理的计划，以致出现了狂乱的抢夺。""例如，政府所有的各种机构均受权接收敌产，但却没有作集中监督。市长理应接管全市，但陆军将接管日本陆军控制的财产，海军可接管日本海军的财产。使情况更加复杂的是，中央政府的代理机构，又去抢先接收汪精卫傀儡政权在沪拥有或控制的财产。那些代理机构的办事方式简直可恶，对此也许可以原谅，但决不能认为是恰当的。他们通常的借口是，作为公务人员，8 年战争中在内地遭受了这么多的艰难困苦，胜利之后有权为所欲为。但实际上，他们表现得就像是自己人民的征服者。""这些人只是些投机牟利者，正是由于他们的恶劣行径，国民党政府开始很快失去威望。这种情况不仅在上海有，几乎各地都有。"[1]

1948 年 7 月下旬至 8 月上旬的一次军事会议，蒋介石也承认："我们在军事力量上本来大过'共匪'数十倍，制空权制海权完全掌握在政府手中，论形势较过去在江西围剿时还要有利。但由于在接收时许多高级军官大发接收财，奢侈荒淫，沉溺于酒色之中，弄得将骄兵逸，纪律败坏，军无斗志。可以说：我们的失败，就是失败于接收。"[2]

中国的战争本质上是农民的战争，参战双方的士兵几乎都来

---

[1]《从上海市长到"台湾省主席"——吴国桢口述（1946—1953）》，上海人民出版社 1999 年版，第 2—3 页。
[2] 宋希濂：《回忆一九四八年蒋介石在南京召集的最后一次重要军事会议实况》，《文史资料选辑》合订本第 4 卷第 13—16 辑，中国文史出版社 2000 年版，第 13 页。

自农民。土地改革是共产党赢得战争胜利的一个重要因素，而蒋介石统治大陆的22年中，在广大农村，不要说解决农民土地问题，实现孙中山先生提出的"耕者有其田"，就连减租减息都做不到，农民日益贫困。陈诚谈到国民党在大陆失败的教训时说："国父很早就提出'耕者有其田'的主张，只因这是有革命性的政策，迄未真正见诸实行。所以农民大感失望。共党抓着这个弱点，打出'土地革命'的招牌，利用分田办法来欺骗人民，以致造成今日如此严重的灾祸。"他还说："至于大陆土地问题，我们一定要本着'耕者有其田'的原则去做。我认为大家不想回大陆则已，若想回大陆，一定要有从头做起的决心。绝对不可幻想恢复封建剥削的土地制度，老实说，在反共抗俄的今天，反对实行'耕者有其田'，实际上就是帮助敌人，反对自己。"[1]这倒也不失为痛定思痛后得出的结论。

面对解放区如火如荼的土地改革运动，国民党内的一些人终于坐不住了，意识到土地改革的重要性。1946年3月，国民党六届二中全会提出：即刻规定"耕者有其田"之实施步骤及办法，由政府发行土地债券，收购大地主土地，分配于退伍士兵及贫农，并切实扶植自耕农，保护佃农。可是，国民党并不打算真正实行"耕者有其田"，随后不见有任何具体的进行土地改革的措施。到了同年12月，才由其行政院修正通过《二五减租办法》，规定本年度豁免田赋省份一律减租25%，下年度豁免赋省份亦照此实行。实际上，这个所谓的"二五减租"同国民党以往的土地问题方案一样，都停留在了纸面上。有"国大"代表质询国民

---

[1]《陈诚回忆录——建设台湾》，东方出版社2011年版，第404页。

党政府地政部为何不实行"耕者有其田"政策，地政部的回答是：关于"耕者有其田"政策，拥有土地者多持反对态度，而省县参议会亦有请求暂缓实施者，今后全国土地改革之推进，政府固须努力，尤赖全国人民之策动，地主阶级之觉悟，以及人民团体之协助。[1]靠"地主阶级之觉悟"去解决农民土地问题，真可谓与虎谋皮。

  1947年4月6日，在原中国地政学会的基础上，成立了一个具有国民党官方背景的中国土地改革协会。该协会在其成立宣言中强调："不合理的土地制度，是一切寄生阶级、剥削阶级、封建军阀、贪污官吏、土豪劣绅等，共同假借的工具，他们利用这个工具，不劳而获，尽量剥削，积累其'政治资本'，形成更进一步的势力，来破坏国家的进步和建设。不合理的土地制度，束缚着土地的生产力，使其不能'地尽其利'，使大多数的农民呻吟痛苦于租佃之下，束缚着经济的发展，使工商企业，做了地租和地主的奴隶，使全体的工业劳动者辗转于饥饿线上。它更间接而残酷地窒息了文化的进步，使一切自由职业者，变成了不自由的人。这个不合理的土地制度，是昨日的中国所以不进步的主要原因，是今日的中国建设的主要敌人，并且是明日的中国向前发展的主要障碍。"宣言提出"农地（包括耕地、园地、牧草地）除国营或地方公营者外，应一律农有，以实现'耕者有其田'，彻底消灭地主阶级及租佃制度"。[2]不能说这个认识不深刻，可言论

---

[1] 杨德才：《中国经济史新论（1840—1949）》，经济科学出版社2004年版，第533页。

[2] 彭明主编：《中国现代史资料选辑》第6册，中国人民大学出版社1989年版，第458—459页。

不等于行动，虽说意识到了土地问题如此严重，但如何实现"耕者有其田"却没有具体的措施。这也是当年国民党的悲剧所在，知道问题的严重性却找不到解决问题的办法，明知自己行将就木却又找不到再生之路。

10个月之后，即1948年2月19日，中国土地改革协会终于通过了《土地改革方案》。说是一个方案，其实十分地简短，也就寥寥900字而已。其中提出："土地改革的目标为耕者有其田，所以全国农耕土地，应自即日起，一律归现耕农民所有。"作为实现这一目标的具体措施，方案建议"终止佃农制度，化佃农为自耕农"，"现在佃耕他人土地之农民，分年清偿地价，取得土地所有权，化佃农为自耕农。上项地价为现租额之七倍，分十四年交纳，但现租额以不超过正产物千分之三百七十五计算之。"还公布了"清偿地价，取得土地所有权"，"转移地权，清偿债务"，"免缴地租，融通资金"，"根绝土地兼并，健全农业经营"，"组织佃农协会，推进土地改革"等方法。[1]这个时候，老解放区的土地改革都已经基本结束了，国民党才由一个社会团体操刀制订了这么一个不痛不痒的方案，可谓为之晚矣。

因为中国土地改革协会理事长萧铮是国民党中央执委常委，也是国民党的立法委员，于是土地改革协会又草拟了《农地改革法草案》，于1948年9月底10月初交国民党政府立法院审议。此时正值三大战役之际，国民党正处于生死存亡之时。可是，这个草案提交立法院后，反对者甚众，理由无非是"我国的土地问题

---

[1] 彭明主编：《中国现代史资料选辑》第6册，中国人民大学出版社1989年版，第465—467页。

并不严重","今日农村的最大问题,不在土地的分配方面,而在农村的人口过剩,耕地根本不敷使用"。有人甚至给提出土地改革意见者扣上"跟着共产党后面做尾巴","违背了国父的遗教"等大帽子。这个草案最后自然也就不了了之。

1948年8月5日,在美国政府的推动下,国民党成立了中国农村复兴联合委员会,简称农复会,其领导机构由5名委员组成,其中美国2人,中国3人,选举中国委员1人为主任委员。成立农复会的目的是用近代科学方法,把萧条而生产落后的中国重新建设起来,从而达到公平分配和增加生产的目的。这时,蒋介石政权已是江河日下,日薄西山,农复会自然没有什么作为。事实上,国民党别说开展实现"耕者有其田"的土地改革,就连减租减息都做不到。作为农复会主任委员的蒋梦麟回忆说:"有一天,我们在四川乡下,视察农村情形。我和轿夫边走边谈。四川人都健谈,虽是贩夫走卒,也不例外,这就是所谓摆龙门阵。当时我问他们:'你们这里减租了没有?''哦,听说有这回事,看见有告示,说要减租的。''减了没有?''啊!先生,政府的话,哪里靠得住。'"[1] 四川轿夫一句"政府的话,哪里靠得住",道出了国民党政府在人民群众中是如何地失信。

应该说,国民党对土地问题的重要性并非浑然不知,问题的关键是知晓土地问题的重要,却不愿也不敢对原有的土地制度做任何实质性的触动。道理很简单,这是国民党的阶级基础决定的。

对于国民党的阶级属性,如果单从其党章似乎难以看出。

---

[1] 蒋梦麟:《西潮与新潮》,东方出版社2006年版,第310—311页。

## 十一 "政策和策略是党的生命"

1945年5月，国民党六大通过的《中国国民党总章》没有对党的性质做界定，只是简单地说以三民主义、五权宪法为党纲，并规定"凡志愿接受本党党纲，实行本党决议，遵守本党纪律，履行本党义务，照章申请入党，经本党许可者，为本党党员"。不过，自从1927年蒋介石、汪精卫背叛革命之后，国民党已演化为地主官僚资产阶级的政党。虽然国民党的党员各式各样的都有，党员的出身也各不相同，可以说来源于社会各阶级各阶层，但它的内外政策代表的都是地主官僚资产阶级的利益是确定无疑的。实际上，相当多的国民党官吏和军官本身就是大地主，或者大地主出身。当然，判断一个政党的阶级属性，不能只看党员成分与出身，而是看其代表哪个阶级的利益，站在哪个阶级的立场上，在为哪些阶级说话与办事。

既然国民党是以地主官僚资产阶级为阶级基础的，不经历彻底的失败，又怎能指望其进行土地改革呢。于是，国民党陷入了两难的境地：不进行土地改革会失去农民支持，而进行土地改革又动摇其统治基础。恰恰是国民党特别是其领导人蒋介石没有自我革命的勇气，没有壮士断腕的决心和魄力，直到其失去大陆之时，也没有实行过真正意义上的土地改革，广大农民也就不可能对国民党提供强有力的支持。

农村的地主阶级理论上应是蒋介石的坚定支持者，但真实情况未必如此。在进行了土地改革的解放区，虽然地主的土地被没收，富农多余的土地被征收，地主、富农受到了打击，但他们也未必支持和拥护国民党。一方面，当时解放区多在北方，"蒋军多是客军，是两广、四川人，语言不通，他们把解放区一概认为匪区，到处奸淫烧杀，对地主、富农更凶，因为地主、富农的女人更漂亮，财产多，房子好，他们住在地主、富农家里便乱搞。有些地主说：'我们被清算了！'蒋军说：'妈的皮，你投机！'搞得更厉害。"[1]在旧中国，不但普通老百姓见兵色变，就是大户人家也没有不害怕军队进驻的，而且越到战争后期国民党军队的军纪越不好。

另一方面，中国共产党解放战争时期的土地改革，已经总结了十年内战时期土地革命的经验教训，不再执行"地主不分田、富农分坏田"的政策，而是在没收地主土地分配给农民的同时，也分配给地主与农民同等数量的土地。1947年9月全国土地会议通过的《中国土地法大纲》，是土地改革的最基本政策依据，其中规定："乡村中一切地主的土地及公地，由乡村农会接收，连同乡村中其他一切土地，按乡村全部人口，不分男女老幼，统一平均分配；在土地数量上抽多补少，质量上抽肥补瘦，使全乡村人民均获得同等的土地，并归各人所有。""地主及其家庭，分给与农民同样的土地及财产。"[2]土地改革要废除的是封建性及半封建性剥削的土地制度，实行"耕者有其田"的土地制度，要打倒的是地主这个阶级，但不是对其实行肉体消灭，而是将之改造成为自食其力的劳动者。土地改革后，地主虽然不能再过着不劳而获的剥削生活，但他们同样可以通过自己的劳动改造成为普通劳动者，过上自食其力的生活。这也是土地改革中地主阶级没有激烈对抗的一个重要原因。

在国民党统治区，虽然未能进行土地改革，似乎没有损害地主的利益，但长期的战争也加重了地主的负担。自然，地主可以

---

[1]《陈毅军事文选》，解放军出版社1996年版，第417页。
[2]《中国土地法大纲》，《人民日报》1947年12月28日。

通过加租加息等方式将负担转嫁给农民,但农民日益贫困已经到了不能承受的地步。地主与农民从阶级属性上是对立的,二者之间是剥削与被剥削的关系,但地主如果没有农民作为剥削对象也就不成为地主了,因此,地主对农民的剥削毕竟要控制在一定的限度内。长年累月的战争所耗费的大量人力物力,战时地主的日子恐怕不可能好于和平时期,他们也未必全都拥护蒋介石的内战政策。正如陈毅所说的,"他们反对土地改革,但不一定都拥护蒋介石"[1]。

大规模的战争需要大量的兵源。中国是一个农业国,农民占了全国人口的绝大部分,旧中国的兵源主要来自农村。抗日战争中,为了抵御外来侵略,需要农民参军抗日做出牺牲,这也是农民虽不愿当兵但毕竟能够接受的原因。抗战胜利后,农民迫切需要休养生息,恢复因长期战争凋敝的农村经济。但蒋介石一心要发动大规模战争以解决共产党问题,所以抗战胜利本应复员的军队不但基本保留下来,而且随着全面内战的爆发,国民党军队不断为人民解放军所消灭,为了持续内战就不得不加紧征兵。

蒋介石的南京国民政府建立后,几乎没有停止过战争,包括蒋介石在内的各派军阀都大肆扩充军队,一开始采取的是募兵制,后来采取征兵制。抗日战争时期,国民党军队由于训练、装备以及军事指挥都落后于日本,因而战争中出现十分严重的伤亡,不得不在后方加紧征兵以适应战争的需要。加上国民党各级军官不爱惜士兵,医疗卫生条件又差,导致军队疾病流行,层层克扣军饷,连士兵基本供应都难保证,又造成大量的非战斗减

---

[1]《陈毅军事文选》,解放军出版社1996年版,第417页。

员。为了解决兵源问题，各地普遍采取"拉壮丁"这种极不得人心的方式。

根据地国民党政府的兵役法，18岁至45岁的男子列为壮丁，其中18岁至35岁为常备兵应征入伍的对象。除了残疾、暗疾和正在服务公职、在校读书的学生外，一般以户为单位，一开始还规定三丁抽一，五丁抽二，独子不征，后来兵源不足，改为两丁抽一，三丁抽二，五丁抽三。具体办法是由省军管区依据各县人口的多少，将征兵额分配到各县，规定每月应征名额。县政府按各乡镇人口数，将兵额分配到各乡镇，各乡镇分配到保，保是具体办理壮丁抽签征送手续的基层。由于不论抗日战争时期还是解放战争时期，国民党军队的战斗伤亡和非战斗减员十分严重，被抽上壮丁征兵入伍很可能意味着有去无归，国民党统治区的青壮年普遍不愿当兵，并且千方百计逃避兵役即"躲壮丁"。"贫苦群众想方设法规避征兵，县府派员分赴各地督征，乡（镇）公所差兵逐屋逐户、深更半夜抓壮丁。抓壮丁就像抓罪犯一样，当场捆绑，关到乡（镇）公所的牢房里，不给饮食，要家里人送饭吃。壮丁解到军队里，戒备森严，以防逃跑。所谓'抓逃兵'的事层出不穷，监禁刑罚，致死致残，时有所闻。至于到户来提壮丁，乡警保丁，要吃要喝，进行坐催。临走需索'草鞋费'，并得央人担保具限切结；如限期提不到人，就捉去家属，作为人质，关进班房。很多贫苦人家，为抽壮搞得妻离子散，人财两空。"[1]

这样的例子，在国民党统治区比比皆是。在四川广安，1946

---

[1] 政协湘潭县委员会文史资料研究委员会：《湘潭县文史》第1辑，1985年编印，第278—279页。

年下半年,"国民党为内战需要,又令乡镇人员抓丁。乡长、乡队附、保长、保队附一边敲诈勒索,一边抓人,弄得青壮年农民白天不敢下地生产,晚上不敢落屋睡觉,不少过路人和年老体弱者也被抓去。被抓人员关押在乡公所,绳捆索绑,遣送时武装押解,并用棕绳一个个串联起来,形同囚犯"。为了逃避兵役不被作为壮丁而抓走,许多人不惜自残,"有的弄瞎右眼,有的砍断右手食指,有的被迫外逃"。仅该县代市镇19个村不完全统计,国民党征兵时期,弄瞎眼的有211人,砍掉手指的21人,逃生外地、下落不明的67人。从1946年至1949年,全县被抓丁1.4万余人。[1]

在浙江瑞安,"地方官吏以'征兵'为名敲杠勒索,往往选择在农忙季节或夜间出动地方武装,由当地保长带队挨家逐户搜捕壮丁,不问身家及健康情况或是否独子,绳索捆绑,立即送去当兵。百姓人心惶惶,夜里不敢在家睡觉。山区农民到深山密林、坟洞里躲避;沿海农民到茶园、蔗园躲避。有的壮丁竟忍痛自砍食指或用毒草药包扎手指致残,取得免征资格。国民党征兵队抓不到壮丁,便捣毁壮丁门户,揭锅背被,关押家属。因而农村百姓心惊胆颤,被抓者及其家属哭喊震天,惨不忍闻。农村赤贫户及一些从国民党军队逃回来的'兵油子',生活无着,被迫'卖兵'(替人当兵而收取钱财);有钱的壮丁,一旦中签或被抓,或倾家荡产出钱'买兵';于是便出现专为替人介绍买兵与卖兵的'兵牙郎'。"[2]国民党用这样的方法征集到的兵源,其部队

---

[1] 广安县志编纂委员会编纂:《广安县志》,四川人民出版社1994年版,第276页。
[2] 瑞安市地方志编纂委员会:《瑞安市志》(下),中华书局2003年版,第1153页。

的战斗力可想而知，而且士兵逃亡成为家常便饭。严重的是丧失了民心，人民群众谁不希望这种因怕被"抓壮丁"而整天提心吊胆的日子早点结束，希望国民党政府早点垮台。

蒋介石的内战政策给人民造成的痛苦远不在于此。战争需要庞大的军费开支。贺龙曾在一次讲话中说："今天一个战役就有几十万军队参战，吃的粮食、用的草料以及弹药……是一笔非常大的开支。比如运城临汾战役中，就吃了五十万石粮食，用了迫击炮弹三万发、子弹一百万发、山野炮弹五万发。'八二'迫击炮弹一颗就顶一千五百斤小米，一个中农全年的收入还不够制造一颗'八二'迫击炮弹花的钱。临汾打了七八十天，消灭敌人两万多。仅这一仗就这么大的开支，所以如果没有土改，这种仗是打不起的。"[1]陈毅也说："一挺机枪平均打六七千发子弹，一门炮打三百发炮弹，我们无产阶级军队怎样打得起呢？我们计算一个迫击炮弹等于两个中农生活费，一个山炮弹等于三个富农，我们不知打掉多少中农、富农了。"[2]解放军的武器装备主要来自从战场对国民党军队的缴获，解放军士兵大多来源于解放战士，所以蒋介石被人们称之为"运输大队长"，解放战争很大程度上是共产党领导解放过来的国民党兵，用缴获的国民党军武器装备，同国民党军作战。相对来说，战争给解放区造成的负担要小于国民党统治区。

由于蒋介石发动全民内战，导致国民党政府军费激增，财政不堪重负。国民党政府1946年的财政支出达7.47万亿元，比

---

[1]《贺龙军事文选》，解放军出版社1989年版，第558页。
[2]《陈毅军事文选》，解放军出版社1996年版，第428页。

1945年的2.35万亿元增加了3.2倍；1947年又比1946年增加5.7倍，达43.39万亿元；1948年前7个月财政支出达655.47万亿元，竟比1947年增加了14倍，比1945年增加了278倍。财政支出的急剧增加，主要是军费猛增的结果。国民党政府军费支出在各年度总支出的比例，1946年为59.9%，1947年为54.8%，1948年为68.5%，平均每年占了61.1%。这还仅仅是官方明列的军费支出，并未包括间接性的军费支出，实际的经费支出要大得多。[1]当时许多中外人士估计，国民党政府实际军费支出恐怕要占总支出的80%以上。

自南京国民政府建立以来，基本没有停止过战争。特别是经过14年抗战，中国虽然取得了最终的胜利，但造成了巨大的人员财产损失。长期的战争可以说使中国满目疮痍，百废待兴，国家和人民都迫切需要休养生息，但蒋介石却顽固地坚持内战政策，军费开支如此之大，显然不是正常的财政收入能解决的。根据国民党政府编列的预算，1946年收入19791亿元，支出55672亿元，为收入的2.81倍；1947年收入138300亿元，支出40910000亿元，为收入的296倍。大量的财政赤字只能通过无限制地发行纸币加以解决。1937年6月，国民党政府发行了14.1亿元的法币，到1945年6月抗战胜利前夕，增加到3978多亿元，到1947年2月竟然达到48378亿元，为1937年的3430倍，每月的增发额也从1946年的1000亿元达到了1947年4月的10000亿元。如此海量的货币发行，必然会引起通货膨胀，币

---

[1]秦孝仪:《中华民国经济发展史》第二册，近代中国出版社1983年版，第935、第936页。

值下跌，物价上涨。1945年底到1946年底上海物价上涨5.5倍，到1947年上涨14倍多。1948年上半年，国民党政府的预算收入58万亿元，支出96万亿元；实际收入80万亿元，支出340万亿元，赤字率超过四分之三。为弥补如此巨大的财政赤字，几乎全靠印钞票，法币面值最高已达500万元。物价更是居高不下，上海的米价从1948年1月每石150万元，到8月中旬上涨到每石5833万元。

由于法币严重贬值失去信用，1948年8月，国民党政府实行所谓"币制改革"，将法币改为金圆券，以一元金圆券兑换法币300万元，且必须在11月21日前兑换完毕；所有个人和法人拥有之黄金、白银和外币，应于9月30日前兑换为金圆券，凡违反规定者一律没收并惩处。国民党政府此举原本想抵制一路狂飙的物价，但无奈时运不济，此时正值三大战役之际，国民党军队在战场上连连失利，加上官僚资本的从中作梗，此次币制改革彻底失败。金圆券起始发行量为3亿元，到1948年10月底已经突破16亿元，而当时计划的限额是20亿元。11月，蒋介石决定取消原定的金圆券发行限额，于是金圆券的发行如同脱缰之野马一发不可收拾，到1949年5月，共发金圆券679458亿元，以每元金圆券等于法币300万元计，相当法币2038374亿元。于是，法币变成了废纸，金圆券也很快变成了废纸。

1948年8月金圆券实行后，同时实行限价政策，但物价上涨不但没有停止，反而上升得更快。1948年11月1日，国民党政府被迫放弃限价政策，结果到11月中旬，上海米价从限价时每石20.9元金圆券上涨到每石2000元，上涨了近100倍。进入1949年，物价更是一天一涨甚至一天数涨，到5月上海解放前夕，米价已涨到每石 17500 余万元。这样一来，不但国民党的财政金融完全破产了，普通老百姓甚至于一般的中产阶级多年的积蓄也基本化为乌有，人民苦不堪言，社会怨声载道。国民党这样进行国家治理，哪有不彻底失败之理。

## 十二 "我们要消灭敌人,有两种战争"

1939年3月18日,毛泽东出席在陕北公学大礼堂举行的纪念三一八惨案、巴黎公社和慰劳保卫工作人员晚会时,曾这样说过:"我们要消灭敌人,有两种战争:一种是公开的战争,一种是隐蔽的战争。隐蔽的战争有战略的进攻,打入敌人内心;也有战略的防御,保卫自己。要打败敌人,须内外夹攻,所以两者都有同样重要的意义。"[1] 进行革命的目的不但要消灭敌人,而且要保护好自己,二者是互相联系的。反革命总是要千方百计的对革命力量予以镇压,以维护其反动统治,如果不把革命力量保护好,革命不但不能发展而且还会走向失败;革命要取得胜利,还要防止反革命对革命的破坏,并且最终消灭反革命的力量。

为了更好地打败敌人,就必须进行公开的战争和隐蔽的战争,而隐蔽的战争又分为两种,一种是打入敌人内部,瓦解敌人并为公开的战争提供支持;另一种在公开的战争中要防止敌人的渗透破坏。解放战争中,中共中央和毛泽东之所以能够用兵如神,离不开隐蔽战线的特殊贡献。

中国共产党进行的秘密战争,总体上是从大革命失败后才起

---

[1] 中共中央文献研究室:《毛泽东年谱(1893—1949)》修订本(中),中央文献出版社2011年版,第118页。

步的。党成立之时，中国尚处在北洋军阀的统治时期。北洋军阀控制的区域主要是长江以北的华北、东北，长江以南及西南、西北地区处在地方实力派的统治之下，而各地的地方实力派又往往是辛亥革命后出现的，他们或多或少与孙中山及国民党有联系。随着国共合作的实现，中共在这些地方的活动，事实上处于公开或半公开状态。1927年随着蒋介石和汪精卫背叛革命，共产党人和共产党组织不但不能公开活动，而且成为国民党反动派镇压、杀戮的对象，不得不转入地下，党的全部工作随之转入秘密状态，并开始建立秘密工作制度。

　　在土地革命战争时期，党领导的隐蔽战争有成效也有不足。比如，在革命根据地通过严厉的肃反，有效地防止了反革命力量对革命根据地的渗透破坏，巩固了红色政权。在国民党统治区，大革命失败后遭到严重破坏的各地党组织得到恢复和重建，到1930年9月1日中共六届三中全会召开时，全国党员已经发展到12万余人，到同年底，在全国已经恢复了17个省委（省工委）和众多的特委、市委县委，基层支部也有了很大发展，仅产业工人支部就增加了228个。[1] 1929年11月，中共中央政治局常委会决定成立中央特务委员会（简称中央特委），专门负责情报、保卫等工作。中央特委下设特科，执行具体任务。在周恩来的主持下，特委（特科）在保卫中共中央安全、营救被捕同志、惩治叛徒、搜集情报、配合根据地斗争等方面，发挥了重要作用。

　　但与此同时，由于党内一些人对革命暂时处于低潮的客观形

---

[1] 中共中央党史研究室：《中国共产党历史》第一卷，中共党史出版社2011年版，第268页。

势缺乏清醒认识，主观地认为中国革命的高潮将一个接着一个，产生了强烈的"左"倾急躁情绪，党内相继出现了"左"倾冒险错误和"左"倾教条主义错误，其共同的特征就是关门主义和冒险主义。前者的主要表现是不懂得统一战线的重要性，将以民族资产阶级为代表的中间阶级当作"最危险的敌人"；后者不顾反革命力量大大强于革命力量的现实，一味强调进攻，要求根据地的红军攻打敌人坚固设防的中心城市，要求白区的党组织举行毫无胜利希望的起义、游行示威，把自己的力量暴露在敌人面前，使革命遭受不必要的损失。在根据地的土地革命中，主张所谓"地主不分田，富农分坏田"，造成了地主富农对革命政权的剧烈对抗；在肃反问题上，把苏联那一套做法搬到根据地，导致肃反工作神秘化和严重扩大化。

这些冒险主义的做法，对白区工作和根据地建设都造成了严重的负面影响。党在白区的力量遭到国民党反动派的严重摧残，大批的党员被捕牺牲，许多组织遭到破坏，连大革命失败后长期坚持在上海的中共中央，也无法继续在上海立足，只得迁到中央苏区。在准备延安整风的过程中，毛泽东就此总结说，中国虽然不是民主的法治的国家，人民没有政治自由，但是反动政府的法律、社会的习惯，依然有很多地方可以利用，有很多矛盾、间隙、漏洞也是可以被利用的。"必须采取合法的能够公开的各种各色的斗争形式，才有人来，才能一般地避免政府的逮捕与解散，才能保全力量与积蓄力量。临时中央却是拼命反对这种形式。有许多本来是非法的斗争，也要采用公开合法的形式才有胜利可能。例如罢工，是非法的，如果我们要争取胜利，避免失败，就必须利用当时当地各种经济的政治的社会的条件，可罢则罢之，不可罢则已之，罢而不胜则停之。做得入情入理，实行有理有利有节的原则，才能存在与胜利。"[1]

毛泽东还说，公开工作之外，还要有秘密工作与之相配合，这就是党的秘密组织工作，群众的秘密组织工作（作为群众公开组织的核心），党派的秘密联合行动，秘密的情报工作，公开组织与公开斗争的事先秘密准备等。"没有这一方面的工作，是不能存在于敌人统治区域的，公开工作也失了灵魂。临时中央则不但不愿意进行公开合法工作，也不愿意认真进行秘密工作，凡事爱暴露，爱显劲，爱称英雄，爱在明天早上胜利，结果在三年多的时间内，在敌人统治区域把党闹个精光，一点群众力量也闹个精光。"[2]

抗日战争时期中国共产党走向成熟，已经能够妥善地处理公开的战争与隐蔽的战争这两条战线的关系。全民族抗战爆发后，随着北平、天津、上海、南京等大城市的陷落，中共中央便依据敌占城市的具体情况和以往白区工作的经验，及时提出这些地方的党组织要注意隐蔽精干。1937年11月12日，毛泽东和张闻天在《关于上海失守后救亡运动的方针问题的指示》中明确指出："公开的救亡团体应准备必要时转入秘密状态。党的秘密工作亦应有新的布置。严防敌人的突然袭击。"[3] 1938年3月21日，中共中央书记处指示中共江苏省委书记刘晓："在敌人占领的中心城市中，应以长期积蓄力量、保存力量、隐藏力量，准备将来的

---

[1]《毛泽东文集》第二卷，人民出版社1993年版，第340页。
[2]《毛泽东文集》第二卷，人民出版社1993年版，第341页。
[3] 中央档案馆：《中共中央文件选集》第11册，中共中央党校出版社1991年版，第388页。

决战为主。在统一战线的基础上，在重要企业中建立精干的极端秘密的党的组织，切不要轻举妄动暴露力量，受敌人的摧残与打击。"[1]在 1938 年 9 月召开的中共六届六中全会上，张闻天所作的《关于抗日民族统一战线的与党的组织问题》的报告中，强调"在敌人占领的中心城市与据点（点线区域）的任务是，坚决的实行退却，转入秘密状态，利用公开合法，埋头苦干，在大企业中建立工人的短小精干的党的堡垒，输送大批文化人知识分子与工人干部，到农村中去领导游击战争。耐心的教育与培养干部，保存实力，积蓄力量，以待时机，准备将来的反攻。"[2]明确提出了"保存实力，积蓄力量，以待时机"的沦陷区工作方针。

  抗日战争时期，中共领导的革命斗争实际上是在三个大的区域开展，即敌后抗日根据地、沦陷区和国民党统治区。抗日战争进入相持阶段后，由于敌后抗日根据地的建立危及日军的后方基地，日军逐渐把重心对向坚持敌后抗战的八路军和新四军，对国民党采取政治诱降为主、军事打击为辅的方针。随着敌后抗日根据地和八路军新四军的发展壮大，蒋介石发现他没有达到借助日本人之手削弱乃至消灭共产党的目的，于是日趋反共，并在 1939 年 1 月的国民党五届五中全会上明确提出了"溶共""防共""限共"反共的方针，随即公布大批的反共法令，强化特务统治，公开制造了一系列反共摩擦活动，尤其是 1939 年底到 1940 年春制造了第一次反共高潮，又于 1941 制造了以皖南事变

---

[1] 中共中央文献研究室、中央档案馆：《建党以来重要文献选编（一九二一——一九四九）》第 15 册，中央文献出版社 2011 年版，第 192 页。

[2] 中央档案馆：《中共中央文件选集》第 11 册，中共中央党校出版社 1991 年版，第 678 页。

为标志的第二次反共高潮。在这样的背景下，中共中央一再强调在国统区各级组织必须做好隐蔽精干的工作，处理好公开工作与秘密工作的关系。

1939年12月，毛泽东在《中国革命和中国共产党》一文中，系统总结了中国革命的经验。他指出，中国革命的敌人是异常强大的，"革命力量就非在长期间内不能聚积和锻炼成为一个足以最后地战胜敌人的力量"[1]，这就决定了中国革命的主要方法和主要形式，不能是和平的而必须是武装的，必须重视武装斗争和根据地建设。但是，着重武装斗争，不是说可以放弃其他形式的斗争；相反，没有武装斗争以外的各种形式的斗争相配合，武装斗争就不能取得胜利。除了战争中消灭敌军以外，瓦解敌军的工作也就成为重要的工作。很显然，要达到瓦解敌人最终消灭敌人的目的，就必须重视隐蔽的战争，加强秘密工作。在这里，毛泽东论述了在白区（包括沦陷区和国统区）的工作方针和策略，指出："在敌人长期占领的反动的黑暗的城市和反动的黑暗的农村中进行共产党的宣传工作和组织工作，不能采取急性病的冒险主义的方针，必须采取隐蔽精干、积蓄力量、以待时机的方针。其领导人民对敌斗争的策略，必须是利用一切可以利用的公开合法的法律、命令和社会习惯所许可的范围，从有理、有利、有节的观点出发，一步一步地和稳扎稳打地去进行，决不是大喊大叫和横冲直撞的办法所能成功的。"[2]

第二年5月4日，毛泽东在为中共中央起草的《放手发展抗

---

[1]《毛泽东选集》第二卷，人民出版社1991年版，第631页。
[2]《毛泽东选集》第二卷，人民出版社1991年版，第636页。

日力量，抵抗反共顽固派的进攻》的党内指示中，又指出："在国民党统治区域的方针，则和战争区域、敌后区域不同。在那里，是隐蔽精干，长期埋伏，积蓄力量，以待时机，反对急性和暴露。其与顽固派斗争的策略，是在有理、有利、有节的原则下，利用国民党一切可以利用的法律、命令和社会习惯所许可的范围，稳扎稳打地进行斗争和积蓄力量。在党员被国民党强迫入党时，即加入之；对于地方保甲团体、教育团体、经济团体、军事团体，应广泛地打入之；在中央军和杂牌军中，应该广泛地展开统一战线的工作，即交朋友的工作。"同时强调在日本占领地区方针策略"和在国民党区域者基本相同"[1]。正式形成了"隐蔽精干，长期埋伏，积蓄力量，以待时机"十六字白区工作方针，即隐蔽工作方针。

遵照这十六字方针，一批在国民党统治区已经暴露或有可能暴露的中共党员，作了必要的撤退与疏散，必须坚持留下的谋求职业掩护扎根埋伏，同时缩小组织、精简机构。改变组织联系方式，"同一个地区或同一个单位有两个以上的平行组织，互不发生横的关系，严格执行'横不超支、纵不越级'的规定，取消支部与小组活动，党员与组织之间（组织指定联系人）采取单线联系，上下级联系以不通讯、少来往为原则，严守秘密工作制度"[2]。同时实行"三勤"（勤学、勤业、勤交友）和"三化"（职业化、社会化、合法化），使国民党统治区的党组织和党员真正实现"隐蔽"状态。

---

[1]《毛泽东选集》第二卷，人民出版社1991年版，第756—757页。
[2] 盖军：《中国共产党白区斗争史》，人民出版社1996年版，第347页。

为了加强对沦陷区的工作，各中央局、分局先后成立了城市工作委员会或城市工作部，一方面对原有的敌占区城市地下党组织进行整顿，另一方面进行干部训练、派遣干部和建立交通等。1941年和1942年，中共中央晋察冀分局向天津和唐山等地派去了84人，到1943年底，向东北的沈阳、哈尔滨等地派出了干部37人。中共中央太行分局"派遣大批党员或非党抗日干部到城市开展工作，在太原、阳泉、榆次、石家庄、安阳、新乡、焦作、汲县以至开封等大城市和县城建立了联络点、站"。太原作为华北的重要城市，晋察冀、晋冀鲁豫和晋绥各抗日根据地都成立了对太原开展工作的机构，分别建立了中共地下组织和情报系统。到抗日战争胜利前夕，太原直属各根据地党委或军事系统领导的地下机构达数十个，地下工作人员达千余人。沦陷区的其他大中城市的地下工作也得到了加强。例如，华中抗日根据地的中共苏皖区党委于1942年秋和1944年6月先后两次建立中共南京工作委员会，到抗战胜利时，南京已有中共地下党员160余人。到抗日战争胜利时，晋察冀城工部系统（包括北平、天津、唐山）中共地下党员已有500余人，其中北平有200多人，固定联系的群众400余人。[1]按照原来的设想，抗战进入大反攻阶段后，各大城市的地下党组织将开展武装起义，实现夺取城市的目标，后来由于形势的变化，中共中央决定取消包括上海在内的各大中城市的武装起义计划，要求各地作长期打算，积蓄力量，以待将来，派大批的干部到国民党的党、政、军、经济、文化机关和工矿、

---

[1] 盖军：《中国共产党白区斗争史》，人民出版社1996年版，第401页、402页、404页、405、457页。

铁路、银行、学校中去建立工作，利用合法方式，团结群众。

白区工作确定的"隐蔽精干，长期埋伏，积蓄力量，以待时机"方针，不但有力地配合了当时的抗日战争，支持了根据地的巩固发展，更重要的是经过长期埋伏，从而积蓄可靠的力量，为解放战争时期的隐蔽战争取得重大胜利奠定了基础。

在解放战争中，特别是战争后期，曾有相当数量的国民党军起义、投诚和接受和平改编。在这些起义中，有的是长期埋伏在国民党军队中的秘密党员组织领导的，有的则是起义将领在周围的党员影响推动下发动的。这些起义对于瓦解敌人、扩大自己，取得解放战争的胜利发挥了重要作用。

例如，在淮海战役中，长期埋伏在国民党军里的张克侠、何基沣和廖运周，成功地率领所掌握的部队举行战场起义，打乱了国民党军队的部署，与人民解放军起到了里应外合的作用，有力地推动了战役的顺利进行。

张克侠1923年从保定军官学校毕业后，加入冯玉祥的部队。1924年到广州投奔孙中山，任陆军讲武堂教官及队长，后重回西北军任学兵团团副。1927年春去莫斯科中山大学学习，从苏联回国后重返西北军。1929年秘密加入中国共产党，成为周恩来领导下的"特别党员"。1937年卢沟桥事变前，任第二十九军副参谋长，参加了卢沟桥抗战。此后，张克侠担任过国民党第六战区司令部高级参谋、副参谋长，第五十九军参谋长，第三十三集团军参谋长、副总司令等职，转战山东、河南一带抗日。抗战胜利后，第三十三集团军被改为第三绥靖区，张克侠被任命为第三绥靖区副司令官。

何基沣亦毕业于保定军官学校，曾任西北军所辖第二十九军第三十七师第一〇九旅副旅长，参加了著名的长城抗战、卢沟桥抗战。1937年8月任第二十九军第一七九师师长，次年春任第七十七军副军长。1938年初，经武汉八路军办事处的安排，何基沣见到周恩来。同年2月秘密到达延安。在延安的一个多月时间里，毛泽东、刘少奇、朱德等不止一次和他交谈，使他加深了对共产党的了解。离开延安前夕，他交了一份入党申请书，1939年1月被批准为中共秘密党员。1940年3月，蒋介石电调何基沣到重庆"受训"，名义上担任国民党"将校军官训练团"的中队长，实际是受审查。后任第77军军长。1946年春，蒋介石遂用明升暗降的手段免去他第七十七军军长的职务，改任第三绥靖区副司令官。

张克侠、何基沣按照组织的安排，长期埋伏在国民党军内。1946年夏，张克侠利用送冯玉祥出国考察的机会到了南京，与正在南京同国民党谈判的周恩来接上了关系。在听取张克侠对徐州地区及部队情况汇报后，周恩来指示张克侠在适当的时机争取策动高级将领和大部队起义，这样可以造成更大的声势，瓦解敌人的士气。1946年9月，何基沣利用为父亲奔丧之机，见到了北平军调处执行部任中共代表的叶剑英，叶指示他仍回原部，在关键时刻领导部队起义。

1948年9月，淮海战役即将开始，周恩来电告中共中央华东局与张克侠、何基沣联系，共商部队起义事宜。华东局先后派人进入第三绥靖区，策动该部在淮海战役开始时起义。10月11日，毛泽东提出淮海战役分三个阶段进行的作战方针，第一阶段是歼灭在新安镇地区的黄百韬兵团。华东野战军决定第七、第十、第十三纵队从第三绥靖区正面渡运河南下，切断徐州同黄百韬兵团的联系，要求何基沣、张克侠所部按计划在战役发动时起义，让开运河防线，控制所有桥梁，让解放军顺利过河。11月8日，张克侠、何基沣率国民党军第五十九军两个师、第七十七军一个师又一个团，共三个半师2.3万余人光荣起义。何基沣、张克侠起义后，让开了东起台儿庄，西至临城的百里防地，敞开了徐州东北大门，使解放军顺利地通过了该部防地，直插徐州东侧，切断陇海路，挡住黄百韬兵团西逃之路，对人民解放军实现淮海战役第一阶段的作战意图起了重大作用。

廖运周于1927年3月参加中国共产党。参加了著名的八一南昌起义，后被派到国民党军队从事兵运工作，历任国民党军队营长、团长、旅长、副师长、师长。1946年初，廖运周率国民党军第一一〇师进驻河南新乡。中共晋冀鲁豫中央局派人到廖部进行联络，并决定成立一一〇师工作组，组织该师在豫北起义。由于蒋介石突然将该师调往徐州，起义只得停止。1947年2月，第一一〇师进驻山东，党的关系转到中共中央华东局，经华东局批准，成立了中共第一一〇师地下党委，廖运周任书记。1947年秋，第一一〇师被调往大别山地区，该师的中共地下党组织关系转到中原军区，邓小平指示廖运周等积极准备，耐心等待，在最有利的时机起最大的作用。

淮海战役发动之际，蒋介石为了加强徐州地区兵力，调黄维的第十二兵团开赴徐蚌前线。第一一〇师所在的第八十五军划归第十二兵团序列，随同黄维兵团进至宿县西南的双堆集地区。中原野战军把黄维兵团十几万人马压缩在以双堆集为中心的纵横十几里的狭窄地带后，黄维企图趁自己建制完整，解放军立足未稳之时，用四个主力师齐头并进，迅速突围。廖运周召集一些可靠的营连级军官,作起义动员,得到赞同。11月27日,第一一〇师以突围打头阵为名从双堆集附近的赵庄、周庄出发,在通向解放军阵地的道路上行进。两个小时后,全师通过解放军阵地,解放军又把为第一一〇师放开的口子封锁起来。起义部队顺利到达目的地后,廖运周下令全师报话机一律关闭,师部电台也停止使用,完全中断了与黄维的联系。第一一〇师战场起义,打乱了黄维兵团的突围计划,为解放军围歼黄维兵团创造了有利条件。

解放战争时期国民党军队的起义,更多的则是国民党将领在外有解放军大兵压境、内有中共地下工作人员推动,共同作用下抉择的结果。如:1945年10月平汉战役中,国民党第十一战区副司令长官兼新八军军长高树勋率一个军又一个纵队万余人起义;1948年9月济南战役中,国民党整编九十六军军长兼第八十四师师长吴化文率所部两万余人起义;同年10月辽沈战役中国民党第六十军军长曾泽生率所2.6万人在长春起义;等等。特别是1949年渡江战役打响后,国民党军队土崩瓦解,起义投诚和改编者甚众,湖南、绥远、新疆、西康、云南等省,就都是当地的国民党军政官员宣布起义后和平解放的。在解放战争的三年半时间里(1946年7月至1949年12月),国民党军投诚者45.785万人,起义者81.378万人,接受和平改编者29.303万人,共计156万余人。其中从1949年7月1日至12月31日,国民党军投诚部队包括正规军10.207万人,非正规军11.2万人;国民党起义部队包括正规军41.777万人,非正规军22.021万人;国民党接受和平改编的部队包括正规军1.3万人,非正规军0.903万人。[1]

---

[1]《人民解放军总部发表总结战绩公报》,《人民日报》1950年2月6日。

这就是说，仅半年时间，三者相加多达 86 万人，占三年半的解放战争起义投诚和平改编国民党军的 55%。这些部队起义、投诚与接受和平改编的过程中，隐蔽战线亦发挥了重要作用。可以说，几乎每次起义的背后，都能看到中共地下组织的身影。

抗日战争一胜利，蒋介石就在美国的支持下，抢夺胜利果实。1945 年 9 月，冯玉祥旧部高树勋奉命从伏牛山区的驻地南召出发，经许昌、郑州进抵新乡，部队被编入孙连仲任司令长官的第十一战区序列，高担任第十一战区副司令长官兼新八军军长。孙连仲遵照蒋介石迅速打通平汉路、抢占平津战略要地的旨意，令高树勋沿平汉路北进，把高树勋逼往内战的前沿。抗战时期，中共就积极开展对高树勋的工作，与高有过合作抗日的良好关系。1944 年 8 月，汤恩伯扣押了在国民党军队中从事地下工作的中共党员王定南，随即押到高部驻地镇平。高树勋竭力营救，将王保释出狱，委以参议名义，留在身边工作，两人结下了很深的友谊。

1945 年 7 月，抗战胜利在望，高树勋被委任为冀察战区总司令，但冀察大部分是中共领导的解放区，由此，高派王定南与刘伯承、邓小平联系，刘、邓对此非常重视，刘伯承给高写了复信，希望他不断前进，为革命、为人民作出贡献。按照刘、邓的指示，中共晋冀豫区党委决定由军区情报处副处长申伯纯负责组成一个工作组，以各种方式同高树勋部联系。

这年 9 月底，国民党第十一战区所辖的新八军、第三十军、第四十军齐集新乡，完成沿平汉铁路向北推进的准备。高树勋知道平汉路大部已为八路军控制，要打通平汉路谈何容易。他想甩开第三十军、第四十军单独北上，先到石家庄受降，然后去冀察边区。于是，他决定由王定南再去见刘伯承、邓小平，提出"借路北上"问题。刘、邓将高树勋"借路北上"问题报告了中共中央军委。10月10日，中央军委复电刘、邓，明确指示：如果过早允许高部北进，将事实上掩护蒋军北上，增加人民武装受降的困难。如果高在反蒋行动上有所表现，则应当给予适当的援助。接到中央军委军委复电后，刘、邓立即将指示精神转告了申伯纯等人，同时在军事部署上作了调整。高树勋为实现单独北上的计划，曾向第十一战区司令长官孙连仲请求，允许他带新八军、河北民军先行北进。但孙连仲对高早有戒心，借口一个军的力量太小，单独北上有危险，不同意高的请求，并仍令三个军一起行动。

这时，刘伯承、邓小平加紧了对高树勋的争取工作，通过王定南转告高树勋，这是他摆脱蒋介石集团，走向革命的大好时机，希望他以民族大义为重，立即举行战场起义。同时派晋冀鲁豫军区参谋长李达和军区负责联络工作的靖任秋来到高部。李达早年在西北军时同高共过事，靖任秋在张家口参加抗日同盟军时与高相识。李达代表刘、邓向高致以问候，并转交了刘伯承致高树勋的亲笔信，对高进行细致思想工作，对高所担心的他在徐州的夫人和西安的眷属等人安全问题，李达明确表示将请示中共中央予以解决，请高放心。10月30日，高树勋率部一万余人在内战前线起义，粉碎了蒋介石打通平汉路，分割解放区的企图。高树勋起义后，国民党第三十军、第四十军准备南逃，刘、邓指挥参战部队乘胜追击，在漳河地区将敌大部歼灭，俘敌两万余人，其中包括第十一战区副司令长官、第四十军军长马法五，取得了平汉战役的重大胜利。

中共中央对高树勋起义高度重视，号召广泛开展"高树勋运动"。1945年12月15日，毛泽东为中共中央起草的《一九四六年解放区工作的方针》中，明确指出："为着粉碎国民党的进攻，我党必须对一切准备进攻和正在进攻的国民党军队进行分化的工作。一方面，由我军对国民党军队进行公开的广大的政治宣传和政治攻势，以瓦解国民党内战军的战斗意志。另一方面，须从国民党军队内部去准备和组织起义，开展高树勋运动，使大量国民党军队在战争紧急关头，仿照高树勋榜样，站到人民方面来，反对内战，主张和平。"[1] 为争取和策动国民党军起义、投诚和接受和平改编，除原有的城市工作部、社会部系统和国统区的中共地下党组织外，中共中央还于1945年10月决定在中央军委和各中央局成立国军工作部（后改为敌军工作部），各级党组织也设立了相应的专门机构，开展对国民党军政人员的争取工作。例如，为了策动从西南调到东北的原滇军系统的国民党第六十军（军长曾泽生）等起义，先是中共冀热辽分局成立了滇军工作委员会，后又由中共中央东北局成立了以李立三为书记的滇军工作委员会。经过长期深入细致而又卓有成效的工作，最终促使曾泽生率第六十军于辽沈战役期间在长春起义。

在平津战役中，为了争取傅作义接受和平改编，隐蔽战线通过不同的方式做傅作义的工作。抗战胜利后，傅作义在内战问题上甚为积极，1946年9月，傅部半个月内占领了晋察冀解放区的卓资山、集宁、丰镇等城镇，而且还在他的机关报《奋斗日报》上发表致毛泽东的公开信。这封信国民党的中央机关报《中央日

---

[1]《毛泽东选集》第四卷，人民出版社1991年版，第1174—1175页

报》还全文转载，使用的通栏标题是"傅长官作义致信毛泽东先生，希接受教训，放下武器，参加政府，促进宪政"。随后不久，傅部又占领了晋察冀解放区的首府张家口。傅作义因为进攻解放区积极，得到蒋介石的赏识，1947年12月，被蒋介石任命为华北"剿匪"总司令部总司令，成为华北地区国民党的最高军事长官，此为杂牌军出身的将领中所仅见（傅本属于阎锡山的晋系，后来自成体系）。

平津战役发动前，傅作义还企图偷袭石家庄，进而袭击在西柏坡的中共中央领导机关。平津战役发动后，解放军先是通过新保安战役歼灭了傅赖以起家的第三十五军，解放了张家口，切断了傅沿平绥铁路西逃绥远老家（抗战期间傅部长期驻守绥远）之路，继而通过天津战役封死其走海路南逃通道。这时，参加平津战役的东北野战军和华北军区野战部队已有百万之众，将北平围得水泄不通。与此同时，在平津前线指挥部和中共中央华北局城工部的领导下，北平和天津地下党组织通过各种渠道，多方争取傅作义。如利用各种关系请傅作义的结义兄弟、同学、民主人士曾延毅，同乡兼好友杜任之，以及傅的老师、华北"剿总"中将总参议刘后同，出面做傅作义的工作。华北局城工部部长刘仁亲自安排曾延毅的女儿、南开大学学生、地下党员曾常宁与刘后同的女儿、天津耀华中学学生、中共外围组织民主青年联盟盟员刘杭生，通过她们的父亲去做傅作义的工作。刘仁还将傅的女儿、共产党员傅冬菊（天津《大公报》记者）安排回傅的身边，从生活上关心，在思想上开导，对傅晓以利害，指明出路，并及时向地下党负责人汇报傅的思想动态。同时，地下党还派人去做傅作义的部下的工作，如派当时在傅部所办的《平民日报》社当采访部主任的中共党员李炳泉,去争取他的堂兄、华北"剿总"少将联络处长李腾九,通过李腾九去影响傅作义。傅作义第一次派人与平津前线司令部谈判,就是通过李腾九和李炳泉联系并直接参与的。

在促成傅作义接受和平改编的过程中,长期埋伏在傅身边的中共秘密党员阎又文起到了特殊作用。阎又文1938年在傅作义所部任团政治部主任时,经中共特派员潘纪文介绍,秘密入党。由于阎与傅作义是山西小同乡(都是万荣县人),1939年春被傅调去任自己的秘书。到1947底,已是少将军衔的阎又文随傅作义进入北平。此时,他除继续担任傅的秘书外,还兼任华北"剿总"办公室副主任、政工处副处长、新闻处处长、傅作义的对外发言人等数职,进入了傅作义的核心决策层,得到傅作义的信任。他通过秘密渠道及时向有关部门汇报傅作义的政治动向、军事力量以及傅、蒋关系等。平津战役开始后,中共中央决定争取和平解决北平问题,阎又文根据中共中央的指示,耐心地给傅作义谈形势,讲政策,消除他的疑虑。阎又文还建议傅作义与中共秘密谈判,选择和平解放北平的道路,并作为傅作义的代表之一,出城与平津前线指挥部代表谈判,还草拟了《关于北平和平解放问题的协议》。"在这个关键时刻,阎又文几乎每天一份书面汇报,向中共中央反映傅作义的思想动态和表现。"[1]

隐蔽战线对争取傅作义最终接受和平改编发挥了重要作用。聂荣臻就此评价说:"北平的地下党组织,为了配合当时的军事斗争和政治斗争,正积极地进行着各种活动。他们利用各种关

---

[1] 阎京兰:《阎又文与北平和平解放》,《百年潮》2009年第2期。

系，获取了大量的情报，源源不断地供给平津战役指挥部。""几十年来，我打过许多仗，能够如此及时了解对方最高指挥官的动态，还是不多的。这对我们做出正确判断，下定正确决心，进行正确的作战部署，具有重要的作用。"[1]傅作义接受和平改编，使北平这个千年古都避免了战火造成的损害，国民党驻北平的二十余万部队随后被改编成人民解放军，创造了解放战争历史上著名的"北平方式"。

从1946年7月1日至1949年6月30日的三年里，国民党军共损失569.14万人，解放军在作战中共损失兵力143.29万人，敌我双方在作战中兵力总损失为3.97比1。人民解放军共俘虏国民党军346.401万人，而解放军被俘仅1.04万人，敌我俘虏为333.07比1；国民党军投诚、起义及接受改编者，共68.958万人，解放军没有此类情况发生。解放战争三年中，人民解放军在作战中兵力总损失内，伤亡占86.09%，被俘占0.73%，失踪占13.18%；国民党军在作战中兵力总损失内，伤亡占27.02%，被俘占60.86%，向解放军投诚、起义及接受我改编者，共占12.12%。[2]与被俘及起义投诚接受和平改编相加，占被消灭的国民党军总数的72.98%。虽然被歼的国民党军中，起义、投诚和接受和平改编的比例，只占百分之十几，但这些部队基本上被直接改编成人民解放军，不但为人民解放军增添了有生力量，更重要的是极大地动摇了国民党军的军心，加速了国民党军的瓦解。

解放战争时期，隐蔽战线还通过不同的方式提供了许多有价

---

[1]《聂荣臻回忆录》下，解放军出版社1984年版，第700页。
[2]《战绩总结第三号公报——敌我兵力比较》，《人民日报》1949年7月16日

值的情报，为中共中央进行战略决策提供了重要依据，也使人民解放军在战争中能够赢得更多的主动。

1946年1月政治协商会议期间，国民党方面的政协代表晚上都要召开"党团会"，研究第二天如何对付中共方面的政协代表。参加会议的除了孙科等政协代表外，还有其他国民党要员，谈的都是第二天要讨论的话题。长期埋伏在国民党中央党部担任速记员的中共地下党员沈安娜，被安排去担任会议速记。沈安娜每天晚上开完"党团会"回家后，连夜将速记符号整理成文字，一式抄两份，一份第二天交国民党中央党部的机要处长，另一份由丈夫、也是中共地下党员的华明之"浓缩、摘要、密写、密藏，连夜送到事先约好的接头地点"，交给联络人吴克坚（中共中央南方局常委），"周恩来等人当晚就看到了这些情报，知道了对方的阴谋和底牌"[1]。同年4月，沈安娜又两次担任由蒋介石亲自主持的最高军事会议的速记。会议的主要内容是讨论向东北和中原各解放区进攻的军事部署、兵力调配、战区划分和长官任免等问题，并对中共将领、兵力特点、军队数量进行分析评估。沈安娜将这两次最高军事会议中的重要内容，一字一句地速记下来，带回家后，由她自己整理速记，华明之进行摘编，按照约定的时间地点交给吴克坚，从而使中共中央根据敌人兵力部署、进犯顺序作相应的兵力调整。

1947年初，蒋介石在解放区的全面进攻失败后，改向陕北和山东两个解放区进行重点进攻。这年3月，蒋介石决定攻击延安，负责发动对陕北重点进攻的国民党西安绥靖主任胡宗南，按

---

[1]《丹心素裹——中共情报员口述实录》，中共党史出版社2016年版，第258页。

照蒋介石提出的"三分军事，七分政治"，紧急将正准备去美国上学的机要秘书熊向晖召回，让他帮助加强对延安的"政治攻势"，起草一份告陕北民众书。熊向晖1936年就已入党，1938年根据周恩来的安排到胡宗南身边工作，为胡宗南所信任。1943年蒋介石准备利用共产国际解散之际，发动第三次反共高潮，密令胡宗南调集大军闪击延安，熊向晖及时将这一情报以及胡宗南军队的部署和预定进攻的时间，通过相关渠道密报延安。中共中央一方面紧急做好军事准备，一方面以朱德的名义向胡宗南发去明码电报，点明了国民党进攻延安的企图，并向中外各方人士公布这个消息，使得蒋介石不得不放弃此次对延安的进攻。这一次，胡宗南在要熊向晖起草告陕北民众书的同时，将一个装有进攻延安军事部署和解放军在陕北的兵力配置的公文包交给熊向晖，要他根据这些文件画一份草图。熊向晖很快就绘制好草图，并将内容熟记于胸。同时，找准时机将情报顺利送出。掌握国民党军的军事部署后，中共中央很快制定了应对措施，放弃延安，进行战略转移。担任如此重要工作的人竟然是中共地下党员，这恐怕是蒋介石和胡宗南万万没有想到的，他们怎么可能赢得战场上的主动呢？

当时，"一直长期隐蔽在国民党统治区领导党的情报工作的潘汉年、刘少文、吴克坚等同志，隐藏在胡宗南身边的熊向晖、国民党中央党部的沈安娜以及其他地下工作者，为中央及时提供国民党党政军的各种重要情报，都为解放战争的胜利做出了贡献"[1]。解放战争时期，受周恩来派遣、指导的潘汉年，负责南京

---

[1] 童小鹏：《风雨四十年》第一部，中央文献出版社1994年版，第532页。

等几个情报工作据点的联系和情报审定签发工作。潘汉年系统向上报告的国民党上层核心机密情报就有：东北解放战争期间，国民党从海上向东北军事运输情况；国民党徐蚌会战部署、国防部战斗序列、淞沪警备计划及工事建筑要图；国民党国防部人事、联勤部的组织系统、补给表、军队运输情况；为配合解放军渡江作战，还获取了国民党《京沪、沪杭沿线军事布置图》《长江北岸桥头堡封港情况》及《江阴要塞弹药储运及数量表》；等等。[1]这方面的例子不胜枚举。

在解放战争的隐蔽战线中，还有一些人虽然当时不是共产党员，但他们利用特殊的身份，为解放战争的胜利发挥了特殊的作用。

1947年初华东野战军取得莱芜战役的胜利，就与国民党第四十六军军长韩练成的配合有很大的关系。韩练成早年参加冯玉祥的西北军，抗战期间由旅长升到副军长，被蒋介石调到重庆担任侍从室高级参谋，这个身份使他有机会与周恩来、董必武、李克农等交往和联系，并受到他们的影响。抗战结束后，蒋介石派他出任第四十六军军长。1946年秋季，韩练成带领第四十六军由海路到达山东的胶东半岛，中共中央将这个秘密关系转告给中共中央华东局。随后，陈毅和华东局派华东军区政治部主任舒同前往第四十六军军部与韩进行商谈，建立了联系，并派军区敌军工作部部长刘贯一和胶东军区联络科长杨斯德化名潜入第四十六军开展工作。次年2月，国民党第二绥靖区副司令官李仙洲指

---

[1] 薛钰：《周恩来与党的隐蔽战线——试谈民主革命时期周恩来对我党情报保卫工作的贡献》，《中共党史研究》1998年第1期。

挥第四十六军和第七十三军,从明水、淄川南犯鲁中解放区的莱芜、新泰等地,华东野战军决定发动莱芜战役,从临沂秘密北上,随后实现对李仙洲集团的合围。战役开始后,李仙洲觉察到了华东野战军的战略意图,企图突围。在此关键时刻,韩练成却神秘"失踪"(杨斯德带他藏在莱芜城内一间民房里),放弃了对第四十六军的指挥。李仙洲找不到韩练成,只好亲自指挥四十六军突围,此举彻底打乱了李仙洲的作战计划,保证了莱芜战役的顺利进行。此役共歼灭国民党军5.6万人,李仙洲也受伤被俘。

曾在国民党军队中担任过师参谋长、师长,在解放战争时期任南京政府国防部主管作战的第三厅厅长、陆军总司令部参谋长的郭汝瑰,早年曾参加过共产党,后来与组织失去联系。抗日战争胜利后,他通过黄埔军校同学任逖猷,结识了任的堂弟、中共秘密党员任廉儒,并同董必武相识。解放战争中,郭汝瑰利用自己的特殊身份,多次为中共提供重要情报。1948年11月,蒋介石召开军事会议讨论作战计划,会后,郭汝瑰将包括军事部署情况、江南作战计划以及太原、武汉、陕甘、西南等地兵力配备等九件秘密文件,交给与他联系的任廉儒,由其转给中共方面有关负责人。[1]

知己知彼,百战不殆。战争的胜利自然是多种因素共同协力的结果。这其中,统帅机关与指挥员的正确决策至关重要,而统帅机关与指挥员决策正确与否,又与对情况的判断有关,要对战争情况做出准确的判断,自然离不开对敌方情况的掌握了解。无疑,了解掌握敌方情况可以有多种渠道,而来自敌方内部的情报

---

[1] 盖军:《中国共产党白区斗争史》人民出版社1996年版,第541页。

信息自然十分珍贵。在这方面，由于认真执行"隐蔽精干，长期埋伏，积蓄力量，以待时机"方针，一批长期埋伏在国民党统治区甚至国民党的党政军机关核心部门的中共地下党员，通过各种方式进行了卓有成效的情报工作，为解放战争的胜利发挥了重要作用。其实，长期埋伏在敌人阵营中并不是一件容易的事情，稍有不慎就有可能暴露，而一旦暴露身份就意味着牺牲，这是需要坚强的意志才能支撑的。在解放战争中，许多中共地下工作人员隐姓埋名，从事对国民党军政人员的策反、情报收集传递等工作，战斗在敌人的心脏，在隐蔽战线上有力地配合了公开的战争。

解放战争时期隐蔽战线的作用，还体现在对第二条战线的具体领导上。1947年5月20日这天，在国民党统治区的中心城市南京、上海、北平、天津等地，爆发了一场以"反饥饿、反内战、反迫害"为中心口号的声势浩大的学生运动，即五二〇运动。

五二〇运动是解放战争时期风起云涌的学生运动的一个缩影。抗日战争中后期，国民党蒋介石集团在消极抗日的同时积极反共，政治上日益反动，独裁专制统治加剧，特务横行，同时腐败愈演愈烈，物价飞涨，军事上不断丧师失地，到了1944年豫湘桂战役的时候更是一溃千里，在大后方已是民心失尽。抗战胜利后，沦陷区的民众原本对蒋介石政权还寄予一定的希望。但是，随着国民党政府派遣大批官员到原沦陷区、特别是一些大中城市进行所谓接收，他们把贪腐之风也刮到这些地方，把接收变成"劫收"，造成民怨沸腾。更为严重的是抗战胜利后，长期遭受战乱的百姓渴望和平，但蒋介石却一意孤行坚持打内战。战争导致军费开支激增。为维持战争所需的巨额经费，国民党政府除了横征暴敛外，还肆无忌惮地发行纸币，导致通货膨胀恶性发展，物价像脱缰野马般飞涨。为了使自己的内战政策获得美国的支持，蒋介石不惜出卖国家主权，大城市街头上到处可以看到横冲直撞、酗酒滋事的美国兵和潮水般涌来的美国货，严重地伤害了中国人的民族自尊。因此，抗战胜利没有多长的时间，不论是原大后方还是原沦陷区的人民，都对蒋介石政权产生了深深的失望甚至绝望。

青年学生历来对时局变化很敏感，学生运动也历来是群众运动的先导。抗战胜利后蒋介石集团的背信弃义、倒行逆施很快引发广泛的学生运动，如1945年12月昆明学生开展的争民主、反内战的一二·一运动，1946年12月北平学生因沈崇事件引发反美抗暴运动，1947年5月南京、上海、北平学生以"反饥饿、反内战、反迫害"为口号的五二〇运动，等等。这些运动的范围涉及全国许多大中城市，无数青年学生参与到运动中，而且得到了广大的工人、教师、市民各界支持与响应，成为1919的五四运动、1925年的五卅运动和1935年的一二·九运动之后，规模和影响巨大的群众爱国运动。受学生运动的影响，国民党统治区的工人运动、城市贫民斗争、农村抗粮抗税抗抽丁斗争等广泛展开，各民主党派和无党派民主人士也积极参加到这个运动中来，表明国民党政府已是四分五裂，众叛亲离，陷入空前孤立的境地。正如毛泽东所指出的："学生运动是整个人民运动的一部分。学生运动的高涨，不可避免地要促进整个人民运动的高涨。""和全民为敌的蒋介石政府，现在已经发现它自己处在全民的包围中。无论是在军事战线上，或者是在政治战线上，蒋介石政府都打了败仗，都已被它所宣布为敌人的力量所包围,并且想不出逃脱的方法。"[1]

　　第二条战线的形成与发展,隐蔽战线同样发挥了重要作用。例如,一二·一运动是由昆明的国民党军警、特务在 1945 年 12 月 1 日这一天,打死打伤西南联大的学生,制造一二·一惨案引发的。惨案发生后,中共云南省工委和西南联大中共党组织研究决定,地下党员以"民主青年联盟"即"民青"面目出现,成立行动委员会作为运动最高决策机关,担负运动的指导责任,学生中的中共党员由运动前的 20 多人发展到百余人。[2] 北平学生开展反美抗暴运动也离不开北平中共地下党的组织领导。当时,北平高校系统的中共地下党组织分为南系和北系,南系是原在西南联大的地下党组织;北系是原在北平的地下党组织。清华大学的地下党员人数比较多,北系和南系加在一起共有 50 多人。燕京大学的南北两系共有党员约四五十人,占学生总数的 6% 左右。北京大学的南系党员有十多名,还有民主青年同盟盟员 50 多人;北系在文、理、法学院有地下党员 30 多人,农学院有党员 30 多人,工学院、医学院、先修班还有一些党员。[3] 五二〇运动就是由中共中央上海局和各级地下党组织有计划、有组织地发动起来的。"上海局对运动作了具体部署,决定首先在国民党统治区政治中心所在的南京突破,由各地响应,并及时分析新的情况,指导运动的发展。许多共产党员挺身站在运动的前列,在群众中进行大量深入细致的说服和组织工作,根据实际情况及时提出并调

---

[1]《毛泽东选集》第四卷,人民出版社 1991 年版,第 1225 页,第 1224 页。
[2] 盖军:《中国共产党白区斗争史》,人民出版社 1996 年版,第 472 页,第 475 页。
[3] 佘涤清:《中国革命史册上的光辉一页》,《北平地下党斗争史料》,北京出版社 1988 年版,第 274 页。

整斗争的口号和策略,发挥了先锋和骨干作用。"[1]

第二条战线的出现是人心大变动的结果。1947年12月,在陕北米脂县的杨家沟召开的中共中央会议即十二月会议上,毛泽东就此分析说:"国内形势现在已经发生了根本性的变化。在政治方面,国民党区域人心动向变了,蒋介石被孤立起来,广大人民群众站到了我们方面。孤立蒋介石的问题,过去在长时期内没有得到解决。土地革命战争时期,我们比较孤立。进入抗战时期,蒋介石逐渐失掉人心,我们逐渐得到人心,但问题仍没有根本解决。直到抗战胜利以后这一两年来,才解决了这个问题。"[2] 第二条战线的形成与发展,又进一步促进了这种变化,表明蒋介石集团越来越失去人心,极大地扩大了中国共产党的影响,为解放战争在全国的胜利奠定了强大的民意基础。

---

[1] 金冲及:《第二条战线的历史地位———纪念五·二〇运动50周年》,《人民日报》1997年5月17日。
[2]《毛泽东文集》,第四卷,人民出版社1996年版,第328页。

## 十三　国民党的不治之症

国民党对外失去民心，对内又无法凝聚党内人心，以致党心涣散，一盘散沙。之所以如此，是因为国民党有着许多不治之症。

在全面抗战的过程中，固然共产党得到了很大的发展，党员人数由数万人发展到120万人，国民党也同样得到了很大的发展，1937年国民党有党员160余万人，到1945年国民党六大时达到了690余万人，增加了4倍多。

1939年起，国民党提出了"全国党化"的号召，此后国民党中央党部每年都制订发展计划，由各地贯彻实行。1939年发展新党员263468人，1940年549455人，1941年为448883人，1942年为222750人，到1945年5月国民党六大时的统计，后方各省市党员达1970180人。如果再加上军队党员和海外党员，国民党在抗战胜利前夕共有党员6926400多人，是共产党总人数的5倍多。[1] 到1947年更是发展到8626111人，而同期共产党为2759456人，国民党员人数仍是共产党员人数的3倍多。

国民党表面上党员人数虽多，实际上能够发挥作用的人不

---

[1] 郭铁桩主编：《台港中共党史中国现代史研究评析》，广东人民出版社2000年版，第323页。

多，相当多是挂名党员。有学者指出："组织涣散本是国民党与生俱来的痼疾。即使在北伐时期亦未能明显改善，执政后组织更趋松散。其时人们讥笑国民党党员与党组织的关系，是只在填写志愿表和登记表时20分钟的关系。党员入党前不培养，入党时不考察，入党后不训练。人人可以自由入党。大多数党员平时游离于党组织之外，与党组织不发生关系。党组织很少有事找党员，党员也很少有事找党组织。多数党员不过组织生活，不纳党费，工作调动时不移转党籍，违法乱纪时不受党纪惩处。人称挂名党员。"[1]

国民党的众多党员中，相当多来自军队。例如，1947年的8626111名党员中，军队党员占到了4855822人，占56%以上，军队党员人数几乎与其军队数量相当，而在人民解放军中，党员人数一般只占部队人数的1/3。国民党军队的官兵几乎人人是党员，原因是1939年3月，蒋介石要求在各级部队恢复党部，全体官兵必须集体宣誓入党。有人回忆说："1939年以后，国民党中央规定：各级特别党部成立之后，应即举行集体宣誓入党，将全体官兵一律吸收入党。我曾经办过两次集体宣誓入党。一次是1939年7月，在湖北当阳十一兵站医院，全院官兵100余人入党；一次是1943年10月，我任荣誉第二师政治部中校科长兼该师特别党部组训科长，在四川叙永办理全师官兵入党。按国民党规定：军官、佐属入党须有两人介绍填具入党申请书，报由中央组织部填发党证，士兵在宣誓后即为党员，不发党证。以后人事调动亦

---

[1] 王奇生：《党员、党权与党争——1924—1949年中国国民党的组织形态》，华文出版社2010年版，第360页。

须由原单位填发党员转移证明。"[1]由于官兵人人都是党员,于是谁也不把党员当作一回事,既没有荣誉感,也没有责任感。

与此同时,蒋介石还要求全国凡未入党的各机关公务人员一律加入国民党,并要求国民党举办的各类训练班在结业时集体入党。有的地方甚至中学师生也要集体入党。因为是集体入党,手续既不严格也不严肃,导致许多人忘记自己的党员身份。而且国民党在组织发展上只追求数字,党员入党没有严格的组织程序,入党后不需要参加组织生活,不开展党内教育,不明白党员的权利与义务,也不清楚党员的职责与要求。用这样的方式发展党员,除了增加名义上党员的数量外,没有任何的益处。早在1938年9月至11月召开的中共六届六中全会上,张闻天就对国民党的特点做过概括:(一)是以大资产阶级为主的各阶级联合的党,在革命历史上转变着自己阶级的关系。抗战发动后,国民党内部的阶级力量发生了变化与分化,进步与保守倾向间发生了斗争。(二)是同政权军队结合着的党,其内部有代表各方面的小派别,主要的为CC、复兴。(三)有长期历史,有一个主义,有它自己的独裁式的领袖,有革命与反革命的经验。(四)有它上层的骨干担负着各方面要职,但其下层的、普通的党员,一般的是充数的、挂名的、没有组织生活的。[2]

根据国民党六大通过的《中国国民党总章》,国民党的组织分全国、省、县、区和区分部五级,各级的领导机构都称执行委

---

[1] 全国政协文史资料委员会编:《文史资料存稿选编16——军事机构》(下),中国文史出版社2002年版,第91页。

[2] 中共中央文献研究室、中央档案馆编:《建党以来重要文献选编(一九二一——一九四九)》第15册,中央文献出版社2011年版,第669页。

员会。区分部为国民党的基层组织，党员以10人至50人为准，区分部党员大会每月召开一次。区分部设执行委员三人，候补执行委员二人，组织区分部执行委员会，其职权是检讨书记之工作报告，征求并训练党员；分配并考核党员工作；宣传本党主义及政纲政策，举荐所在地区优秀人才；收集党费及党员所得捐、特别捐。这全都是纸面的要求，几乎没有哪个国民党区分部认真落实过。国民党的各级组织也从不组织党员培训，不进行党员的考核，党员也几乎不缴纳党费。由于没有组织活动，国民党名义上各级组织健全，但实际上是组织找不到党员，党员也不把组织当一回事。由于不开展组织活动，党员都缺乏基本的认同，党员人数虽然不少，但它不是一个严密的组织，没有组织力也没有号召力，整个国民党其实是一盘散沙。

国民党不但基层组织涣散，而且其上层有中央无权威，有领袖无核心。根据国民党的总章，其组织原则为"民主集权制"。"各级党部之重大决策须经各级权力机关通过，未决定前，得自由讨论，一经决议，即须服从"。民主集权制也就是民主集中制。但对于国民党来说，党内既无民主，党中央都是蒋介石个人说了算，行使个人独裁；但国民党又缺乏集中统一，党员各自为政，无法做到全党服从中央。按照国民党总章，其最高领导人为总理，并明文规定总理为孙中山，问题是孙中山早已去世，无法履行总理之职，于是有另设总裁代行总理职权。总裁一职则长期由蒋介石担任。于是，总理成了孙中山的专有称号，总裁也就成了蒋介石在国民党内的专有名称。从字面上看，总理意味着各种事项统由其管理，总裁则是各种事项可由其裁定，从中不难看出蒋介石为什么要别出心裁地在党内的职务只任总裁而不为总理，表面上似乎是对孙中山的尊敬，实际反映他内心深处的独裁思想。

蒋介石个人在金钱上并不贪婪，但有极强的权力欲望。抗日战争结束后，曾任国民党中央宣传部部长的吴国桢建议蒋介石应当出国走走，到美国去并周游世界，看看民主究竟是怎么运作的。蒋介石回答说："嗯，我不能这样做，因为有共产党问题。"吴说："由马歇尔主持的谈判正在进行，让其他人代你进行谈判，同时你可以出国，你将会作为英雄受到接待，回来时再重开谈判，无论如何，即使你出国，所有重大问题仍会向你请示。"但蒋没有采纳。另有一次，吴国桢同蒋一起乘车。吴说，按他的看法，历史上最伟大的人是乔治·华盛顿，蒋问为什么，吴说在美国革命战争之后，华盛顿本可使自己成为终身总统，如果他愿意的话，甚至还可成为国王。但华盛顿当了两届总统后，不仅拒绝再次竞选，甚至发表告别演说，建议不准有人连任三届总统，这样就奠定了美国民主的基础。吴还对蒋说："我真诚地希望阁下应成为中国的乔治·华盛顿。"蒋听后同样没有回答。[1]

吴国桢曾对蒋介石的独裁嗜权做过分析："在关键时期，中国的领导权仅仅由一个人也就是蒋介石把持着，他唯一的弱点就是嗜权，他做的一切都是为了保全和扩大权力。因此，他一方面采取措施，压制人民要求改革的呼声，另一方面在自己周围只用些愿意充当工具的人。可能有种意见认为，他本人从不腐败，但在中国人中几乎公开认为，他对下属的腐败是乐意的，因为一个

---

[1]《从上海市长到"台湾省主席"——吴国桢口述（1946—1953）》，上海人民出版社1999年版，第15页。

人如果变得腐败了,那么对他就更加惟命是从了。"[1]

过去曾有蒋宋孔陈"四大家族"之说,并将之作为旧中国官僚资本的代表,其实并不是说蒋介石及其家庭占有多少财富,而是他们代表了官僚资产阶级的利益。这四大家族在当时的中国政治舞台上有着举足轻重的地位,他们制定的各项政策都是维护地主官僚资产阶级利益的。虽然蒋本人还比较清廉,但正如吴国桢所说的,他为了维护自己在国民党内的独裁统治,需要有一批对他唯唯诺诺之人在自己身边,并与之结成利益集团。他需要这批人绝对服从,以维护自己的独裁统治,而这批人需要借助于蒋的庇护谋取个人利益,于是他们各取所需。

一批贪腐的国民党干部支持蒋介石的个人独裁,蒋介石则默许甚至纵容他们的贪腐。这样一来,国民党的组织原则名义上是民主集权制,实际唯有集权而无民主。表面上看,国民党也召开党的全国代表大会,国民党中央也多次召开全会,而且会上还常常吵吵闹闹,但重大决策还是蒋介石个人说了算。更重要的是国民党省党部以下各级组织是虚化的,各省、县、区党部几乎没开过代表大会,其执行委员会也是徒有其名,在社会管理、社会组织中不起作用。特别是作为基层组织的区分部大多有名无实,不要说按其党章每两月召开一次大会,许多区分部从来没有组织活动,这种没有基层民主的所谓民主集权制是名副其实的独裁制。在这种体制之下,上层的决定落实不到基层,而基层的诉求又无法送达上层,国民党的中央形成虚壳,于是全国无法统一,上下

---

[1]《从上海市长到"台湾省主席"——吴国桢口述(1946—1953)》,上海人民出版社1999年版,第261页。

不能同心。从表面上看，在国民党内是蒋介石个人有极高的权威，大小事项都是他决策，但实际上徒有其名，全党并未形成一个真正的核心反而成了一盘散沙，如此一来，一旦军事上失利，组织上就会土崩瓦解。

众所周知，国民党内部历来存在严重的派系之争，这也是内部无法凝聚统一的重要原因。南京政府建立后，国民党的派系斗争几乎没有停止过，并由此还爆发过多次国民党新军阀间的混战。抗日战争胜利后，国民党内部的派系之争依然存在，甚至发生了1948年底以李宗仁、白崇禧为首的桂系逼蒋介石下野的事件。所谓派系之争，本质上就是权力之争，而之所以发生权力之争，就在于国民党许多党员，特别是重要干部包括蒋介石本人仅把党当作争权夺利的工具，只顾个人和小团体利益而不顾党的利益，更不顾国家和人民的利益。蒋介石除了担任国民党总裁、国民政府主席等职务，还有很多的兼职，尤其喜欢兼任军校的校长，据说当时国民党所有军校的校长都由他兼任，他也喜欢别人称呼他为"校长"。这固然与他因担任黄埔军校校长起家有一定的关系，但也与他潜意识里圈子的文化、码头文化相关联。既然他是校长，别人是他的学生，于是相互之间是师生、师承关系，而中国传统文化里有天、地、君、亲、师的观念，他既是君又是师，自然要求别人忠于他。本来，他作为国民党的最高领袖，作为国民党军队的最高统帅，所有的党员都是自己的同志，所有的军队都是自己的依靠力量，在内部就不应该再分彼此，更不能再搞自己的小圈子，但他在军队内只信任黄埔系，在党内则依靠陈立夫、陈果夫为首的CC系。这样一来，国民党内部又如何能实现团结统一？

国民党不能团结统一，也与其没有共同的思想基础有关。国民党没有一个完整的能够真正武装全党头脑、统一全党意志、集聚全党共识的理论体系。要说国民党似乎也有其指导思想，那就是三民主义。孙中山创立三民主义时，也曾对中国的未来有过思考，但严格说来，三民主义不是严密的理论体系，没有给人们提供按照三民主义的指引中国未来发展的清晰路线图，所提供的解决中国问题的方法也多是不切实际的纸上谈兵的论证，国民党在全国执政后也从来没有组织党员认真研究和学习过孙中山的理论。尽管国民党要求每周一开展"总理纪念周"活动，读"总理遗嘱"，但这是典型的形式主义，主持者和参加者都没有入脑入心。什么是三民主义，为什么要实现三民主义，怎样实现三民主义，国民党内恐怕没有多少人讲得清楚，更缺乏为实现三民主义而奋斗的高度自觉。

　　国民党历来也不重视党内的理论武装。辛亥革命时期，国民党的前身同盟会主抓的清军的新军与会党，并依靠其力量推翻了清政府，可以说辛亥革命的成功从根本上讲不是信仰和主义的胜利，而是清王朝实在无力统治下去，所以辛亥革命本质上是排满革命，推翻了清王朝的统治，革命的目的就已经达到，于是同盟会迅速分化瓦解。随后，北洋军阀取代了清政府统治中国，孙中山对北洋军阀是反对的，但主要采取的是利用这一派军阀去反对另一派军阀。第一次国共合作建立后，国民党借助共产党和共产国际的力量取得了北伐的胜利，建立了在全国范围的统治地位。但是，由于蒋介石是靠枪杆子取得政权的，他在国民党内取得领导地位，也是因为掌握一支比其他地方实力派强大的军队。因此，蒋介石形成了强烈的武力依赖症，以为枪杆子可以解决所有问题。为解决国民党内的派系之争以实现党和国家的统一，他基本上采取的是武力征讨和金钱收买的方式。至于手上没有武装的党内反对者，则直接采取特务手段对待之。蒋介石从来没有想过用理论武装的方式来实现党内思想的统一，从而维护党的团结。当然，这也与国民党、蒋介石没有一套全党真正认可的、为国民党能够指明前途与出路的理论有关。

曾有人总结了国民党的"优劣条件"，认为有利条件：（一）有全国信仰之主义；（二）有全国拥护之领袖；（三）有美国之援助。不利条件：（一）经济枯竭，物价高涨，民生凋敝，民怨沸腾；（二）党与政府脱节，政府与民众脱节，以致知识分子骂政府，劳动群众恨政府，资产阶级怨政府，士气消沉，军心不振；（三）组织失灵，党政军不能互相配合，各机关分工不清，职责不明，考核不实，法纪不伸；（四）人事不能配合政策，一切人员官僚化，工作形式化、空虚化；（五）革命精神消逝，革命意识模糊，党丧失领导作用，政府失却民众信仰。[1]这里所说的国民党不利条件都是实情，而对有利条件的把握却不准确，除了有美国支持这一条还属实外，其余两条恰恰是国民党的短板。要说国民党的失败，虽然有其政治上的腐败、组织上的涣散以及军事指挥上的紊乱等原因，但更重要的就在于国民党没有一个"有全国信仰之主义"。且不说三民主义有其自身的缺陷，就是国民党内又有多少人认真学习和研究过三民主义呢，更不要说对三民主义发自内心的真诚信仰了。

孙中山说："主义就是一种思想、一种信仰和一种力量。大

---

[1] 唐纵：《在蒋介石身边八年》，群众出版社1991年版，第612页。

凡人类对于一件事，研究当中的道理，最先发生思想，思想贯通以后，便起信仰，有了信仰，就生出力量。所以主义是先由思想再到信仰，次由信仰生出力量，然后完全成立。"[1]这自然是对的，问题是三民主义未能起到这样的作用。还在1938年3月7日，蒋介石主持国民政府军事委员会参事室座谈会，讨论抗战外交及国民精神总动员等问题。蒋介石提出：日本举行全国精神总动员之用意，在拘束国民思想，我国精神总动员则不如此，而以军事第一、战胜第一为唯一目标。与会的邵力子说："现在一般人认为要求抗战胜利，即须实行思想统一，故有一个信仰，一个领袖，一个政府之口号。拥护一个领袖，一个政府，已无问题，但欲实行一个信仰，尚有困难。"蒋介石回答说："余以为'思想统一''信仰统一'，可作几种解释。就目前事实需要而论，即可认为全国人民除殚精竭虑于军事抗战而外，无暇思及他事，除信仰政府一致抗战，坚信抗战必胜而外，亦无暇思及他事，此即战时'思想统一''信仰统一'之真诠。至于总理三民主义，为中国革命和世界革命之最高原则，已普及于全国人心，即苏俄年来所实行者，亦是实行三民主义，故思想信仰已无问题。"[2]其实，国民党之所以出现各种各样的问题，就在于没有一个全党发自内心的共同信仰。

蒋介石一方面顽固地反对共产主义，一再强调自己是三民主义的真实信徒，但实际上曲解孙中山的三民主义为自己所用，这

---

[1]《孙中山选集》下卷，人民出版社2011年版，第639页。
[2]《关于抗战外交及国民精神总动员——军委会参事室座谈会记录》，《民国档案》1995年第2期。

就使得本来就有缺陷的三民主义经过蒋介石的注解之后，变成了蒋氏三民主义而漏洞百出，变得越发不能被人们所认同。1939年5月7日，蒋介石在国民党中央训练团党政班上作了《三民主义之体系及其实行程序》的演讲，对民主主义、共产主义和法西斯主义都做了否定，认为它们"皆有缺点"，且"很不完备"。如共产主义是"重于经济，近于民生主义，却不重视民族和民权主义"，"而且共产党人倡导民生，亦重视一个阶级的利益，而不兼顾全民的利益"；法西斯主义"注重民族主义，却不重视民权和民生主义；而且法西斯主义者的民族主义，只注重自己民族的利益，忽视其他民族的利益"；至于民主主义，"虽然是注重民权，而以全民利益相号召，但实际上资本主义的气味太重，不能给民生问题以完满的解决"，而且其"选举方法，极不平等，不能算是真正的民权主义"。唯有三民主义"博大精深"，"以'公'字为出发点"，"能涵盖一切"，"把各方面皆行均衡顾到，无丝毫偏颇之弊"，是"完满无缺的革命建国的最高指导原则"。一句话，"三民主义比其他主义完备，而且比其他主义伟大悠久，亦比其他任何主义容易实行"。只要"努力奉行三民主义"，"就可以战胜敌人，也可以立即建设一个新中国"[1]。问题是如何"建设一个新中国"，蒋介石却拿不出一套具体的、能够让人们普遍接受的主张。

1943年3月，蒋介石在准备第三次反共高潮的过程中，授意陶希圣代笔撰写了一本题为《中国之命运》的小册子，可以说是

---

[1] 蒋介石：《三民主义之体系及其实行程序》，《青年中国季刊》创刊号，1939年9月30日。

蒋介石统治大陆时期最重要的理论著作。《中国之命运》共包括"中华民族的成长与发达""国耻的由来与革命的起源""不平等条约影响之深刻化""由北伐到抗战""平等互惠新约的内容及今后建国工作之重心""革命建国的根本问题""中国革命建国的动脉及其命运决定的关头""中国的命运与世界的前途"等八章和一个"结论",计8万余字。它以所谓的"革命建国"问题为中心,通过对上述八章所列问题的论述,系统地表达了蒋介石的政治思想和主张,可以说是国民党在抗战后期提出的"建国纲领"。

蒋介石对这本书十分看好,"《中国之命运》一书,蒋先生非常重视,曾修改又修改,此书关系我国前途至为重要"[1]。书出版后,国民党开动宣传机器对《中国之命运》大吹大擂,充满溢美之词:"总裁所著《中国之命运》一书,不唯指明了中国过去奋斗的历史,并且决定了今后继续奋斗的正确路线","照耀了中国独立自由的大道","是关系中国命运的重要指导,实在是代表着抗战建国这个'新时期'的'伟大著作',具有'时代意义'";"统观全书,博大精深,目光若炬,诚吾族建国之宝典"。还说什么,这本小册子"不但是中国学术界一道异彩,且为世界史上一个伟大的文献"[2]。

《中国之命运》虽然被国民党自己吹嘘为"建国之宝典""建国之指南针",但究竟要建一个什么样的国,如何建立一个这样的国,不但国民党内的人不甚了了,国民党外的人更是不甚了

---

[1] 张毓中:《侍从蒋介石——我的特勤生涯》,团结出版社2012年版,第168页。
[2] 吴雁南等主编:《中国近代社会思潮(1840—1949)》第4卷,湖南教育出版社2011年版,第292页。

了。这本书没有给中国人民指明一个光明的前途,没有描绘一个中华民族充满希望的未来。所以,此书通过国民党一阵乱哄哄的宣传之后,很快就被束之高阁。

对于一个政党来说,组织的统一、行动的一致离不开理论的认同。后来,蒋介石在离开大陆之后自己也反省说:"我们三民主义的理论,除开总理遗教给予我们最高的准则以外,党中同志虽有许多诠释、许多发挥的著作,但是始终都未能把党的理论基础,正确而统一地建立起来。因此,众说纷纭,议论不一。不但没有把主义的真义发扬光大,相反地,还给主义带来了许多困惑和曲解。这样,党中同志对自己已经争吵不清,那如何还能使人民来信奉主义、接受主义呢?"[1]由于没有系统、科学的理论,不能给党和群众指明国家发展的前景目标和具体路径,不能引导党员自觉地为实现共同的信仰而奋斗。因此,党员唯有个人利益而无党的利益更没有国家和民族的利益,只为个人前途着想而不为党的命运考虑,于是党内各自为政者有之,争权夺利者有之,尔虞我诈者有之,投机钻营者有之,党心涣散人心更涣散,焉有不失败之理?

---

[1] 秦孝仪编:蒋介石《思想言论总集》第3卷,(台北)中国国民党中央委员会党史委员会1984年编印,第160页。

# 结语：得民心者得天下

　　国民党在大陆失败，除了其自身的原因，还在于产生了一个逐渐成熟也逐渐壮大的共产党。事实上，大革命后期蒋介石把共产党逼成自己的反对者，就已经埋下了失败的种子。

　　蒋介石一生最大的失败，就在将共产党逼上与自己对立的道路，而且顽固地坚持反共立场。中国共产党成立不久，就在共产国际的推动下主动向国民党伸出合作之手，也正因为有第一次国共合作，国民党焕发出了前所未有的生机与活力，由此也有了轰轰烈烈的大革命。在国共合作的过程中，中国共产党是真心实意地维护国共合作，全心全意地帮助国民党。当时，许多国民党的党部是共产党帮助建立的。在蒋介石赖以起家的黄埔军校中，共产党派出了一批党员从事政治工作，各级党组织推选了大批优秀青年来黄埔军校受训。在北伐的过程中，共产党组织动员工人农民支援北伐军，军中的共产党员开展了卓有成效的政治工作，还有的共产党员冲锋陷阵牺牲在北伐战场上。但是，蒋介石是民族主义者，但不是民主主义者，他把个人权力看得比一切都重。大革命后期，蒋介石随着地位的上升特别是在国民党内领导地位的一步步巩固，个人专制独裁思想日益发展。随着北伐胜利进军，共产党的影响也日益扩大，此时的蒋介石认为，影响他在国民党内一人独尊地位和全国领袖地位的，不再是北洋军阀而是共产党，于是对于曾经帮助他的共产党反目成仇，最后发动四一二反革命政变，对共产党人大打出手。是蒋介石自己将共产党由昔日的合作者、同盟者逼迫成坚定的敌对者、反对者。

在蒋介石、汪精卫等人屠杀政策面前，共产党人被迫拿起武器与之进行坚决的斗争，于是有了1927年至1937年的十年内战。这十年内战时期，共产党及其领导的武装力量还十分弱小，共产党自身刚刚从事武装斗争也存在经验不足的问题，尽管在这样的情况下，蒋介石也无力消灭共产党和红军，其根本原因就在于共产党与红军是得到群众拥护的，蒋介石与共产党为敌其实就是与人民为敌。由于"左"倾教条主义的错误，中央苏区的第五次反"围剿"失败，其他苏区的反"围剿"战争也相继失败，主力红军被迫长征。经过遵义会议，中国共产党纠正了自身的错误，因此，长征结束后虽然党和红军数量有较大的减少，但保存了革命的骨干，更重要的是共产党成熟起来了，能够从中国的实际出发制定路线方针政策。这就说明，共产党有着强大的生命力。在中国，共产党诞生之后已经没有哪种力量能将其扼杀，因为共产党代表的是民意和中国的前途。

鉴于日本帝国主义大举侵略中国的严重事实，中国共产党主动摒弃前嫌，向蒋介石和国民党伸出合作之手，实现了第二次国共合作，于是出现了全民族同仇敌忾共赴国难的局面。由于抗战，蒋介石在全国有了较高的威望，国民党也曾出现一些新气象，可以说第二次国共合作和全民族抗战给了国民党以新生命。可是，蒋介石却不珍惜国民党政治生命出现的转机，顽固地坚持一党专政、个人独裁，总觉得共产党是他的心腹之患，尤其是抗日战争进入相持阶段后，他总是处心积虑地要挤压、削弱甚至企图消灭共产党，于是有了全民族抗战中的三次反共高潮。但是，抗战时期毕竟大敌当前，蒋介石还不敢发动全面内战。正是有了第二次国共合作，最终取得了抗日战争的胜利，这也是近代以来中国人民反对外来侵略者取得的第一次彻底胜利。抗战的胜利不但使共产党得到了发展，也使国民党得到了发展，也提高了蒋介石在国内的威望和国际影响。

然而，蒋介石总觉得共产党的存在是影响他个人独裁的最大障碍。抗战期间各种因素制约了他用大规模内战的方式去反共。好不容易等到抗战的胜利，蒋介石认为这时解决共产党问题没有什么可顾忌的了。他清楚用政治的方式通过谈判让共产党就范是做不到的，因为他的目的是要取消解放区，让共产党交出军队，而中国共产党人有了大革命时期的教训，不可能把军队交出来，他了解共产党同意与他用政治的方法解决国共矛盾的底线，所以他邀请毛泽东到重庆谈判也好，同意召开政治协商会议也好，都是为了发动全面内战的烟幕和为战争准备时间。问题是，十年内战时期，共产党及其军队如此弱小，尚且都不能用战争的手段消灭共产党及其领导的武装力量；在共产党经过全民族抗战取得大发展之后，在经过遵义会议和延安整风自身成熟之后，今日之共产党与十年内战时期的共产党已不可同日而语，再企图用战争的方式解决共产党问题，其实已经是痴人说梦。

有台湾学者曾指出：抗战胜利时，国民党与共产党军队相比较，"实处于绝对优势"。"第一为数量上之优势"，"国军与共军五与一之比"；"第二为装备上之优势，国军一般较共军为佳，尤其美式装备之陆军39师，拥有大炮坦克及大量机关炮，火力甚强,尚拥有9个空军大队及海军,远非共产党所能比拟,则国军之战斗力当为共军之十倍以上"[1]。然而,武器装备对战争的胜负固然有很大的关系,但起决定性的因素无疑是人。战争开始的时候,人民解放军人员数量和武器装备固然与国民党军队相比处于很大的劣势,但随着战争不断取得胜利,通过战场缴获人民解放军的武器装备也迅速改进,到1947年战略进攻开始时,人民解放军中有一部分野战部队的装备,同国民党军已大体在同一水平线上,而且在战争中由于将大量的国民党俘虏兵补充和动员翻身农民参军,人民解放军的数量不断增加,而国民党军由于战争的大量消耗,虽然也一直通过抓壮丁的方式进行补充,无奈补充的速度赶不上消耗的速度,到1948年夏,战争进行到第三个年头的时候,双方兵力已经大体相当了。

国民党军队虽然人数多、装备好,但说到底是一支无信仰、无明确奋斗目标的军队。当年的国民革命军之所以在北伐中有较强的战斗力,就在于不打倒北洋军阀中国不能统一,也不能打倒阻碍中国统一的帝国主义列强,所以北伐是为了打倒军阀、打倒列强,实现国家的统一和民族的独立。同样,在抗日战争中,虽然国民党军队也曾打过不少败仗,但毕竟苦撑下来,有的部队在武器装备、军事训练弱于日军的情况下还能取得一些胜利,最终与共产党领导的军队共同打败了日本帝国主义,就是有抗日这个明确目标,广大将士知道唯有浴血奋战才能求得民族的生存。那么,解放战争时期,国民党军队打仗的目的是什么?从根本上

---

[1] 王健民:《中国共产党史》第三编,京汉文化事业有限公司1988年版,第530—531页。

讲就是维护蒋介石的个人独裁统治,或者维护他所代表的大地主官僚资产阶级利益,显然这样的战争是非正义的、是违背大多数中国人民利益的,那些出身于劳动阶级而且绝大部分是被强征硬拉来的士兵在反共战场上怎么能够有战斗力呢?对于这一点,连美国人也看清楚了:"国民党的部队已丧失了斗志,国民党的政府已经失去了人民的支持。另一方面,共产党则通过一种严酷的纪律和疯狂的热忱,企图使人民相信,我们实为人民的保护者和解放者。国民党的部队无需别人来击败他们,即已自行瓦解。历史一再证明,一个对自己失去了信心的政权,和一个丧失了士气的军队是经不起战斗的考验的。"[1]

同时,由于蒋介石出于一党私利和个人目的发动内战的非正义性,违背了人民的意愿与要求,自然得不到人民群众的支持,于是"国军、共军在对待民众上的做法也大不相同。国军下乡打仗,只求作战方便,而不顾民生疾苦,大军一临前线,便拉夫征粮,下门拆屋,无所不为,有时为求扫清视界,不惜烧掉城堡外整街整巷。反之,共军进村入居,讲求的却是不入民居,有借必还,而且客客气气一路老大爷老大娘殷勤地喊叫。结果,民众事实上多变成了共军的业余谍报人员,而国军在脱离民众之余,却多变成了战场上的睁眼瞎子,要民众不给你害人的假情报都已属不易,要他们为你所用,更是难上加难啦。"[2]蒋介石军事指挥上的失误固然是他输掉解放战争的一个因素,但从根本上讲还是他

---

[1]《艾奇逊致杜鲁门总统的信》(1949年7月30日),《中美关系资料汇编》第1辑,世界知识出版社1957年版,第11页。
[2]《龚选舞回忆录——一九四九国府垮台前夕》,世界图书出版公司2012年版,第225页。

发动这场内战违背了民心。

与国民党"上面贪污腐化,下面民不聊生"[1]形成鲜明对比的是,中国共产党要求干部做到清正廉洁,上下团结一心,而且想方设法为群众谋利益。特别是确定了没收封建阶级的土地归农民所有、没收官僚资本归新民主主义的国家所有、保护民族工商业的三大经济纲领。在解放区开展轰轰烈烈的土地改革运动,把广大农民与解放战争密切地结合起来,为战争的胜利赢得了深厚的人力物力资源;保护民族工商业的政策,不但有利于生产力的发展,而且稳定了广大民族资产阶级,等等。总之,人民解放战争的迅速胜利,充分验证了"得民心者得天下"这个真理。

中国共产党赢得解放战争的胜利,无疑是多种合力共同作用的结果。还应该看到的是,中国共产党有着别的政党所没有的独特优势。比如,中国共产党是一个具有坚定理想信仰的组织。中国共产党成立之后,之所以能够百折不挠,就在于她的成员有着坚定的信仰,并且能够自觉地为实现自己选择的信仰而奋斗。在中国革命的岁月里,不论北伐战争还是土地革命战争,也不论是在抗日战争时期还是在解放战争中,都曾有一批批的共产党员牺牲在反动派的刑场上,牺牲在战火纷飞的战场里。其牺牲人数之多,在近代以来中国各组织团体中是绝无仅有的。为什么有这么多的共产党员能够义无反顾地英勇献身,因为他们相信自己的选择,是有利于人民幸福、民族谋复兴的,为此而献身有其崇高的价值。这也是共产党的力量所在。

人们都知道,解放战争中一批潜伏在国民党军政机关内的地

---

[1]《毛泽东选集》第四卷,人民出版社1991年版,第1188页。

下工作者，通过不同的渠道提供了许多有价值的情报和信息，有力地配合了军事斗争。也许今天的人们对于当年隐秘战线的了解，主要来源于诸如《潜伏》这样的影视作品，但当年战斗在隐秘战线的人们，恐怕与影视作品的描写大相径庭。既然是隐秘战线，既然是地下工作，应当是越秘密越好，深藏于地下越深越好，怎么可能整天抛头露面甚至出入各种社交场所过着灯红酒绿的生活呢？其实，这些人可谓战斗在敌人的心脏，稍有不慎一旦身份暴露就会有生命危险，实际上也有不少地下工作者虽然暴露但最终坚贞不屈而牺牲的。恰恰是信仰与信念给了他们以精神支撑。这也是中国共产党具有强大战斗力的重要原因。在中国革命的岁月里，曾有许多人为了选择的信仰而牺牲，有更多的人为这种信仰而坚守。坚定的信仰是共产党人的精神支撑，也是共产党人的力量源泉。

中国共产党还有严密的组织结构和严格的组织纪律。与国民党只有上层没有基层、只有党员不见组织不同，中国共产党有着完善的组织系统，而且特别注重基层组织建设。中共二大通过的党章就规定，凡党员三人至五人均成立一组，每组公推一人为组长，隶属党的地方支部，一地方有两个支部以上建立该地方的执行委员会。中共四大对二大通过的党章就此进行了修改，规定凡党员三人以上均成立一支部，每支部公推书记一人，一个地方有三个以上支部成立地方执行委员会。为了加强党对军队的领导，早在井冈山时期，毛泽东就创造性地将党的支部建立在连上。在中共军队中，连有党支部，营有党总支，团以上各级有党委。在地方，从村党支部、乡党总支、区委、县委、地委、区党委（相当于省委）、中央局直至党中央，有非常完整的组织结构。并且各级党的组织经常性地开展党内教育,让党员感觉到组织的存在,服从组织的安排,因而党的各项方针政策有着通顺的组织贯彻渠道,由此能够产生强大的执行力。中国共产党还十分强调党员与群众的联系,要求党员随时做群众工作。在重视自身组织建设的同时,还建立一系列的群众组织,如根据地建立的农会、工会、青年团、妇女会、儿童团等,将农村人口纳入不同的组织系统中,克服了中国农村原有的一盘散沙的局面,形成了完整的组织网络,从而有利于进行大规模的社会动员。例如,到全面内战爆发时,山东解放区已有党员20多万人,党员人数已占解放区总人口的1%,几乎村村都有党员。抗战胜利时,山东解放区已有农会会员133万人,工会会员15万人,青年团员36万人,妇女会员131万人,儿童团员89万人,共404万人,占根据地总人口的27%。[1]另有民兵50万人,自卫团150万人。[2]这些群众组织在维护根据地稳定、组织动员群众参军支前等方面发挥了重要作用。共产党的这种组织优势恰恰是国民党所没有的。国民党在基层固然也建立了保甲制度,但由于没有党组织的支持,没有其他群众组织的配合,自然无法开展强有力的社会动员。

中国共产党不但组织严密,而且纪律严明。在中国共产党的各项纪律中,最重要的无疑是政治纪律,其中核心内容是"四个服从"。在1922年中共二大通过的第一部党章中,就有了全党服

---

[1] 山东档案馆:《山东革命历史档案资料选编》第15辑,山东人民出版社1984年版,第442页;《山东革命历史档案资料选编》第16辑,山东人民出版社1984年版,第65页。

[2] 王海天主编:《中共山东省组织发展史概要》,中共党史出版社1991年版,第86页。

从中央、下级服从上级、少数服从多数的规定。1938年的中共六届六中全会第一次将"四个服从"作为一个整体完整提出,强调:"(一)个人服从组织;(二)少数服从多数;(三)下级服从上级;(四)全党服从中央。谁破坏了这些纪律,谁就破坏了党的统一。"[1]对于违背党的组织纪律的党员不论职务高低一律严肃处理。这就保证了纪律的严肃性,也确保了党的团结统一。1947年下半年至1948年上半年,各解放区还结合土地改革运动进行了整党,同时实现党的组织公开(在此之前农村党组织基本上是秘密的或半公开的),目的在于党员和干部能够更好地接受群众监督。在这次整党中,有一部分蜕化变质的党员和不合格的党员受到了组织处理,从而纯洁了组织。反观国民党,则视纪律为儿戏,或者仅将纪律作为派系斗争的工具,所以在国民党历史上"永远开除党籍"而随后又恢复党籍的党员大有人在,不但失去了纪律的严肃性,也使党内派系横生互相倾轧,变成中央无威信,全党失民心。

---

[1]《毛泽东选集》第二卷,人民出版社1991年版,第528页。